本书属以下项目、团队的阶段性研究成果

"面向东南亚跨国创业型人才双向培养模式创新实验区"项目

"云南民族教育与边疆发展研究"创新团队

民族教育信息化教育部重点实验室

联大学术文库

徐天伟◎著

面向东盟的
云南高等教育国际化发展战略研究

中国社会科学出版社

图书在版编目（CIP）数据

面向东盟的云南高等教育国际化发展战略研究／徐天伟著．—北京：
中国社会科学出版社，2015.5
ISBN 978 - 7 - 5161 - 5756 - 5

Ⅰ.①面…　Ⅱ.①徐…　Ⅲ.①高等教育—国际化—研究—云南省
Ⅳ.①G649.2

中国版本图书馆 CIP 数据核字(2015)第 059022 号

出 版 人	赵剑英
责任编辑	李炳青
责任校对	石春梅
责任印制	李寡寡

出　　版	中国社会科学出版社
社　　址	北京鼓楼西大街甲 158 号
邮　　编	100720
网　　址	http://www.csspw.cn
发 行 部	010 - 84083685
门 市 部	010 - 84029450
经　　销	新华书店及其他书店

印刷装订	北京金瀑印刷有限责任公司
版　　次	2015 年 5 月第 1 版
印　　次	2015 年 5 月第 1 次印刷

开　　本	710×1000　1/16
印　　张	12.75
插　　页	2
字　　数	215 千字
定　　价	45.00 元

序

"文章千古事，下笔需小心"。为《面向东盟的云南高等教育国际化发展战略研究》一书作序，内心欣喜夹缠着忐忑。欣喜于我曾经的学生、现在的同事徐天伟同志完成了他人生又一阶段的跨越，以论著的方式在高等教育区域性国际化问题上完成了一次相对成功的探讨，志忑于因本人水平限制所可能导致的评序不当。虽竭心尽力，但难免还会有纰漏、不足甚至是争议。

然"知而不行，不是真知"。以我在高等学校 40 余年的工作经历来看，国际化是当今世界高等教育发展的重要主题和基本导向，一国或一地区高等教育的国际化发展，事关国家高等教育发展全局和教育整体水平的提升。在高等教育国际化趋势日渐加剧的时代背景下，由于受地域、历史、文化等诸多因素的制约和影响，区域性高等教育国际化发展正成为不同区域、不同类型、不同发展水平高等教育因地制宜、因时制宜的时代选择。与此相应，高等教育的区域性国际化问题应运而生。就理论层面而言，高等教育区域性国际化不仅是高等教育国际化面临的新课题，也是高等教育自身谋求发展的一种演进趋势，同时也是区域经济社会发展要求与高等教育系统协调互动的必由之路。从实践层面看，全球化更多地表现为多个不同范畴的区域化，高等教育区域性国际化就是高等教育要超越行政管理下的地理空间，顺应经济全球化发展的需要，融入并引领区域经济社会的发展，为区域经济社会发展提供必要的人力资源、智力支撑、文化资源和科技力量支持。这是各国高等教育国际化区域性发展的特征和趋势。

本书紧扣"区域性高等教育国际化"这一高等教育理论研究前沿，针对特定区域之间高等教育国际化的主题，分析了高等教育国际化发展与区域经济一体化之间的关系，提出了云南高等教育国际化的切入点和突破口，不断深化云南与东盟国家高等教育的合作是最佳选择。该书在分析云南面向东盟国家的高等教育合作发展的内外部条件、现状以及机遇与挑战基础之上，对云南面向东盟的高等教育国际化的发展进行了理性思考。一是从背景、历程和意义以及合作框架等对中国—东盟自由贸易区建设进行了分析，对基于中国面向东盟开放的"桥头堡"的云南与东盟经贸合作现状作了阐述，从区域经济一体化的经济学意义角度作了分析，以期掌握经济社会发展所创造的物质条件基础和研究主题的时代背景；二是从中国高等教育国际化的发展动向、云南及东盟高等教育的发展现状以及相互之间合作交流的基础进行了深入、全面的分析，力求把握双方进行高等教育合作与交流的发展特点；三是从环境条件、物质基础、政策因素对云南面向东盟的高等教育国际化的机遇作了分析，从经贸合作、国内竞争、高等教育禀赋与不足等方面对面临的挑战作了阐述，以求充分把握云南面向东盟深化高等教育国际化合作交流的有利条件和面临的困难；四是从确立发展理念、遵循发展规则、完善合作机制和提升实践水平四个方面对云南面向东盟的高等教育国际化的发展路径进行了设计，明确提出了发展的方向和重点，谋求协调、持续的发展道路；五是在宏观战略设计的基础上，针对制度环境建设、高校竞争实力的提升以及外向型发展水平的提高三个方面的问题，提出了微观层面面向东盟国家高等教育国际化的发展思路，形成了从宏观的理论思路到微观的、有逻辑内在联系的具体对策建议。

笔者很敏锐地抓住了区域性高等教育国际化这一相对"空白"的学术领地，并极具预见性地结合了云南"桥头堡"建设和"一带一路"战略对云南高等教育国际化发展的新要求，大胆地将区域性的国家战略与区域性的高等教育国际化发展结合起来，从理论角度和实践侧面，探索了云南高等教育深入东盟开展国际化发展的问题。总的来说，具有战略性和现实性，并彰显了一定的新意。当然，其中的一些论断可能是不尽合理的，甚至尚存在偏激。不过，在学理范畴内的探讨，蔡元培先生"无论何种学派，苟其言之有理，持之有故，尚不达自然淘汰之命运，即使彼此相反，也任其自由发展"的学术自由、兼容并包的思想无疑是极好的借鉴。正因为这样，我们不忍苛责年轻探究者，只期盼他们能在现有的基础上坚持不断地探索，一定会在学术研究的道路上不断进步发展。

"仰而思之，夜以继日"。作为高等教育的一线工作者，选择以这样一个不成熟的方式为本书作序，并非以师自恃。所谓"他山之石，可以攻玉"，期望于通过这种抛砖引玉的方式，引出更多专家、学者参与到高等教育的区域性国际化研究、讨论中来，一同为我国高等教育国际化发展贡献力量。区域性高等教育国际化研究的路还很长，同样，对年轻人来说，他们学习与研究的道路也还很长。高等教育国际化还有很多值得研究、可以研究、需要研究的问题，期盼他们在学术研究的道路上，坚持不懈地努力，走得更远，做得更好。

伊继东

中国高等教育学会管理学会副会长

2014 年 11 月

目　　录

第一章　绪论 ……………………………………………………（1）

　第一节　问题提出 ………………………………………………（1）

　第二节　选题意义 ………………………………………………（4）

　第三节　文献综述 ………………………………………………（8）

　第四节　概念界定 ………………………………………………（23）

　第五节　研究思路 ………………………………………………（24）

第二章　中国—东盟自由贸易区的发展 …………………………（25）

　第一节　中国—东盟自由贸易区发展概述 ……………………（25）

　第二节　中国—东盟自贸区合作框架机制 ……………………（39）

　第三节　云南—东盟经贸合作及人才培养 ……………………（42）

第三章　云南面向东盟高等教育国际化的基础 …………………（57）

　第一节　中国高等教育国际化的发展动向 ……………………（57）

　第二节　云南高等教育发展现状 ………………………………（70）

　第三节　东盟高等教育现状 ……………………………………（92）

　第四节　云南与东盟高等教育合作交流现状 …………………（109）

第四章　云南面向东盟高等教育国际化的机遇与挑战 …………（120）

　第一节　云南面向东盟高等教育国际化的机遇 ………………（120）

　第二节　云南面向东盟高等教育国际化的挑战 ………………（130）

第五章　云南面向东盟高等教育国际化发展路径 ……………………（137）

　第一节　确立高等教育国际化发展理念 ……………………………（137）

　第二节　遵循高等教育国际化发展规则 ……………………………（139）

　第三节　完善高等教育国际合作机制 ………………………………（142）

　第四节　提升高等教育国际化实践水平 ……………………………（145）

第六章　云南面向东盟高等教育国际化发展策略 ……………………（152）

　第一节　开展宏观战略设计 …………………………………………（152）

　第二节　加强制度环境建设 …………………………………………（159）

　第三节　提高高校竞争实力 …………………………………………（165）

　第四节　提升外向型发展水平 ………………………………………（176）

第七章　总结与展望 ……………………………………………………（184）

　第一节　研究总结 ……………………………………………………（184）

　第二节　研究展望 ……………………………………………………（186）

结束语 ……………………………………………………………………（188）

参考文献 …………………………………………………………………（189）

第 一 章
绪　　论

　　云南—东盟高等教育国际化发展战略属于特定区域高等教育发展战略研究的范畴，而特定区域高等教育发展战略是随着特定区域经济社会的发展，以及人们对该区域高等教育功能认识的不断深化而逐步得到重视的研究课题。

　　为什么要研究云南—东盟这两个特定区域的高等教育国际化发展战略？这两个特定区域的高等教育国际化发展中存在什么问题？这些都是研究云南—东盟这个特定区域的高等教育国际化发展战略必须首先予以回答的问题。

第一节　问题提出

　　21世纪是经济全球化向纵深发展、知识经济成为特征的时代。"经济全球化必然导致高等教育国际化，经济全球化是高等教育国际化的直接原因，高等教育国际化是经济全球化的必然结果。"① 高等教育国际化是经济全球化背景下的高等教育发展的必然趋势和结果，国际化既是高等教育发展进程中本质特征的体现和价值表征，也是适应经济社会发展的必然要求和现实选择，世界各国文化、科技、社会发展无不与世界发展相适应，规模庞大、跨国发展、类型多样的高等教育已经成为世界各国支持经济持续增长、促进社会和谐健康发展的重要因素，成为国家基础性、先导性发展的领域，高等教育国际化已成为各个国家高等教育发展

---

　　①　林元旦：《经济全球化与国际级与国际化》，《广西社会科学》2005年第1期。

的战略目标之一。作为高等教育现代化的基本目标,高等教育国际化不仅是发达国家的普遍战略,也是发展中国家与国际高等教育接轨的客观需要和必然选择,是提高高等教育质量、树立社会声誉、更好服务社会的重要途径。

建设高等教育强国是我国经济得到了充分发展,物质财富有了较大积累,人民生活有了显著提高之后的必然结果。实现高等教育要满足对社会发展的支撑性、基础性、先导性的要求,从高等教育大国向高等教育强国建设是高等教育发展的战略目标和选择。建设高等教育强国,包括教育理念创新、机制体制、质量与水平、结构优化等高等教育的全面的、有内涵的建设。我国通过"211"和"985"重点大学建设工程、本科教学水平全面评估、质量工程等一系列旨在提高学校实力和教育质量的措施,均使得高等教育建设取得了明显成效和长足的进步。但无论是继续推进和深化宏观体制改革,还是大力加强以提高教育教学质量和提升科学研究能力为主要内容的高校内涵发展,都必须"面向世界"即以国际化作为改革的背景和参照。高等教育质量的高与低、人力资源的强与弱也是相对而言的,比较的参照系是国际的,高等教育国际化是我国建设高等教育强国的重要途径。

我国于 2001 年正式加入世界贸易组织,2010 年中国—东盟自由贸易区正式全面启动,中国与东盟之间的经济联系进入新的历史时期,经贸合作促进双方在教育、科技上的深度合作,从而进一步推动双方经贸向更高水平、更高层次发展,高等教育国际化已成为区域发展一体化的重要组成部分、促进区域经济一体化的重要手段。美国经济学家舒尔茨(T. W. Schultz)的人力资本理论表明:经济的发展需要相应的高素质人才的支撑,而高素质人才又依赖于所受的教育程度。2007 年中国与东盟签署了《服务贸易协议》,高等教育纳入该协议范畴,中国与东盟高等教育的合作进入新的历史时期。2010 年 8 月,首届"中国—东盟教育部长圆桌会议"暨"第三届中国—东盟教育交流周"通过了《贵阳声明》。该声明指出,中国与东盟将建立国家与地区间高层磋商机制,创新交流合作机制,全面推动文化、科技、教育、卫生、体育等人文领域的深入发展并使其制度化。中共中央政治局委员、国务委员刘延东,教育部部长袁贵仁指出,自贸区的建设对加快培养促进双方交流合作的高素质人才提出了现实、迫切的需求,教育交流是双方合作、寻求共赢的重要载体,有助于促进区域可持续发展和繁荣。

作为中国与东盟 10 国联系与交往的重要前沿和枢纽，以及"大湄公河次区域经济合作"、"泛珠合作"面向东盟的"前沿窗口"和"桥头堡"，云南在中国—东盟自由贸易区中具有重要的战略地位，云南—东盟的国际合作与交流正逐渐从政治、经济、文化层面跃升到教育层面，高等教育国际化已逐渐成为双方进一步深化合作与交流的突破口。如何利用良好的环境条件，加速云南高等教育国际化的发展进程，深入开展与东盟的高等教育合作与交流，通过国际化促进高等教育整体水平的提升，服务云南经济社会发展是非常有价值的研究课题。

云南高等教育和高校在实施"走出去"战略的进程中虽已进行了有益的探索，取得了一些成效，但国际化进程缓慢，教育国际交流的深度和广度与"桥头堡"建设的要求差距较大。云南属经济及教育欠发达地区，云南省高等教育是国家高等教育体系的一个子系统，与先进地区相比，既存在全国高等教育的共性问题，又有区域自身发展不足等突出问题。但是充分利用云南的区位、后发优势开展面向东盟的高等教育国际化，如何针对云南与东盟在经贸领域的合作与发展对培养适应这种态势的高素质、复合型人才，对双方高等教育及国际化发展状况的分析和把握，是云南与东盟特定区域国际化发展需要深入研究的方面。

国家可持续发展战略、西部大开发战略的实施，中国与东盟自由贸易区的建立，《国家中长期教育改革和发展规划纲要》确定的扩大教育开放的方针，要继续加强国际交流与合作，培养符合中国与东盟合作需求的国际化人才，这些政策环境和制度背景为云南高等教育的发展提供了难得的发展机遇。走创新的发展道路，加强与东盟国家的教育交流与合作，利用国际教育资源促进办学水平提升，使云南高等教育在若干发展指标较低的情况下实现跨越式发展。如何在已开展的国际化实践中总结经验、上升到理论认识的层面，探索云南与东盟高等教育国际化的路径；如何从省域层面设计面向东盟的国际化发展宏观战略，提出前瞻性的、创新的、有一定可操作性的对策，提高高等教育国际化的能力及效益，这些都需要从发展战略高度进行全面、系统、深入的研究。

第二节 选题意义

一 理论意义

从区域高等教育的外部关系看，区域发展日益呈现出整体化、综合化的趋势。无论是经济发展与技术进步，还是精神文明建设与国民素质的提高，基础在于教育，教育已成为区域发展诸因素中举足轻重的战略重点。在这种情况下，必然要求对区域高等教育作出战略思考与设计。从高等教育系统发展的观点看，随着区域经济社会发展对高等教育功能拓展的要求，区域高等教育已成为时空扩展、体系日益庞杂的社会子系统，它几乎渗入区域社会生活的各个领域，覆盖着区域或社会的全体成员，成为区域社会生活的重要内容。面对这种功能扩展、结构复杂的高等教育系统，传统的偏重于微观的研究已经不能回答区域高等教育中的许多问题了，如区域高等教育的结构调整、体制变革与机制转化等。这些问题直接影响和制约着区域高等教育的微观过程，如果不从宏观上作出科学的决策，微观上就会进展缓慢，甚至目标难以实现。

本书立足边疆，在中国与东盟自由贸易区深入、全面发展的背景下，围绕云南面向东盟高等教育国际化实践这个主题，探讨云南—东盟高等教育的发展；比较全面地掌握云南、东盟高等教育的基本情况；总结云南—东盟高等教育国际化的现状及问题；分析云南—东盟高等教育国际化的机遇与挑战；探索出适合云南—东盟高等教育国际化发展的路径、对策；凸显云南高等教育的区位优势。为云南与东盟国家高等教育加强合作与交流提供参考与咨询，为欠发达地区的国际化实践提供借鉴。

二 实践意义

（一）是国家"桥头堡"战略体系的重要组成部分

把云南建成中国面向西南国家开放的重要"桥头堡"是我国在新的国际国内形势下提升沿边开放的重要部署，也是完善中国全方位对外开放的必然选择。云南有 4060 公里的国境线，与越南、老挝、缅甸三国接壤，通过缅甸或老挝与泰国相连，还与印度、孟加拉等国邻近，历史上云南就是中国与东南亚、南亚、西亚广大地区交往的通道和前沿。随着经济全球化和国际区域合作与发展的加快，把云南建设成中国面向西南开放的

"桥头堡",是对云南在国际区域合作和全方位对外开放中的重新定位,提升其在国家安全和国防战略上的地位,使之在国内政治、经济、文化建设等方面发挥更大的积极作用,这对于维护我国西南边疆的社会和谐稳定,对于巩固国防都具有重要意义。

尽管改革开放以来各省区都取得了巨大成就,但目前仍存在较大的差异,主要表现为经济发展不平衡,对内对外开展多层次、大范围合作的条件、机遇与对象均有很大差别,与东部沿海发达省区无论在自身发展及对外开放等各方面都有不小的差距,因而在维护边疆稳定和民族和谐上面临新的挑战。云南是民族边疆,与周边国家民族同源,村寨相连,生活习俗相同,且民族意识较强。云南省的经济社会发展水平长期低于全国平均水平,其边远地区甚至还没有分享到改革开放的成果。把云南建设成为面向西南国家开放的"桥头堡",有利于缩小东西差距、改变边缘化状态,有利于只重稳定不重发展的传统观念的改变,有利于国家在整体安全的高度重新定位云南并进行战略资源的适当调配,审视及提升云南在对内对外的区域合作、全球化及国际合作方面的作用,这将有效地加快西部大开发,对进一步促进西南边疆的社会和谐稳定具有重要作用。

云南在担负向西南开放"桥头堡"的责任中,除了在政治、外交、经济、技术等领域同东南亚、南亚、西亚和非洲各国开展交往外,同时还肩负着向各国和各国人民介绍和传播中华文化的任务。区域合作不仅是经济合作,而且也是一种社会文化的交流与合作。从历史经验和现实状况来看,具有相似的文化背景、发展程度相近的国家和地区更容易开展经济合作和往来,积极构建跨地区、跨文化的交流与认同有利于促进彼此间的政治互信和经济往来,以与东南亚历史上的亲缘关系为基础,促进其他国家的民众对传统儒家文化的认同感。因此,抓住战略机遇,将云南独特的地缘区位优势与丰富的民族文化资源优势等综合优势转化为促进经济发展的优势资源。通过文化的交流和沟通、教育的深度合作构建跨文化认同在区域经济合作中是最高的发展战略,高等教育合作是目前各种方式中的重要途径,高等教育国际化是推进中国与东盟各国经济一体化发展的重要手段和便利途径。

在"桥头堡"建设中突出高等教育国际化的地位,加强高等教育合作不仅是增进理解、提升认同、合作共赢的重要基础;可作为政治、经济、文化领域的补充,使中国面向西南国家的开放更加全面、综合、立体；同时也是中国与东盟国际人力资源开发计划的重要内容；是双方在旅游等主要经贸合作领域之外真正具有互补优势、成熟的合作基础与条件、有较大的发展空间的合作领域。这不仅有助于提高高等教育对外合作和交流的深度与水平，培养双方加强合作急需的各类高层次人才，而且也是在复杂的国际政治环境中贯彻国家睦邻友好、和平发展外交战略的需要，有利于为云南快速发展构建和谐的边疆交往、安定的国际周边环境。

（二）提供促进云南快速和谐发展的智力支持

随着国家战略的实施和区域发展，云南经过几年"走出去"战略的实施，大湄公河次区域合作步伐加快，云南正迅速从对外开放的后方变成改革开放前沿，对外开放工作进入发展的黄金期，这种形势与云南经济社会的和谐发展密切相关。

世界发展的成功经验证明，国际经济、政治和文化交流与合作的集团化和区域化在一定的制度安排下，是促进地区经济发展、实现共同繁荣的成功之路①。云南国际化人才严重匮乏的问题，已经在对外合作交流工作中显现出来，缺乏大批专业基础好、能熟练使用东南亚国家语言，熟悉东南亚国家情况的应用型专门人才和高层次管理人才。加强云南高等教育国际化战略的研究，提高云南高等教育国际化水平，有利于构建和谐、安定的国际环境；有利于以高等教育合作为先导，推动云南外向型经济的发展；有利于扩大与周边国家在教育领域的交流合作，提升高等教育的核心竞争力和国际影响，培养大批具有国际视野、懂得国际合作和有创新能力的外向型人才，为加快地方经济的快速发展、促进云南社会的和谐发展提供智力支持。

（三）推进云南高等教育的改革与发展

我国高等教育在发展过程中，由于受区域位置、经济因素等条件的影响，东西部之间存在较大差距，而且随着地区间经济发展实力差距和发展后劲强弱差距的拉大，区域高等教育的发展差距还有进一步扩大的可能。云南地处边疆，社会发育程度低，较多方面均落后于发达省份，高等教育的发展也因此长期处于欠发达、落后和不平衡状态，高校布局不够合理、数量不足、结构单一，服务地方经济社会发展的能力不足。近年来，云南

---

① 刘稚：《全球化区域化下的云南—东盟高等教育合作论略》，《学术探索》2009 年第6 期。

高校发挥独特优势，高等教育国际交流与合作取得明显成效，对外交流与合作的平台建设不断推进，汉语国际教育和招收留学生的步伐加快，留学生数量增长迅速，中外合作办学的模式多样化，人才培养质量得到提高，国际化不断深入发展。但是在推进高等院校实施"走出去"战略进程中，还存在认识不足、投入不够、师资缺乏、机制不活、模式创新、信息交流不畅等困难和问题。

云南高等教育要适应、服务地方经济建设和社会发展，就要在全面对外开放、加快"桥头堡"战略建设、提高对外开放的深度和广度的背景下，加强高等教育国际化的研究和实践的推进，立足区位优势、云南高等教育的现实，在教育资源、教育要素、教育国际交流与合作在国内和国际两个维度上进行配置和流动，在人才培养目标的确定、教育内容的选择及教育手段和方法的采用等方面不仅要满足现实经济社会发展的要求，而且要适应经济社会对外开放和发展的新要求；要充分利用国内和国际两个教育市场，优化配置教育资源和要素，提高云南省高等教育的整体水平，培养出有竞争力的高素质创造性人才，为经济、科技、文化发展提供服务。这就要求我们必须走改革创新之路，构建符合高等教育内在规律性要求并体现区域特色的体系，注重整体规划，循序渐进，点面结合，有序推进高等教育改革和发展进程。

回顾过去，高等教育发展过程中不太注重战略理论的研究，规划往往缺乏科学根据，带有浓重的主观色彩，对于千差万别的省情、区情缺乏深入的调查研究，未能进行合理的分区域规划与科学的分类指导，这是影响我国高等教育事业健康发展的一个原因。战略指导的缺失不同于具体工作的失误，它的作用往往是长期、全局性的，影响一个较长的时期，造成的损失往往是巨大的。重视区域高等教育国际化发展战略的研究，既是经济、社会发展的客观要求，也是高等教育发展内在规律的要求，区域高等教育发展战略研究不仅是一项面向政府部门的咨询性研究，其主要目的还在于探讨一种区域高等教育发展模式，体现分类发展的理念。

云南与东盟国际合作与交流已从政治、经济、文化层面跃升到教育层面，高等教育国际化已逐渐成为双方进一步深化合作与交流的有效途径和突破口。加强云南高等教育国际化战略研究，提高对高等教育发展规律的认识具有多方面的意义：有利于促进高等教育事业根据自身区域特点实现差异化发展，避免同质化竞争；有利于调动高校的积极性，增强改革的主动性和实效性；有利于打破高等教育封闭格局，拓展教育的社会功能，更好地为区域发展服务；有利于为社会经济和高等教育欠发达地区开展高等教育国际化提供参照。加强对云南高等教育国际化发展战略的研究，不仅可以丰富区域高等教育理论体系，而且还对指导区域高等教育实践具有重要意义。

第三节　文献综述

一　高等教育国际化研究

高等教育国际化涉及诸多方面，根据研究需要，本书主要从高等教育国际化内涵、动因、途径及形式、对策建议四个方面进行文献研究。

（一）高等教育国际化内涵研究

高等教育国际化的内涵在目前的研究中还没有统一的、公认的表述，这主要在于高等教育国际化内涵的理解源于高等教育国际化实践，在各个时期、国家和地域的高等教育国际化实践有所不同。

汉斯·迪·威特认为高等教育国际化是一个发展的趋势与活动过程，其可等同于高等教育的国际交流与合作活动，强调形成国际化的精神气质和氛围。[1][2] 简·奈特概括出了高等教育国际化含义界定的活动、能力、文化和过程四种基本方法[3]。舒志定等对高等教育国际化内涵定义包含的三个系统[4]，从高等教育本质的视角进行了讨论。魏腊云从知识的普世性、高等教育产生和发展的基本动力几个方面进行了论述。[5] 汪培栋等认为，当代高等教育已经越过国家范围体现了国际性，高等教育要面向世

①　Hans De Wit, "Strategies for Internationalisation of Higher Education", *A Comparative Study of Australia, Europe and the United States of America*, Luna Negra, Amsterdam, 1995.

②　王海燕：《高等教育国际化的理念与实践——论美日欧盟诸国及中国的高等教育国际化》，《北京大学学报》（哲学社会科学版）2001 年第 1 期。

③　Hilary Callan, "Internationlization in Europe", *The Globalization of Higher Education*, edited by Peter Scott, Buckingham：OUP and SRHE, pp. 46－54.

④　舒志定：《高等教育国际化的内涵、特征与启示》，《外国教育资料》1998 年第 4 期。

⑤　魏腊云：《对全球化背景下高等教育国际化的哲学反思》，《理工高教研究》2002 年第 3 期。

界，培养具有国际竞争力的人才。[①]

《高等教育国际化：跨世纪的大趋势》中对高等教育国际化的表述在国内学者中比较具有代表性，[②] 从活动、能力、过程和精神气质等四个方面对高等教育国际化的内涵进行了详尽的阐述。

高等教育国际化是个内涵丰富、外缘宽泛、具有时代特征的概念，对其内涵的界定不尽相同，其中的论述并非互相排斥，而是互有交叉或补充。联合国教科文组织（UNESCO）所属的国际大学联合会（IAU）总结了世界高等教育发展的特征和内在规律，对高等教育国际化作了定义：高等教育国际化是跨国界和跨文化的观点和氛围与大学的教学、科研和社会服务等主要功能相结合的过程[③]。

（二）高等教育国际化动因研究

开展高等教育国际化的动力因素，不同的学者从不同的角度有深入的讨论。菲利普·G.阿特巴赫和简·莱特认为，高等教育国际化的主要动因主要有追求商业利益，提供入学机会和世界各国不断发展的跨国高等教育的现实。[④] 莱特认为高等教育国际化的驱动力有四类：政治、经济、社会/文化和学术。[⑤] 国际经济合作发展组织的一份报告认为应从四个方面来理解跨境高等教育的驱动力：相互理解、技术移民、增加收入以及能力建设。[⑥] 联合国教科文组织 1995 年提交的《关于高等教育的变革与发展的政策性文件》中也提出："高等教育日益国际化，这首先是教学和科研的全球性的一种反映。"[⑦]

高等教育国际化在世界范围内的知识经济竞争中提供人才与科技优势，成为制胜和国际竞争力的保障要素。经济全球化在加强各国之间教育资源交流的同时，也迫使各国向全球开放教育市场，教育贸易提高了大学

[①] 汪培栋、李锐：《浅谈日本大学讲座制中的"学阀"意识》，《日本研究》1992 年第 3 期。

[②] 陈学飞：《高等教育国际化：跨世纪的大趋势》，福建教育出版社 2005 年版。

[③] 张芹：《高等教育国际化的内涵、标准与实施对策》，《继续教育研究》2005 年第 1 期。

[④] 菲利普·G.阿特巴赫、简·莱特等：《高等教育国际化的前景展望：动因与现实》，《高等教育研究》2006 年第 1 期。

[⑤] J. Knight, *Internationalization of Higher Education in Asia Pacific Countries*, 1996, pp. 5 – 19.

[⑥] OECD, *Internationalization and Trade in Higher Education: Opportunities and Challenges*, Paris: OECD, 2004.

[⑦] 王英杰、高益民：《高等教育的国际化》，《清华大学教育研究》2000 年第 2 期。

办学的积极性，促进了留学生的增长，成为高等教育国际化的又一动力。①②③ 网络技术的迅速发展，新技术的不断出现，使国际间知识的瞬时传播与技术共享成为现实。网络技术为高等教育国际化的发展提供了有效手段与便捷途径。④

黄福涛从历史的角度和比较的视角分析指出，欧美等发达国家追求商业利润和经济效益成为影响和推动高等教育国际化发展的主要外因，多数发展中国家更强调通过高等教育国际化来提高本国的教学水平和科研实力，实现国家整体经济实力的提高。⑤ 陈学飞认为国际化趋势显示人类对世界和平的追求。⑥ 世界贸易组织 1994 年乌拉圭回合谈判通过的《服务贸易总协定》，确立了高等教育国际化的国际服务贸易性质。

经济全球化推动了高等教育国际化，高等教育国际化是多种因素综合作用的结果，高等教育国际化是一个历史进程，高等教育服务贸易加快发展的过程，就是国际化程度加深的过程。为国家利益服务是其政治目的，经济全球化和经济利益是其外在动力，高等教育自身的发展是其内在要求。高等教育国际化的动因源于政治、经济、科技、文化和高等教育自身这五个方面因素。

（三）高等教育国际化途径及形式研究

在对国际化教育的实践总结的基础上，学者们认为高等教育国际化的途径主要有四种方式。一是活动方式，主要指高等学校国际化活动的发展；二是能力方式，强调人的发展；三是文化方式，强调跨国、跨文化的氛围；四是过程方式，强调国际先进的文化和思想整合或贯通到高校的三

---

① 杨德广：《经济全球化与教育国际化》，《高教探索》2001 年第 4 期。
② 陈学飞：《高等教育国际化——从历史到理论到策略》，《上海高教研究》1997 年第 11 期。
③ 王英杰、高益民：《高等教育的国际化——21 世纪中国高等教育发展的重要课题》，《清华大学教育研究》2000 年第 2 期。
④ 王一兵：《高等教育国际化——背景、趋势与战略选择》，《教育发展研究》1999 年第 2 期。
⑤ 黄福涛：《"全球化"时代的高等教育国际化——历史与比较的视角》，《北京大学教育评论》2003 年第 2 期。
⑥ 陈学飞：《高等教育国际化——从历史到理论到策略》，《上海高教研究》1997 年第 11 期。

大功能中。①

目前高等教育国际化的形式多种多样。学生国际交流、教师国际交流、课程国际化是它的传统形式，而跨境教育、合作办学、海外分校、大学国际联盟等形式发展迅速，把传统的国际化形式也包含在其中。学生的国际交流是最古老，也是最主要的高等教育国际化的形式，从数量上看，主要是由发展中国家向发达国家流动。教师的国际交流是高等教育国际化的一个核心部分，教师的国际知识和经验务必直接推动教学、科研的国际化发展。② 课程国际化也是一种重要形式，是高等教育国际化中一个重要的因素。③

跨境教育活动由来已久，是高等教育国际化的重要方面。教育服务贸易迅速发展并不断创新，为跨境教育注入了新的内容，海外分校、合作办学、课程衔接、远程教育等形式积极拓展跨境教育服务。④ 我国在中外合作办学方面发展迅速，国内很多大学都与国外大学开展了不同形式的合作，促进了我国大学国际化的进程。⑤ 我国的孔子学院已经在世界很多国家开办了海外分校。大学国际联盟致力于促进大学学术水平的提高，建立大学间的优质教育资源共享及科研项目合作机制，创造让学生接触多元文化和更为宽泛的学科知识的途径。⑥

我国在高等教育国际化的形式方面更多地依赖传统的合作办学、人员的国际交流等形式，与发达国家相比，很少通过大学联盟等其他形式发展。

（四）高等教育国际化对策研究

高等教育国际化对策的研究较为充分，成果相对丰富，其中一大类是研究和介绍外国高等教育的国际化经验。王留栓总结了欧盟国家外国留学生教育的经验后提出：中国应尽快确定高等教育国际化的发展战略，大力

---

① 赵丽：《高等教育国际化的概念框架探讨》，《教育发展研究》2005 年第 7 期。

② 宋扬：《浅谈高等教育国际化的形式》，《辽宁教育行政学院学报》2009 年第 7 期。

③ 陈学飞：《关于高等教育国际化的若干基本问题》，北京大学出版社 2007 年版，第 18—22 页。

④ 赵俊峰：《跨境教育——高等教育国际化的重要途径》，《外国教育研究》2009 年第 1 期。

⑤ 陈学飞：《大学国际化理论与实践》，北京大学出版社 2007 年版。

⑥ 李岩松：《高等教育国际合作的新趋势——大学国际联盟的产生及其影响》，《北京大学学报》（哲学社会科学版）2009 年第 3 期。

发展留学生教育。① 也有学者从我国的近邻日本的宏观政策制定及具体措施总结，认为我国的高等教育国际化应做好以下几点：高等教育必须坚持"三个面向"②，坚持并深化高等教育改革，以教育国际化推进教育现代化，必须通过加强爱国主义和国情教育，培育理想、积极的大学精神保障国际化的发展。另外，不少成果对美国和英国等发达国家的高等教育国际化经验进行了详尽的分析和总结，以期对我国的高等教育国际化提供参考，如杨尊伟的《澳大利亚高等教育国际化探析》③ 和邓桦的《20 世纪90 年代以来的英国高等教育国际化研究》④ 成果等。黄建如、黄敏介绍的马来西亚高等院校在对外合作办学方面的经验。⑤ 概括来说，借鉴发达国家国际化经验对我国高等教育国际化的建议主要是：树立国际化的大学办学理念和培养目标；推进高校国际化进程，构建国际化的课程体系和教学内容，进一步提高对优质教育资源的引进；积极开展国外交流和合作，提高师资生源的国际化程度；提高高等教育质量，打造自己的教育品牌；转变政府职能，健全与完善高等教育法规，扩大高校自主权；合理规划，各级各类院校分工明确；促进高等教育国际化和民族化的统一。

另一大类文献是立足我国高等教育国际化现实，对应注意的问题和对策进行探论。刘稚对中国—东盟高等教育合作的现状，提出了进一步完善多边和双边教育合作机制，全面扩展双方教育合作的规模和领域，采取多样化的形式合作办学的建议⑥。还有一些研究对不同类型高校的国际化对策作了分类和分析。从大学的特点从发，研究型大学在国际化过程中要加强一流学科体系的建设。⑦《大学国际化理论与实践》一书中既有从宏观分析国际化的背景，提出推进高等教育国际化的对策建议，也有从我国高

---

① 王留栓：《欧盟国家的高等教育国际化——从大力发展留学生教育谈起》，《外国教育研究》2000 年第 2 期。

② 吴结、刘光华：《日本高等教育国际化实践探析》，《南方冶金学院学报》2001 年第 5 期。

③ 杨尊伟：《澳大利亚高等教育国际化探析》，硕士学位论文，东北师范大学，2004 年。

④ 邓桦：《20 世纪 90 年代以来的英国高等教育国际化研究》，硕士学位论文，云南师范大学，2006 年。

⑤ 黄建如、黄敏：《海峡两岸高校合作办学的新途径——马来西亚国际合作办学模式的借鉴意义》，《台湾研究集刊》2010 年第 3 期。

⑥ 刘稚：《中国—东盟高等教育合作的现状与前景》，《思想战线》2010 年第 4 期。

⑦ 彭志武：《重点大学向高水平大学迈进的策略》，《现代教育科学》2003 年第 3 期。

水平大学的案例出发，总结和介绍在推进大学国际化实践中的经验和做法。本书中后面的有关对区域高等教育国际化和云南高等教育国际化的专题研究也对推进区域国际化战略进行了综述。这些研究对推进高等教育国际化战略的建议集中在以下方面：增强国际化意识，强化战略布局；创造政策环境，制定高等教育国际化战略；深化高等教育教学改革，加快高水平大学建设，提高高校的学术水平；全面拓展和扩大高校教学与科研合作领域，面向全球招聘一流人才；树立精英意识，打造国际化人才培养中心；大力发展留学生教育，广泛开展多种形式的合作办学，拓展高等教育国际化新途径。

二 区域高等教育国际化研究

周萍等认为区域高等教育国际化就是在经济全球化和国际教育服务贸易市场开放的前提下，区域高等教育的软硬件资源、教育要素、教育国际交流与合作在国内和国际两个维度上进行配置和流动，在人才培养目标的确定、教育内容的选择及教育手段和方法的采用等方面不仅要满足本土化的需求，而且要适应经济全球化的变化。[①] 区域高等教育国际化的核心是充分利用国内和国际两个教育市场，制定切实可行的发展战略和规划，优化配置区域的教育资源和要素，提高高等学校的核心竞争力，提高人才的专业性特征和国际化素质，为区域经济社会发展提供智力支持和服务。

近年来，针对各省区区域高等教育国际化的研究也逐渐丰富起来，在认真分析本地区经济发展现状、经济社会发展趋势、产业结构对高等教育的要求，以及进行大量调研的基础上，进而客观、全面地分析本地区的高等教育国际化现状、存在问题以及面临的机遇和挑战，提出了本地区的高等教育国际化对策与发展方向，探讨了高等教育如何为区域经济社会发展培养人才等。

一类文献主要研究了我国发达地区的高等教育国际化，诸如对北京、上海、江苏、浙江高等教育国际化的研究。赵伟从大都市高等教育国际化这一角度出发，以地处北京市的高等院校为研究对象，主要对北京、上海等我国最大、最现代化城市高等教育国际化的现状进行了调查和剖析，就

① 周萍、陈明选、杨启光：《区域高等教育国际化发展的特点和问题分析》，《江苏高教》2007年第5期。

北京如何借助加快高等教育国际化的发展来促进自身的国际大都市建设等有关问题提出了若干具体建议。① 刘永武分析了首都高等教育国际化战略的主要目标，提出了强化战略意识，将高等教育打造成为北京城市的一个重要品牌的首都高等教育国际化战略的建议。② 蒋竞莹也通过问卷调查的方法对上海有关高等教育国际化的各项指标进行了调查，论述了构筑上海高等教育国际化战略的指导思想和目标系统，提出了上海高等教育国际化的有关对策。③ 姜燕媛对上海地区中外合作办学体制的历史沿革、现状进行了分析，通过比较研究，总结出的现有的五种办学体制模式，提出了改进和完善上海中外合作办学体制的建议。④ 冼稚深入分析了江苏高等教育所处的外部环境、行业竞争环境和内部环境三个方面，并在此基础上提出了江苏高等教育国际化的应对措施：建立一支高等教育国际化问题研究的专家队伍，充分利用现代科技，促进教学改革，改进科研的方法和手段，根据经济社会发展的需要调整高校专业设置和课程体系；突出江苏高等教育特色和优势，提高核心竞争力；以国际标准改革高等教育体制和机制。⑤

总结这类文献，对我国高等教育发达地区的国际化战略的建议集中在：强化战略意识，将高等教育打造成为省市的重要品牌；创造政策环境，制定高等教育国际化战略；解放思想，深化办学体制和办学模式改革；全面拓展和扩大高校教学与科研合作领域，面向全球招聘一流人才；树立精英意识，打造国际化人才培养中心；大力发展留学生教育，广泛开展多种形式的合作办学。

另一类文献主要对我国区域位置特殊的，面向东盟开放程度较全面、较深入的云南和广西的高等教育国际化进行了研究。对广西高等教育国际化的研究，罗淑云重点分析了广西高等教育的历史及发展现状，在多元的

---

① 赵伟：《美国区域创新体系研究》，硕士学位论文，大连理工大学，2006 年。

② 刘永武：《国际化战略：新一轮首都高等教育发展的战略选择》，《北京教育（高教版）》2009 年第 3 期。

③ 蒋竞莹：《上海高等教育国际化对策研究》，硕士学位论文，华东师范大学，2005 年。

④ 姜燕媛：《上海地区中外合作办学体制模式研究》，硕士学位论文，上海交通大学，2010 年。

⑤ 冼稚：《江苏高等教育国际化的环境分析与发展对策》，硕士学位论文，苏州大学，2006 年。

外部环境背景下，对高等教育国际化的有利因素和制约因素方面分析了发展的机遇和面临的挑战，探讨了广西高等教育国际化发展的可行性，提出了宏观、中观到微观应采取的措施和对策。① 王娟、黄阳坚分析了广西高等教育服务贸易的特征，提出通过建立严格的质量保证体系、开发潜在市场、加强对留学生的教育与管理、开发多种高等教育服务贸易模式等途径，加快广西高等教育的国际化步伐。② 蒋文、蓝晓霞等和黄敏、蔡建章等从加强对外汉语教学、开展科技与文化合作丰富交流内容、设立面向东盟留学生奖学金等不同侧面，论述了加强广西高等教育国际化的对策及措施。③④⑤

总体来说，关于区域高等教育国际化的研究既不够丰富也不够深入，研究的总体状况还远远落后于区域高等教育国际化的实践。特别是针对西部欠发达地区的高等教育国际化的研究成果严重不足，大多数的研究还是停留在高等教育国际化的必要性、可行性等层面的讨论上，对实践性课题缺乏总结和提炼，深入研究不够，战略研究不足，对策建议的可操作性不强。

三 云南高等教育国际化研究

目前关于云南高等教育国际化的研究主要是从中国加入 WTO 及中国与东盟自由贸易区（CAFTA）的建设两个大背景展开的，主要针对云南高等教育"走出去"的有利条件、存在的现实问题和挑战以及云南高等教育应采取的对策，中国与东盟自由贸易区的建设对云南高等教育的机遇与发展对策，对东盟、东南亚、大湄公河次区域国家的高等教育研究三个方面。

关于云南开展高等教育国际化的背景、机遇及意义的论述，陈丹妮从

① 罗淑云：《广西高等教育国际化及对策研究》，硕士学位论文，华中农业大学，2006 年。
② 王娟、黄阳坚：《广西开展国际高等教育服务贸易的现状、特征及对策——分析来自东盟市场的调查》，《广西大学学报》（哲学社会科学版）2009 年第 4 期。
③ 蒋文、蓝晓霞、龙启平：《加强广西—东盟高等教育交流与合作的战略思考》，《广西经济管理干部学院学报》2008 年第 1 期。
④ 黄敏：《浅议广西与东盟国家高等教育的交流及发展对策》，《广西警官高等专科学校学报》2009 年第 2 期。
⑤ 蔡建章：《广西高等教育应向国际化方向发展》，《广西职业技术学院学报》2009 年第 2 期。

中国—东盟自由贸易区的枢纽意义出发，探讨了云南高等教育价值最大化的内涵和途径。① 罗明东、杨颖认为面对高等教育国际化的机遇和挑战要进行改革和调整，促进国际化发展。② 丹增、郭华、冯用军等指出，云南高等教育面向东南亚的国际化已势不可当，双方目前高教的交流与合作已呈现出良好的发展态势，相比较而言，云南高教有着独特的区位优势、资源优势，而且亟待超常规发展。③④⑤ 刘稚认为高等教育国际化与经济全球化、区域化存在本质的联系，云南与东盟高等教育合作具有良好的国际环境和较强的互补性，高等教育国际化有利于云南外向型经济的发展。⑥

对云南高等教育国际化的对策建议，陈丹认为要充分发挥面向东盟的区位优势，重点是扩大高等教育对外开放的程度，把加强与东盟各国高校间的信息、人才、技术和文化交流作为云南高等教育在新时期的重要战略抉择。⑦ 李怀宇对云南—东盟高等教育国际化的制约因素进行了分析，提出了在云南省建设中国（云南）—东盟高等教育特区，大力发展留学生教育，全面扩大高校教学与科研合作领域，广泛开展多种形式的合作办学的对策建议。⑧ 丹增等重点论述了云南高校实施"走出去"战略的指导思想和必须把握的基本原则，高校加快实施"走出去"战略的重点。⑨ 伊继东、程斌等在此问题上的观点值得关注，他们认为，云南与东盟各国政治

---

① 陈丹妮：《东盟自由贸易区与云南高等教育价值最大化》，《学术探索》2003 年第 6 期。

② 罗明东、杨颖：《中国—东盟自由贸易区建设与云南高等教育改革开放》，《学术探索》2004 年第 1 期。

③ 丹增：《抢抓机遇 务求实效 开创云南高校实施"走出去"战略工作新局面——在云南省高校实施"走出去"战略工作会议上的讲话》，《云南教育·视界》2006 年第 7 期。

④ 郭华、郭云飘、余崇良：《论云南与东盟国家高等教育的交流与合作》，《红河学院学报》2006 年第 3 期。

⑤ 冯用军：《云南面向东盟高等教育国际化战略的前期研究》，《东南亚纵横》2008 年第 3 期。

⑥ 刘稚：《全球化区域化下的云南—东盟高等教育合作论略》，《学术探索》2009 年第 3 期。

⑦ 陈丹：《云南省高等教育在中国—东盟自由贸易区构建中的战略选择》，《云南教育》2003 年第 6 期。

⑧ 李怀宇：《云南—东盟高等教育国际化的战略思考》，《东南亚纵横》2004 年第 8 期。

⑨ 丹增：《抢抓机遇 务求实效 开创云南高校实施"走出去"战略工作新局面——在云南省高校实施"走出去"战略工作会议上的讲话》，《云南教育·视界》2006 年第 7 期。

关系紧密，经贸合作频繁；文化与区位优势明显；各国对高等教育国际化的愿望强烈。① 在从上述政策视角阐述云南与东盟进行高等教育国际化合作可行性的基础上，他们进而提出了云南高等教育国际化的战略路径：一是加快师资队伍培养和国际化课程建设；二是全面扩大高校教学与科研合作领域；三是加强对东南亚与云南高教的宣传和研究，大力发展留学生教育；四是积极扩大对外交流，广泛开展多种形式的合作办学。伊继东对云南师范大学面向东南亚国际化创新型人才培养的"2232"模式进行了深入的总结和提炼。② 伊继东、刘六生等对面向东南亚国际人才一体化培养模式进行了研究。③ 冯用军、刘稚提出了建设以昆明为中心的面向东盟国家的国际教育基地，采取多样化的合作办学形式，大力发展留学生教育，全面扩大高校教学与科研合作领域，结合云南对外开放和经济社会发展的需求，加强重点和特色学科建设，提升课程国际化即教育内容的国际化水平。④⑤ 李慧勤、李宏茜等从坚持依法办学，营造良好的政策环境，发挥优势，突出特色，全面扩大高校教学与科研合作领域等方面提出了加快云南高等教育国际交流与合作进程的对策建议。⑥ 成文章、唐滢对实施高等教育"走出去"战略，提出了云南省高等教育国际化战略的发展路径、对策与实施途径。⑦

在云南面向东盟推进高等教育国际化的发展与问题研究中，在体制和机制方面，目前云南与东盟多数国家间高等教育的质量评估与资格认证机制尚未建立，课程、学分和学位还未实现互认。在学科布局、学位点建设

① 伊继东、程斌、冯用军：《云南—东盟高等教育国际化发展路径探究》，《高等工程教育研究》2007年第3期。

② 伊继东：《面向东南亚培养具有国际视野的创新型人才》，《中国高教研究》2009年第6期。

③ 伊继东、刘六生、冯用军：《面向东南亚国际人才一体化培养模式研究》，《教育科学》2009年第1期。

④ 冯用军：《云南面向东盟高等教育国际化战略的前期研究》，《东南亚纵横》2008年第3期。

⑤ 刘稚：《全球化区域化下的云南—东盟高等教育合作论略》，《学术探索》2009年第3期。

⑥ 李慧勤、李宏茜、王云等：《云南省与东南亚高等教育交流与合作研究》，《教育研究》2010年第2期。

⑦ 成文章、唐滢等：《云南省高等教育国际化战略研究》，科学出版社2008年版。

17

方面，较突出的问题是云南高校内涵发展的国际化水平有待提高。① 在云南高等教育国际化进程中面临的挑战，成文章、唐滢等指出高等教育发展总体水平不高、人才需求市场的变化、开放教育市场的冲击、人才的吸引与稳定、高校国际化课程水平有待提高、师资和管理队伍、文化意识形态的冲击、质量评估与资格认证机制不完善、人才培养模式和培养目标、信息网络建设等方面面临严峻挑战。刘寒雁、罗华玲等解析了云南省与大湄公河次区域（GMS）五国高等教育国际竞争力发展战略意识缺位、交流合作价值取向单一等问题。②

四　东盟高等教育研究

基于中国与东盟长期政治经济交往密切、文化教育交流不足的现实背景，我国对东盟高等教育的研究是近 20 年才陆续开始的。通过检索，对东盟高等教育研究的资料不多，经过对国内外研究文献的梳理发现，研究主要集中和分散在东盟成立初印度尼西亚、菲律宾、泰国、马来西亚和新加坡五国，对后加入东盟的文莱、越南、老挝、缅甸和柬埔寨五国的研究不多。

1. 中国—东盟自由贸易区建设以前对东盟成立最初五国印度尼西亚、菲律宾、泰国、马来西亚和新加坡的高等教育研究

潘懋元对五国高等教育的主要方面作了介绍，如对高等教育发展简史与状况、高等教育体制和管理制度、高等教育投资、高等教育专业结构与人才培养水平、高等学校的师资结构与水平、大学扩张与开放大学、私立高等教育发展等情况进行了评述，同时也对五国高等教育办学中出现的问题以及今后的展望分别作了分析，提出了相应的建议。③ 冯增俊、卢晓中对五国高等教育作为各国教育的一部分作了阐释，主要突出了战后东盟五国高等教育发展的原因及对各国的社会、经济与文化发展的促进，介绍了东盟五国现代化技术教育在高等教育中的实践与经验。④

---

① 刘稚：《全球化区域化下的云南—东盟高等教育合作论略》，《学术探索》2009 年第 3 期。

② 刘寒雁、罗华玲等：《教育战略新视角：云南省与 GMS 五国高等教育国际竞争力比较研究》，云南人民出版社 2010 年版。

③ 潘懋元：《东南亚教育》，江苏教育出版社 1988 年版。

④ 冯增俊、卢晓中：《战后东盟教育研究》，江西教育出版社 1996 年版。

张建新的著作中介绍了东盟在全球化信息社会的背景下所采取的相应措施，大力开展信息区域网络项目以满足经济和技术的广泛推进，实现区域范围内的资源利用和共享，重视高等教育大众化质量的保证机制建立、教师队伍建设、专业化的分歧、学生质量监控和信息工程项目的变化。① 黄建如对东南亚地区主要国家 20 世纪高等教育发展的曲折历程进行了回顾与思考，对东南亚国家推进高等教育大众化的策略进行了介绍，分析了东南亚各国根据社会经济发展的需求，采取有效措施，及时调整高等教育结构及发展速度和办学方向。②③④ 张随刚对东南亚国家私立高等教育政策进行了比较研究。⑤ 黄斗等对关于"东南亚各国高等教育发展问题的会议"进行了总结，对东南亚各国高等教育改革与发展进行了分析，做了一份研究东盟各国高等教育的全面报告。⑥ 杨勇以综述的形式描述了 21 世纪以来面对高等教育质量问题，东南亚一些国家所采取的质量保证实践经验与管理战略以及一些学者所提出的合理建议。⑦

2. 对后加入东盟的文莱、缅甸、老挝、柬埔寨、越南五国高等教育的研究

对后加入东盟的文莱、缅甸、老挝、柬埔寨、越南五国高等教育发展研究，检索到的资料较少，对越南的研究稍多一些，大多数文章是对五国高等教育的介绍，少数学者的研究涉及各国高等教育发展历史状况、改革与发展、高等教育财政状况、师资水平、高等教育大众化及存在问题与发展趋势、高等教育国际化、发展战略与质量保证机制的建立等。党乐群介绍了文莱自 1986 年以来，努力发展自己的高等教育体系和系统，结束高级人才全部依赖外国培养的时代，形成职业教育、成人教育等稳定

---

① 张建新：《东南亚高等教育》，云南人民出版社 2008 年版。

② 黄建如：《20 世纪东南亚高等教育回顾》，《高等教育研究》2000 年第 3 期。

③ 黄建如：《适时调整高等教育结构以应社会发展之需——东南亚高等教育经验》，《外国教育研究》2002 年第 7 期。

④ 黄建如：《东南亚国家推进高等教育大众化的策略简析》，《大学教育科学》2003 年第 1 期。

⑤ 张随刚：《东南亚国家私立高等教育政策比较》，《黄河科技大学学报》2002 年第 2 期。

⑥ 黄斗、张晓鹏、邓芳娇等：《东南亚各国高等教育改革与发展分析》，《东南亚纵横》2008 年第 9 期。

⑦ 杨勇：《东南亚高等教育质量研究及其发展动态——东南亚高等教育研究协会（SEAAIR）第三届年会综述》，《云南电大学报》2004 年第 1 期。

19

的组织形式。① 徐雯、冯增俊、杨移贻、刘毅对越南、老挝、柬埔寨高等教育的现状、改革、国际化发展与策略、存在的问题等进行概括与描述。目前，为适应本国经济体制改革的需要，三个国家都开始进行不同程度的改革，其中越南高等教育改革力度较大，适应了国内经济发展的需求。②③④⑤ 对缅甸高等教育，刘钦有和刘绍怀介绍了缅甸高等教育发展与改革情况。⑥⑦ 上述研究使我们对新东盟五国高等教育情况及改革进程有了一些基本认识。

3. 中国—东盟自由贸易区建设以来对东盟高等教育的研究

由联合国教科文组织亚太教育发展创新项目资助的、联合国教科文组织亚太地区教育局 2006 年发表的《东南亚高等教育》全面地报道了东南亚及各高等教育发展状况。Molly N. N. Lee 和 Stephe 分析了东南亚各国高等教育的大众化、多元化、国际化、市场化、企业化情况，同时对高等教育管理中的机构及结构、贸易自治问责、学术重构与加强研究能力、改变学术职业和未来发展与挑战等方面作出了分析。在《全球化时代东南亚高等教育》中，作者从历史发展、扩大招生、高等教育财政、追求绩效、改变学术职业和区域合作等角度分析了东南亚高等教育发展。

张建新对东盟高等教育的基本情况作了一系列介绍和研究。张建新分析了东南亚高等教育所面临的挑战，揭示了全球化趋势下这些国家高等教育的需求及发展，重点阐述了具有重大意义的发展趋势，并探索各国的应对措施。⑧ 东盟高等教育面临着资源严重缺乏以及高等教育系统扩展后教育环境恶化的问题。"大学危机"、"泡沫增长"、"文凭工厂"和"质量

----

① 党乐群：《东南亚教育：起飞的准备》，《云南教育学院学报》1995 年第 3 期。

② 徐雯、冯增俊：《世纪之交越南高等教育的改革与发展》，《外国教育研究》2002 年第 4 期。

③ 冯增俊：《老挝高等教育的世纪走向》，《比较教育研究》2002 年第 12 期。

④ 冯增俊：《柬埔寨高等教育的世纪走向》，《外国教育研究》2003 年第 1 期。

⑤ 杨移贻、刘毅：《印支三国高等教育发展与改革述评》，《比较教育研究》2000 年第 1 期。

⑥ 刘钦有：《缅甸教育评论》，《比较教育研究》2000 年第 1 期。

⑦ 刘绍怀：《缅甸高等教育见闻与思考》，《云南财贸学院学报》2003 年第 2 期。

⑧ 张建新：《均势与和谐：新加坡的小国大外交——读〈李光耀时代的新加坡外交研究〉》，《东南亚纵横》2008 年第 9 期。

低劣"等现实问题无法避免，需要从数量增长与质量控制、公平与效率、政府控制与高校自治、西方移植和本国特色等方面来着手解决。① 张建新对东盟高等教育自治进行了宏观描述，并回顾了东盟地区高等教育从国家直接管理到国家外部监控的历程。论文考察了马来西亚公立大学的企业化、印度尼西亚和泰国的自治大学、新加坡的企业大学、菲律宾的宪章大学以及越南和柬埔寨的高校合并，旨在聚焦这些变革如何影响了这些国家的自治。② 张建新介绍了区域性组织—东盟大学联盟概况，分析了东盟大学联盟质量保障的发展历史，阐述《东盟大学联盟质量保障指导方针实施手册》的理论及行动计划，③ 介绍了东南亚国家高等教育层面的开放远程学习实施状况。④

覃玉荣是目前对东盟高等教育研究较为深入的学者。在其博士学位论文《东盟一体化进程中认同建构与高等教育政策演进研究》中，以东盟一体化进程中认同建构和高等教育政策的演进为基础，从理论研究和事实研究两个层面入手，分析了东盟一体化进程中认同建构相关概念、理论，认同构建与高等教育政策的关系；客观描述和阐释东盟一体化进程中认同建构与高等教育政策环境、历史演进和各层面政策实施情况；通过比较东盟与欧盟高等教育政策演进与实施过程中的共性、差异与独特性，推演东盟高等教育政策可能发展趋势及对中国和东亚的影响。⑤《东盟高等教育一体化的发展历程》、《东盟高等教育政策：价值目标、局限与趋势》、《东盟高等教育质量保障研究》几篇论文更深入地围绕该主题进行了研究。

张宝昆、伊继东等在《东盟高等教育多样化研究》⑥中对泰国、马来西亚和新加坡等九国的高等教育发展史、高等教育宏观结构与微观结构多样化、中国与该国高等教育比较等方面进行了研究，并就中国与该

① 张建新：《21世纪初东盟高等教育的挑战与展望》，《黄河科技大学学报》2009年第1期。

② 张建新：《均势与和谐：新加坡的小国大外交——读〈李光耀时代的新加坡外交研究〉》，《东南亚纵横》2008年第9期。

③ 张建新：《东盟大学联盟质量保障的经验》，《学园》2008年第4期。

④ 张建新：《东南亚开放远程学习》，《学园》2009年第6期。

⑤ 覃玉荣：《东盟一体化进程中认同建构与高等教育政策演进研究》，博士学位论文，华东师范大学，2009年。

⑥ 张宝昆、伊继东等：《东盟高等教育多样化研究》，云南人民出版社2010年版。

国开展高等教育合作与交流提出了政策建议，研究主要基于对除缅甸之外九国高等教育基本情况的把握，基于比较分析，给出概要的政策建议。刘寒雁等论述了云南省与大湄公河次区域（GMS）（缅甸、老挝、柬埔寨、越南、泰国）五国高等教育国际竞争力状况，以尊重差异为存在前提，分析了高等教育需求的共性和差异性，提出了国际化发展的对策建议。①

　　综合以上与本书相关的研究成果可以看出，首先，高等教育国际化是当前高等教育研究领域的热点，国内高等教育国际化研究已经取得了阶段性成果，从高等教育国际化内涵的界定、发达国家和地区经验介绍、我国国际化发展面临的问题的分析以及对策建议方案的提出等方面都有不少成果。但是这些研究还存在一定的局限性，研究的聚焦不够，视野较宽但对主题研究不够深入，缺少在全球化视角下全面而系统的整体审视与重点把握，研究成果的高度不够。其次，研究大多侧重对国外国际化途径与方式、课程体系与形式策略等的借鉴与学习，深入挖掘我国国际化实践的创新与探索的相对较少。再次，从研究趋势看，对发达国家国际化经验的介绍相对较多，针对发展中国家和地区的专门性研究相对较少，从教育的本质属性与内涵规定来探讨国际化问题不够深入。最后，研究缺乏具体的实证性和方法论，难以形成可操作的办法和模式。区域高等教育国际化方面的实践课题研究较少，没有形成可行的研究理论框架。从认识、理论、实践三个方面加以具体考察，"区域高等教育国际化"存在认识上的偏差、理论上的乏力、实践上的缺失。云南高等教育国际化的研究已经有了阶段性成果，但系统的研究还不多。在迅速发展的教育实践背景下，对云南—东盟高等教育国际化的认识还十分有限。面对新形势，系统、深入、多维度地挖掘仍有待进一步开展，以期从理论上和实践操作层面推动云南—东盟高等教育国际化的深入，提升云南—东盟全方位合作的层次和水平，同时也为社会经济和高等教育欠发达地区开展高等教育国际化提供参照。

　　① 刘寒雁、罗华玲等：《教育战略新视角：云南省与 GMS 五国高等教育国际竞争力比较研究》，云南人民出版社 2010 年版。

第四节　概念界定

一　高等教育国际化

由于高等教育国际化涉及的面比较宽，关注的焦点不同，包括不同的层次和内涵，涉及不同的维度，它是一个多元化的概念，对高等教育国际化的界定不尽相同，其中并非互相排斥，有时是互相交叉或补充的。"任何关于教育国际化的认真讨论都有一个难以解答的问题，那就是对国际化的中心概念的描述。尽管大家为形成一个严谨的定义做了很多努力，但它的核心思想仍捉摸不定。"①

对高等教育国际化内涵的讨论、定义，主要聚焦到几个方面：高等教育国际化是跨国、跨文化的国际交流，是高等教育发展的客观要求和内在发展规律，是一种不可逆转的发展趋势并不断追求卓越的过程，是培养具有国际竞争力的高素质人才、服务社会发展的功能体现。

本书将高等教育国际化界定为：高等教育国际化是在世界相互依赖加强的背景下，以民族化为基点，以具体多样的高等教育活动为载体，面向世界，将"国际的维度"（国际的/跨文化的/全球的观念）整合到高等教育的各种学术活动、教学过程、组织策略、程序与战略中，以推动高等教育现代化进程，促进国家和区域经济、社会、文化和教育等协调发展。

二　东盟

东盟，全称为东南亚国家联盟（Association of Southeast Asian Nations，ASAN），成立于 1967 年，由新加坡、马来西亚、菲律宾、印度尼西亚、泰国、文莱、越南、老挝、缅甸、柬埔寨 10 个国家组成，陆地总面积为 450 万平方公里，人口 5.3 亿人。东盟的组织机构主要有：最高权力机构是部长会议，即每年召开一次的东盟外长会议。部长会议的执行机构是常务委员会，下设若干永久性的专门委员会。秘书处是东盟的行政部门，设在雅加达，秘书长由各国外长轮流担任；最高权威会议是不定期举行的东

---

① Hilary Callan, "Internationlization in Europe", *The Globalization of Higher Education*, edited by Peter Scott, Buckingham: OUP and SRHE, pp. 46 – 54.

盟首脑会议。①

第五节　研究思路

　　面向东盟的云南高等教育国际化发展战略研究是一个特定区域与特定区域之间的特定科类的研究课题，研究思路是以云南经济社会发展对高等教育提出的要求及高等教育自身具备的国际化发展能力这样一个基本矛盾为主线，从云南—东盟国家的经贸合作发展情况、云南—东盟高等教育合作交流的现状及问题、云南—东盟高等教育国际化发展的路径以及云南—东盟高等教育国际化发展的对策等几个层面逐一进行探讨。并将本书聚焦于对云南—东盟高等教育国际化发展路径进行分析的背景下，通过实地调研以掌握云南高校与东盟合作的基本现状及成因、东盟高等教育的基本情况，从理论上系统阐述社会经济、教育文化多重欠发达地区高等教育国际化的独特内涵，进而得出云南—东盟高等教育国际化的可行性，最后提出云南—东盟高等教育国际化战略的基本对策。如图 1 - 1 所示：

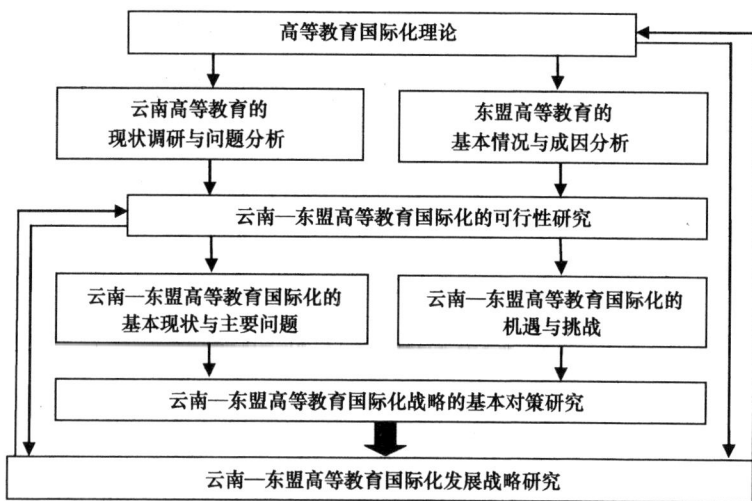

图 1 - 1　研究思路

　　① 许宁宁：《中国—东盟自由贸易区》，红旗出版社 2003 年版。

第 二 章
中国—东盟自由贸易区的发展

20 世纪 90 年代开始，区域经济一体化成为世界经济格局变化中的一个重要趋势。1993 年 1 月 1 日欧洲统一大市场的建立和 1994 年 1 月北美自由贸易协定的达成，都标志着区域经济合作已经成为当今世界经济发展的潮流。中国加入世界贸易组织以后逐渐加快区域经济合作的步伐，积极寻找区域经济合作的机会，努力打开区域经济合作的局面。与中国有密切地缘联系的东盟，自 1967 年 8 月 8 日成立开始，联盟内部国家之间通过实施普惠关税、相互认证架构、服务自由化、原产地规定、投资国民待遇等多项合作措施，使各成员国经济贸易联系日益密切，经济发展举世瞩目，被认为是发展中国家间最为成功的区域性合作组织之一。对中国而言，东盟是开展区域经济合作的最佳伙伴，其陆地总面积 450 万平方公里，包括 10 个东南亚、南亚国家在内，约有 5.3 亿人口规模的东盟，将成为中国未来各领域发展最有潜力、最为广阔的市场。

第一节　中国—东盟自由贸易区发展概述

中国云南与东盟多国相接壤，边境贸易频繁，双边贸易发展态势良好。如表 2 - 1 所示，进入 21 世纪以来的 10 年间，中国与东盟贸易总额年均增长 22%，并以 2004 年跨越 1000 亿美元，2007 年跨越 2000 亿美元为标志，中国—东盟的双边贸易近年来快速增长，2010 年接近 3000 亿美元的历史纪录，2011 年突破 3000 亿美元大关，双边贸易额同比增长 24% 达到 3629 亿美元。截至 2012 年 2 月底，中国与东盟相互投资金额累计超过 870 亿美元，互为对方的第三大贸易伙伴，东盟成为中国企业海外发展的主要阵地。

表 2 - 1   中国与东盟的双边贸易总额

年份	2000	2001	2002	2003	2004	2005	2006	2007	2008	2009	2010	2011
贸易额 （亿美元）	395	416	548	785	1059	1304	1608	2025	2311	2525	2927	3629
增长率 （%）	—	5.3	31.6	42	35	23	23	26	14	9.3	16	24

数据来源：中国海关总署网站。

一 背景分析

2001 年 11 月，我国与东盟达成共识，要在未来 10 年内建成中国—东盟自由贸易区。2010 年 1 月 1 日，北美自由贸易区、欧盟之外的第三个自由贸易区——中国—东盟自由贸易区正式建成。作为中国与其他国家共同建立的首个经济一体化市场，中国—东盟自由贸易区的建立与我国长期以来的发展战略和经济基础是密切相关的。

（一）新中国成立以来的发展概况

1949 年新中国成立后，把经济恢复和建设当作主要任务来抓，制定了较为详细的经济社会发展战略。从新中国成立至今，我国进行了三次大的区域经济发展政策的调整：第一次大调整是 1949—1978 年从不平衡的区域发展战略到平衡的区域经济发展战略的转变；第二次调整是 1979—1999 年从平衡的区域发展战略到局部区域优先发展战略的调整；第三次调整是 1999 年至今从东部优先发展战略调整为东中西全面发展的区域协调发展战略。

1. 区域平衡发展战略

第二次世界大战以后，美苏两国在世界上形成了针锋相对的制度体系，中国外交于 1949 年以后全面转向苏联体系，中国仿照苏联体系迅速建立起了中国特色的产业体系框架；这一时期经济发展较快，东北、华北、华东、华南等沿海地区经济快速恢复。之后国家战略迅速调整，第一次采取了均衡发展战略，将经济建设和军工产业分散转移内地，中国广大的中西部地区成为三线建设的重点区域，迎来历史上第一次建设高潮。

2. 优先发展战略

与美国建交后，中国的国家战略从备战备荒调整到经济建设上来，迅速实行改革开放政策，采取优先发展战略，突破口选在比邻香港的深圳建设上。在新中国外交最困难的时期，香港成为中国与西方国家交往的唯一窗口，其经济高度发达，是亚洲四小龙之一。选择深圳为改革的排头兵，可以有效承接香港乃至西方国家的产业转移，并担当中国转型市场经济的试验场。深圳比邻香港的地缘优势使其成为改革开放的不二选择。

深圳等沿海城市开放的前十年，是中国全面融入市场体系外部环境最好的十年，中国抓住了这次千载难得的时机，将经济体制改革逐渐推向深入。之后，浦东列入优先开发战略，并进而带动上海、江苏、浙江等长三角地区迅速发展。浦东的开放开发既是深圳开放开发的继续，又是更高层面、带有全局性的开放开发。20世纪80年代末经济全球化速度的加快，欧美等发达国家加速了产业结构及战略的调整，开始大幅度向外转移冶金、重化工等基础性产业。此时，走在我国开发开放前沿的浦东正好对接世界性产业转移，大量吸引外资，有力强化了中国与世界市场的联系，为国际产业进入长三角奠定基础的同时，也为我国现代市场经济下的现代金融体系及创新平台构建进行了探索。上海也因此巩固了其中国经济中心、国际经济中心的地位。

在珠三角、长三角快速发展的时期，苏联于1991年解体，美国对中国的支持就此减少，并对中国的高技术贸易进行了长时间的限制，成功阻止了中国以创始国身份于1995年加入世界贸易组织，直到2001年才允许中国加入该组织。即使这样，中国的经济体制还是成功实现了市场化转型。中国的经济发展仅靠珠三角、长三角两个地区的带动是不够的，因此国家再次以天津滨海新区开发开放为突破口，实现京津冀经济的腾飞。京津冀区域经济一体化，成为拉动我国经济增长的"第三极"。

深圳等沿海开放城市的崛起、上海浦东新区的建设、天津海滨新区的发展是在我国优先发展战略实施阶段异军突起的典范，这些核心区为全国经济社会的发展作出了重要贡献，逐渐发展为全国经济发展的三大引擎，据2010年各省市的统计公报显示，三个经济圈的GDP总额占到全国的40%（其中长三角为21.4%、珠三角为9.6%、京津冀为10%）。

3. 西部大开发

东部沿海优先发展战略使中国经济保持了高速稳定增长，从1978—1998年的20年间，年均增幅达到两位数以上，经济发展重心的"东移"削弱了我国西部的发展，使得我国东部沿海地区与中西部地区的人均国内生产总值的差距在迅速扩大。中国东部地区与中西部地区之间的人均国内生产总值的绝对差距从 1978 年的 153.6 元和 212.9 元，分别扩大到 1998 年的 4270 元和 5490.9 元（当年价），西部地区的人均 GDP 低于东部地区的 50%。从国民经济发展的整体来看，我国东、西部地区的经济发展是不可分离、相互依存的，西部地区经济发展的滞后必将影响整个国民经济发展的大局。为促进我国东西部地区的平衡发展，国家在 1999 年 6 月正式提出了"西部大开发战略"。西部大开发战略是对以往的非均衡经济发展战略的创新，旨在弥合、缩小东西部之间过大的差距，推动国民经济的稳定、协调发展。针对国际金融危机的影响显现，2010 年，国家进一步提出西部大开发新十年规划[①]。

西部大开发需要确立增长极。1997 年，随着三峡工程的开工建设，重庆顺理成章地成为中国第四个直辖市，成渝是西南地区的龙头，我国政府将通过其建设发展带动西南地区，成为中国经济新的增长区域。在国家战略层面，构建成渝经济区可以在中国内陆形成新的增长极，强化西部地区经济在全国格局中地位和作用，该经济区与关中—天水经济区以及北部湾经济区等共同成为中国西部地区的经济增长板块，进一步弥补中国西部经济增长板块的空缺，壮大西部经济实力，提高西部在全国经济格局中的地位。以构建成渝经济区、关中—天水经济区和北部湾经济区为代表的中国西部大开发区域发展战略，显然是对当前中国经济格局的优化和调整。广西北部湾经济区地处我国沿海西南端，是西部大开发 12 个省市区中唯一的临海省区，南部临海、西南与越南接壤的区位优势，是环北部湾经济圈上升为国家战略关键。地处亚欧大陆桥中心的关中—天水经济区，承东启西、连接南北，作为中国西部拥有深厚人文历史、优越自然条件和良好经济基础的地区，具有较大发展潜力。

4. 主要经济成就

改革开放以来的三十多年的经济发展，创造了人类有史以来保持高速发展持续时间最长的纪录，我国国民经济持续、稳定、快速增长，钢、煤等主要工业品以及粮食、棉花等主要农产品的产量多年位居世界第一，综合国力不断增强。1990 年中国 GDP 达到 3569 亿美元，为美国 57572 亿美元的 6%，2000 年达 11985 亿美元，是美国 97648 亿美元的 12%，2010

---

① 武友德、王源昌：《国家战略与中国特色城镇化》，科学出版社 2011 年版，第 1—8 页。

年达 57451 亿美元，是美国 146242 亿美元的 39%，2011 年达 72981 亿美元，是美国 150940 亿美元的 48%，并成功超越日本，成为世界第二大经济体。世界大国和东亚主要国家的数据如表 2-2 所示。

表 2-2　　　　　　　　　有关国家国内生产总值　（时价美元，单位：亿美元）

国家和地区	1990 年	2000 年	2005 年	2006 年	2007 年	2008 年	2009 年	2010 年	2011 年
世界	218133	320019	452321	489478	548911	605870	—	630488	696596
欧元区	56862	62472	101306	107133	122776	135655	—	161069	175776
亚太区	6701	17219	30383	36247	45351	56583	—	75794	82388
美国	57508	98988	125797	133362	139950	142969	140439	145824	150940
中国	3569	11985	22569	27130	34941	45218	49913	58786	72981
日本	30580	46674	45522	43626	43779	48799	50330	54978	58694
德国	17145	19002	27884	29186	33291	36345	33300	33097	35770
法国	12442	13263	21366	22557	25824	28318	26245	25600	27763
英国	10126	14776	22801	24441	28110	26575	21732	22461	24175
巴西	4620	6447	8822	10889	13660	16526	15945	20879	24929
意大利	11334	10973	17777	18635	21162	22965	21112	20514	21987
印度	3175	4602	8340	9513	12424	12138	13806	17290	16761
加拿大	5827	7249	11347	12786	14241	14991	13361	15741	17368
澳大利亚	3145	4051	6960	7293	8568	10394	9248	12351	14882
韩国	2638	5334	8449	9518	10492	9314	8341	10145	11162
柬埔寨	—	37	63	73	86	103	105	113	128
印度尼西亚	1144	1650	2859	3646	4321	5102	5393	7066	8456
老挝	8.7	17.4	27.4	35.0	42.6	54.9	60.9	75	78.9
马来西亚	440	938	1378	1565	1866	2218	1931	2378	2786
菲律宾	443	810	1031	1222	1494	1736	1683	2000	2131
泰国	853	1227	1764	2071	2470	2726	2637	3188	3456
越南	64.7	311.7	529.3	609.3	711.1	902.7	971.5	1036	1227
新加坡	368	927	1254	1453	1773	1893	1833	2227	2598

资料来源：国家统计局网站，http：//data. stats. gov. cn/workspace/index？ m = gjnd。

　　我国城乡居民收入水平在过去很长一段时间缓慢增长，甚至停滞不前的状态得到了根本的改观。从1978年到2011年30多年的时间里，我国城乡居民收入水平大幅度增长。城镇居民家庭人均可支配收入由343.4元提高到21810元，农村居民家庭人均纯收入由133.6元提高到6977元。城乡居民收入结构更加多元化，居民工资收入占人均可支配收入的比重下降。人民生活水平不断提高，城乡居民家庭恩格尔系数分别从1978年的57.5%和67.7%，下降到2010年的36.5%和41.0%，物质文化生活得到丰富和提高。

　　从国际对比来看，中国主要指标居世界的位次稳步提高，如人均国内生产总值，1980年排177位（倒数第11位），1990年排178位（倒数第22位），2000年排141位（倒数第66位），2008年排127位（倒数第83位），2011年排89位（倒数第121位）。GDP排位1980年为11位，1990年为11位，2000年为6位，2008年为第3位，2011年为第2位。其他主要指标的世界排位变化如表2-3所示。

表2-3　　　　　　　　　中国主要指标居世界的位次

指标	1980年	1990年	2000年	2006年	2007年	2008年	2009年
出生时的预期寿命①	77 (173)	83 (186)	88 (190)	74 (193)	85 (210)	78 (194)	79 (194)
国内生产总值	11	11	6	4	4	3	3
人均国民总收入①	177 (188)	178 (200)	141 (207)	129 (209)	132 (209)	127 (210)	124 (213)
进出口贸易总额	26	15	8	3	3	3	2
出口额	28	14	7	3	2	2	1
进口额	22	17	9	3	3	3	2
外商直接投资	60	12	9	4	6	3	2
外汇储备	37	7	2	1	1	1	1
人文发展指数①	—	79 (160)	96 (173)	94 (179)	92 (182)	91 (169)	89 (169)

注：①括号中所列为排序资料的国家和地区数。

资料来源：中国国家统计局网站，http://data.stats.gov.cn/workspace/index。

中国经济从封闭走向开放并逐渐融入世界经济当中,对外开放向纵深发展,如表2-3所示,中国的进出口贸易总额的世界排名1980年排26位,1990年排15位,2000年排8位,2008年排3位,2009年排2位。经过几年的发展,我国按照世界贸易组织多边规则的要求,逐步完善对外贸易管理体制,管理体制和法律环境基本做到透明规范,货物贸易的自由化程度已超出发展中国家的平均水平,实现了我国对外经贸体制与国际经贸规则的全面接轨。外商直接投资世界排名从1980年的第60位,上升为1990年的第12位,2000年的第9位,2008年的第3位,2009年的第2位。

(二)东亚(东南亚)经济发展局势分析

东亚泛指包括中国、日本、新加坡、韩国、越南、泰国、马来西亚在内的东亚和东南亚地区。第二次世界大战以后,东亚地区各国经济基础薄弱,人口稠密,除中国大陆以外,东亚地区绝大部分国家都严重缺乏自然资源,同时受到战争的严重影响,东亚地区曾被认为是世界上最没有希望的地区之一。然而,20世纪60年代初到80年代期间,东亚地区的经济有了迅速的发展,首先是日本,其次是新加坡、韩国、中国的香港和台湾地区,最后是泰国、马来西亚、菲律宾以及中国大陆,东亚各国的经济发展给世界经济带来了新的冲击和影响。

1. 日本及其对东盟的带动

近代以来,经过不断的变革发展,日本成为亚洲最早进入工业化的国家,以不足2%的世界人口、0.25%的世界面积和极为匮乏的自然资源,创造了9%的世界财富(如表2-2所示,2011年日本GDP总量为5.86万亿美元,全球GDP总量为69.65万亿美元)。

第二次世界大战后至20世纪80年代末,在美国的援助和扶持下,日本国民经济得到了迅速的发展,1955年便已恢复到第二次世界大战前的水平,到1968年便超过苏联,国民生产总值跃居世界第二。其发展速度一直遥遥领先于其他发达资本主义国家,其宏观及微观经济效益也令其他发达资本主义国家望尘莫及。如表2-2所示,1990年日本GDP总量30583亿美元,2000年也只有46674亿美元,10年仅增长了50%,而同期中国的GDP将近翻了两番,美国GDP增长了70%。随着中国经济的发展,中国对日本的带动作用开始显现,21世纪以来,日本经济开始复苏并缓慢增长,如表2-2所示,2007年、2008年、2009年、2010年、

31

2011 年五年的日本 GDP 分别为 43779 亿美元、48799 亿美元、50330 亿美元、54978 亿美元、58694 亿美元，当然这些增长与美元贬值、日元升值有一定关系，但日本经济的复苏和增长在一定程度上也受到中国的影响。

在第二次世界大战之前，日本就提出了所谓的"大东亚共荣圈"，此后一直倡导东亚区域经济合作，但始终没有得到东亚国家的响应和认同。为了成功主导东南亚的融合，中国借助东盟平台，搭建了东盟—中、日、韩"10＋3"峰会。如今的"10＋3"框架不仅为中日韩三国和东南亚国家发展更广泛合作提供了机制，也同样为中日两国提供了一个建设性的合作机制。

2. 中国与"亚洲四小龙"

新加坡、韩国、中国香港和中国台湾这四个国家和地区第二次世界大战后先后得到了美国和日本的援助同时开放了市场，迅速成长为东亚除日本以外的第二发达梯队，称为亚洲"四小龙"。

现今，"亚洲四小龙"在亚洲的经济贸易活动中依旧占据重要位置，中国—东盟自由贸易区的建设过程与位处东南亚的"亚洲四小龙"关系密切。新加坡是东盟经济高度发达的第一梯队国家，韩国是"10＋3"峰会的参与国之一，香港、台湾是中国的有机组成部分，直接参与到了中国—东盟这个自由贸易区中。

香港、台湾地区近年来受益于与内地签订的诸多协议，如 2003 年内地和香港签署了《内地与香港关于建立更紧密经贸关系的安排》。实现互惠互利、优势互补、共同繁荣的目标，为香港经济提供广阔的腹地。如表 2－4 所示，香港的 GDP 总量稳定地从 2005 年的 1778 亿美元上升到 2011 年的 2433 亿美元，如表 2－5 所示，签订协议后的 2004—2007 年，增长率分别为 8.5%、7.1%、7.0%、6.4%，充分显示了内地对香港经济的支撑作用，经历了 2008—2009 年的世界性金融危机，2011 年的增长速度恢复到 5.2%，内地—香港经济合作稳步走向高层次。

2010 年海峡两岸签署了《海峡两岸经济合作框架协议》，进一步增进互信，建立有利于两岸经济繁荣与发展的合作机制。台湾在高速发展后产业升级过程中需要的经济腹地，只有向大陆延伸才是唯一选择，事实上，在协议签订之前，台湾 GDP 从 2000 年的 3212 亿美元上升为 2011 年的 4668 亿美元（如表 2－4 所示），2004—2007 年的增长速度也比较稳定，如表 2－5 所示，分别达到 4.1%、4.7%、5.4%、6.0%，危机过后的

2010 年增长速度更是高达 10.5% ，2011 年增长 4.5% 。随着大陆、台湾 2010 年协议签订后，台湾与大陆的合作层次进一步提升，两岸在自然资源和劳动力资源上差异悬殊是互补的重要内容，大陆资本相对不足和台湾丰裕的资本，也正好形成资本投资的互补。大陆改革开放以来，台湾一直没有有效分享大陆经济增长的历史终于结束了。

表 2 - 4　　　　亚洲"四小龙"、"四小虎"主要年份国内生产总值

（现价美元，单位：亿美元）

国家和地区	1990 年	2000 年	2005 年	2006 年	2007 年	2008 年	2009 年	2010 年	2011 年
韩国	2638	5338	8449	9518	10492	9314	8341	10145	11162
新加坡	368	927	1254	1453	1773	1893	1833	2227	2598
中国台湾*	1945	3212	3559	3663	3848	3929	3922	4304	4668
中国香港	769	1691	1778	1899	2071	2154	2092	2246	2433
印度尼西亚	1144	1650	2859	3646	4321	5102	5393	7066	8546
马来西亚	440	938	1378	1565	1866	2218	1931	2378	2786
菲律宾	443	810	1031	1222	1494	1736	1683	2000	2131
泰国	853	1227	1764	2071	2470	2726	2637	3188	3456

资料来源：世界银行数据库，http://data.worldbank.org.cn/indicator/NY.GDP.MKTP.CD。

注：＊台湾数据来源：百度百科，http://baike.baidu.com/view/5878391.htm。

　　韩国是亚洲"四小龙"的领头羊，其 2000 年的 GDP 达到 5338 亿美元，差不多接近其他三个"小龙"的总和，2011 年达到 1.12 万亿美元，比其他三"小龙"的总和还多（表 2 - 4），成为全球前 20 个经济体之一。韩国近年的成功在于亚洲金融危机以后的改革，并充分利用中美两个大市场所取得的。韩国成为 2003—2011 年经济增长年年保持正增长的"四小龙"唯一经济体（表 2 - 5），即使 2009 年国际金融危机最严重的年份仍然保持 0.3% 的正增长。

　　新加坡作为华人世界的第一个海外国家，1990 年还是"四小龙"中最小的经济体，GDP 仅为 368 亿美元（表 2 - 4），但经过 20 年的发展，到 2010 年，其经济总量已经与中国香港不相上下，从表 2 - 5 也可以看出，2003—2011 年，新加坡经济增长率是"四小龙"中最高的，2005 年及 2011 年还分别达到 13.3% 和 4.9% 。新加坡在中新建交后积极参与中

国的经济建设，标志性项目即中—新1994年共同建设的苏州工业园区，园区行政区域288平方公里，其中，中新合作开发区规划面积80平方公里。园区综合竞争力和综合发展指数位在2010年中国东部47个国家级开发区GDP排名第三名，GDP达到1380亿元，新加坡与中国的经济紧密程度由此可见一斑。

　　3. 中国与亚洲"四小虎"

　　受日本和四小龙"雁行"经济的产业转移，东盟成员国中经济体量最大的四个国家：泰国、菲律宾、马来西亚和印度尼西亚，在20世纪90年代取得了经济上的较快的发展，被称为亚洲"四小虎"。

表2-5　亚洲"四小龙"、"四小虎"主要年份国内生产总值年均增长率　单位:%

国家和地区	2003年	2004年	2005年	2006年	2007年	2008年	2009年	2010年	2011年
韩国	2.8	4.6	4.0	5.2	5.1	2.3	0.3	6.3	3.6
新加坡	3.5	9.6	13.3	8.7	8.9	1.7	-1.0	14.8	4.9
中国台湾*	1.8	4.1	4.7	5.4	6.0	0.7	-1.9	10.5	15.0
中国香港	3.0	8.5	7.1	7.0	6.4	2.3	-2.7	7.0	5.2
印度尼西亚	4.8	5.0	5.1	5.5	6.3	6.0	4.6	6.2	6.5
马来西亚	5.8	6.8	5.3	5.8	6.5	4.8	-1.6	7.2	5.1
菲律宾	5.0	6.7	4.8	5.2	6.6	4.2	1.1	7.6	3.7
泰国	7.1	6.3	4.6	5.1	5.0	2.5	-2.3	7.8	0.1

资料来源：世界银行数据库，http://data.worldbank.org.cn/indicator/NY.GDP.MKTP.CD。

　　注：*台湾数据来源：中国国家统计局，http://www.stats.gov.cn/tjsj/ndsj/2005/index-ch.htm。

　　1997年亚洲金融风暴使亚洲"四小虎"遭遇了严重金融危机，之后得益于中国保持本国货币不贬值和向危机国家提供贷款支持，"四小虎"经济开始转向依赖中国经济拉动，经济复苏加快。进入21世纪以来，"四小虎"经济稳定增长，如表2-4所示，到2011年，"四小虎"经济总量都成功跨越2000亿美元关口，印度尼西亚以8546亿美元成为"四小虎"中的第一名。各国经济稳步增长，如表2-5所示，2003—2008年，各国经济增长保持在4—7个百分点，即使在全球金融危机最严重的2009年，印度尼西亚、菲律宾仍然保持了正增长，在中国—东盟自由贸易区建成的第一年，"四小虎"实现了 6% 以上的增长率，此数据说明了中国—东盟自贸区的强大生命力。

（三）中国—东盟经济一体化的趋势

WTO 的建立从全球视野上肯定了经济一体化的国家间经济联系的主导模式，区域经济的一体化发展也成为世界经济发展的主流，在此基础上，中国—东盟自由贸易区的建立和发展是不可阻挡的历史潮流。

1. 经济全球化背景下的必然要求

20 世纪 80 年代以来，经济全球化逐步扩展到世界各地，与之相应的区域一体化进程不断加快。然而，受自身区域主义及发达国家贸易保护措施的制约和影响，东亚地区发展中国家的经济发展受到阻碍。加强区域经济合作就成为东亚地区减少贸易风险、排除发展障碍的必然选择。

2001 年，受全球经济增长速度减缓的影响，东盟各国的出口额度大幅缩水。为了避免金融危机对各国经济贸易造成更大的影响，东盟各国加大了区域合作的力度。同时，成功加入世贸组织的中国即将创造新的市场，为加强与中国的经济合作，推动区域自由贸易的发展也成为东盟各国的必然选择。

2. 各国经济联系和地缘政治的需要

中国随着改革开放的不断深化，经济得到了快速发展，同时也开发了区域经济合作的巨大潜能，区域经济的发展是中国进一步开放发展的基础，也是中国参与世界经济格局的重要举措。中国—东盟自由贸易区的建设将极大地促进中国的对外经济合作，与东盟国家的深度合作将有效地扩大中国的市场规模，增进与东盟各国之间的互利合作关系，有利于维护东盟地区的繁荣稳定。

二　发展历程及前景

在中国—东盟自由贸易区建成之前，中国与东盟各国之间签署了三个关键协议，它们分别是 2004 年 11 月 29 日在老挝万象签署的《货物贸易协议》，2007 年 1 月 14 日在菲律宾宿务签署的《服务贸易协议》，以及 2009 年 8 月 15 日在泰国曼谷签署的《投资协议》，三个协议的签署为中国—东盟自由贸易区的最终建成提供基础保障，并构成了自贸区的制度框架。

（一）发展历程

中国—东盟自贸区是中国同其他国家商谈的第一个自贸区，也是目前建成的最大的自贸区。它的建立标志着中国地缘环境的极大改善，第一次在中国周边出现了一个争取与中国共同繁荣和稳定的国家集体。目前，中国—东盟自贸区已是拥有 19 亿消费者，6 万亿美元 GDP 的经济区①。中国—东盟自由贸易区的建设历程大致划分为以下三个时期。

2002—2010 年，是自贸区建设启动并大幅下调关税时期。《全面经济合作框架协议》签订以来，双方经贸关系发展迅速，贸易额已从 2001 年的约 416 亿美元增加到 2011 年的 3629 亿美元（如表 2 - 1 所示）。2011—2015 年，是自贸区全面建成时期，在这一阶段，要实现老挝、越南、缅甸、柬埔寨 4 国与中国贸易的绝大多数产品零关税，中国与东盟各国之间要进一步扩大开放投资市场和服务贸易市场。2016 年以后，是中国—东盟自贸区建设巩固完善时期。

（二）发展前景

集中体现中国与东盟共同利益的中国—东盟自由贸易区将是世界经济规模第三、人口规模第一的自由贸易区。此自贸区的形成将使得中国与东盟之间形成互补，有效地提升了各自经济抗风险及危机的能力，促进区域内的产业优化和合理分工。对中国来说，人口总数仅有中国的二分之一但 GDP 总量与中国相当的东盟是一个广阔的市场；对东盟而言，与中国的合作可以减少东盟各国对欧美市场的依赖，提升经济实力，提升其国际地位。同时，自贸区的建立还有效地促进了中国与东盟的合作交流，为地区的和平稳定提供条件，有利于提高中国和东盟各国在世界政治舞台上的地位。从自贸区当前的发展形势来看，这个目标是能够实现的。理由如下：

第一，在中国和东盟的积极努力下，自由贸易区如期建成，各国态度积极，达成共识。

第二，中国与东盟之间的贸易活动拓宽了双方的发展空间。东盟各国发展程度参差不齐，既有经济发展水平较高的新加坡，也有越南、缅甸等经济情况一般的发展中国家，在经济发展层面上与中国有一定的互补性。经济全球化下的服务外包、研发外包等趋势也为中国与东盟的合作提供了新的机遇。

---

① 《中国—东盟自贸区建设》（http：//www. customs. gov. cn/publish/portal0/tab34736/）。

第三，互惠双赢。中国—东盟自由贸易区的建立，不论在经济上还是政治上都为双方打开了互惠互利的双赢局面。区域局势的稳定、安全是中国与东盟各国经济快速发展的前提。双边贸易的增加，技术合作的加强，都将促进各国的睦邻友好，进一步推动双边关系的正常、稳定、繁荣、发展。

三 作用和意义

中国—东盟自由贸易区的建立是中国积极参与经济全球化的重要组成部分，区域经济的繁荣发展必将为中国创造良好的经济环境和政治氛围。作为世界第三大自由贸易区，中国—东盟自由贸易区将有效促进双边贸易的快速发展。借助地缘优势，中国的云南、广西等地与东盟国家的文化、经贸交流将会更加频繁。自贸区的建立将扩大双方经济合作的深度和广度，进一步促进中国经济区域结构的调整。

（一）促进区域和平稳定

中国—东盟自由贸易区所带动的不仅仅是区域各国经济贸易的往来发展。自贸区为解决各国之间的矛盾分歧提供了途径，增进了中国与东盟各国之间的相互信任，严正驳斥了"中国威胁论"，有利于睦邻友好关系的发展。自由贸易区的建立，增加了国家和地区事务处理的沟通渠道和平台。通过合作能更有效地维护国家的权益，提升区域内各发展中国家在国际舞台上的地位。

（二）促进经济贸易发展

在中国—东盟自由贸易区的框架下，各国经济贸易往来中对多数商品实行零关税，有效降低了商品出口价格，扩大了中国的出口规模、商品影响力和出口竞争力。通过提高透明度，简化海关程序，提高签证便利，协调海关、银行、运输部门的经营管理等措施极大地减少了区域内非关税壁垒，降低了出口成本，扩大了贸易范围。

目前，中国与东盟在贸易方面发展很快，如表2-6所示，1991年，中国与东盟双边贸易额仅为79.6亿美元。2011年（中国—东盟自由贸易区建成后的第一年）双边贸易额已达3623.3亿美元，规模增长了近45倍。2011年，中国与东盟双边贸易额同比增长20%，高出中国外贸总体增幅14.1个百分点。自由贸易区的建立使中国和东盟将成为一个市场整体，流向东盟的外资也便于流入中国市场，同样，非自贸区国家对中国的投资也可以方便地进入东盟。自贸区的建立强化了区域内的经济发展环境，相对较好的投资环境可能使得境外到中国投资的金额增加。此外，自由贸易区的建成将取消一些原来阻碍各成员国间投资往来因素和限制，自贸区实施的优惠关税政策将给中国和东盟各国企业创造更加广阔的区域性经济市场。截至 2011 年 6 月，中国与东盟之间的贸易投资额近 800 亿美元，其中中国对东盟投资总额达 130 亿美元。中国与东盟通过开展互利合作，加大了双边贸易的发展力度，贸易范围包括金融、人力资源、农业、旅游等领域。

表 2 - 6 　　　　中国与东盟各国有关年份海关货物进出口总额

（时价美元，单位：亿美元）

国家和地区	1995 年	2000 年	2005 年	2006 年	2007 年	2008 年	2009 年	2010 年	2011 年
泰国	33.63	66.24	218.11	277.26	346.38	412.93	381.90	529.47	579.8
缅甸	7.67	6.21	12.09	14.60	20.78	26.25	29.00	44.44	—
越南	10.52	24.66	81.97	99.49	151.18	194.58	210.45	300.94	—
柬埔寨	0.57	2.24	5.63	7.33	9.34	11.34	9.44	14.41	—
老挝	0.54	0.41	1.29	2.18	2.64	4.02	7.52	10	—
印度尼西亚	34.90	74.64	167.87	190.55	249.96	315.16	283.89	427.5	—
马来西亚	33.46	80.45	307.00	371.10	463.86	535.57	519.68	742.15	—
菲律宾	13.06	31.42	175.57	234.13	306.16	286.37	205.39	—	—
新加坡	68.99	108.21	331.47	408.58	471.44	524.77	478.56	699.00	751.45
文莱	0.33	0.74	2.61	3.15	3.59	2.19	4.22	10.25	12.12
合计	203.7	395.2	1303.6	1608.4	2025.3	2313.2	2130.1	2927.8	—

资料来源：国家统计局，相关年份《中国统计年鉴》。

（三）提供高等教育合作保障

经济的全球化发展，使得国际间的分工、合作更加频繁、密切，世界高等教育发展呈现国际化的趋势。为有效提升高等教育的国际化水平，世界各国都非常重视高等教育的国际合作。长期以来，由于我国西南地区的地理位置的原因，西南地区在经济、交通、信息等方面与东部沿海地区相比差距较大，高等教育也较落后，国际化水平较低。

随着 CAFTA 建设的启动，比邻东盟各国的西南地区将迎来巨大的发展机遇，随着双边贸易的进一步发展，西南地区与东盟国家之间的高等教育合作交流也将迎来良好的发展机遇。中国—东盟自由贸易区合作框架下的《服务贸易协议》，承诺开放教育服务领域，为高等教育国际化发展提供了政策保证，创造了良好的环境。同时，自贸区的建立和发展亟须掌握中国—东盟国家语言和熟悉各国情况的复合型人才。中国—东盟人才的培养需要扩大教育领域的交流合作，在新加坡、泰国、马来西亚等东盟国家，有相当一批国际化程度较高的大学，需要中国开放高等教育领域，促进交流合作，充分利用东盟国家的先进教育资源逐步促进自身的发展。云南省临近东盟国家的优良地域优势、低廉的留学成本和便利的交通必将吸引大批的东盟留学生，随着交流的深化，中国到东盟国家留学深造的学生也会逐渐增多。

第二节　中国—东盟自贸区合作框架机制

自由贸易区主要涉及货物贸易、服务贸易及投资三大领域。

一　自贸区合作框架

2002 年 11 月，中国与东盟签订了《中国与东盟全面经济合作框架协议》。协议中确定了逐步取消货物贸易关税与非关税贸易壁垒和建立促进贸易投资自由化与金融投资便利化综合框架两个目标。

（一）货物贸易协议

2004 年 11 月，中国与东盟十国在第八次中国—东盟领导人会议上签署《中国—东盟全面经济合作框架协议货物贸易协议》（简称《货物贸易协议》）。2005 年 7 月 20 日中国—东盟自由贸易区开始降税，标志着《货物贸易协议》正式进入实施阶段。该协议作为中国与东盟各国货物贸易降税安排和非关税措施等问题的规范性法律文件，包含了关税的削减和取消、数量限制和非关税壁垒、减让的修改、保障措施、机构安排、安全例外等内容。

（二）服务贸易协议

2007 年，中国与东盟 10 国签署了《中国—东盟全面经济合作框架协议服务贸易协议》（简称《服务贸易协议》），该协议于 2007 年 7 月 1 日起正式生效。协议包含中国与东盟第一批开放服务贸易的具体承诺减让表，并对双方在自由贸易区框架下的权利和义务作出规定。根据协议，东盟十国向中国开放金融、电信、建筑、医疗、教育、旅游等行业市场，同时中国也在运输、体育、环保、建筑和商务5个服务领域向东盟国家作出市场开放的承诺。

（三）投资与经济合作

2009年8月15日，中国与东盟10国共同签署了《中国—东盟全面经济合作框架协议投资协议》（简称《投资协议》）。目的是增加中国与东盟贸易投资法律法规的透明度，创造更为有利的投资条件和良好的投资环境，建立一个自由、便利、透明及公平的投资体制。

（四）争端解决机制协议

《中国—东盟全面经济合作框架协议争端解决机制协议》（简称《争端解决机制协议》）于2004年11月签署，2005年1月1日正式生效。《争端解决机制协议》适用于《框架协议》下各缔约方之间发生的争议，缔约方的中央、地区和地方政府根据《框架协议》所采取的相关措施也在《争端解决机制协议》的管辖范围之内，为各缔约方根据该协议来解决各缔约方的经贸争端提供了法律依据。

二　次区域合作机制

中国—东盟自由贸易区次区域合作并不是指CAFTA内部全局性的合作，也不是指东盟整体或其内部某一个国家与区外经济体的双边合作，而是指CAFTA内部几个国家或地区之间展开的小范围、被认可为单独的经济区的跨国界多边经济合作。

（一）大湄公河次区域合作机制

早在中国—东盟自由贸易区之前，大湄公河次区域合作的探索就已经开始，其现行的制度安排可以看作对CAFTA建设的先行示范，在某种意义上，对于CAFTA框架下的次区域合作具有一定的借鉴作用。

"大湄公河次区域"（Great Mekong Subregion，简称GMS），即澜沧江—湄公河（东南亚地区）流域，涵盖该河流经的中国云南、泰国、越南、缅甸、老挝、柬埔寨国家和地区，总面积达81.1万平方公里。自1992年以来，GMS各成员国在贸易、环境、能源、旅游、人力资源开发等领域进行了合作，在促进湄公河流域各国社会经济发展方面成效显著。

经过多年的发展，大湄公河次区域合作机制相对成熟。形成了独具特色的大湄公河次区域合作的运作机制（见图 2-1）。自 1992 年开始，亚洲开发银行启动 GMS 合作，对其给予资金和技术上的支持。作为 GMS 合作的最高会议和决策机构，领导人会议每三年一次在各国轮流召开。每年召开一次的部长级会议下设高官会和工作组，负责制定政策层面的合作方针。大湄公河次区域合作组织体系化的运作机制为区域的可持续发展提供了保障。

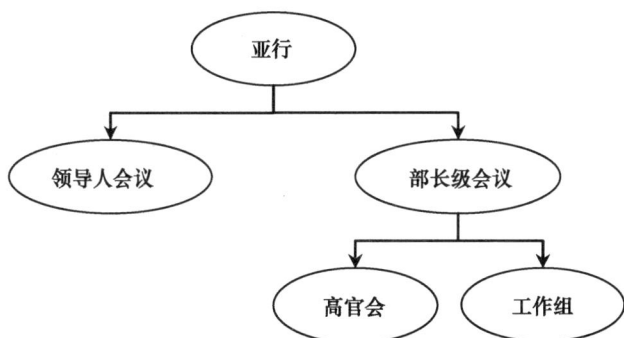

图 2-1　大湄公河次区域合作组织运作机制示意图①

未来推动大湄公河次区域合作时，必须同时考虑其区域的延伸。在中国的地方政府作用的发挥上，要以云南省为核心，联合吸引东西部省份积极参与次区域的经济合作，形成次区域内经济发展的核心区，逐步向次区域以外的其他东盟国家以及中国内陆地区延伸，促进区域的可持续发展；加大政策支持力度，突出云南省在次区域合作中的核心作用；对大湄公河次区域成员国的发展情况有准确定位，强化次区域成员国间的互利合作。

（二）泛北部湾次区域合作机制

在大湄公河次区域合作运行多年以后的 2006 年，在广西南宁召开的首届"泛北部湾经济合作论坛"提出了泛北部湾经济合作区建设的战略构想，希望将中国与越南的环北部湾经济合作延伸到新加坡、马来西亚、印度尼西亚、文莱和菲律宾等临近北部湾的东盟国家。主要意图是想通过

---

① 杨祥章：《大湄公河次区域合作与泛北部湾经济合作比较研究》，《东南亚纵横》2010 年第 3 期。

加强泛北部湾经济合作，形成一个中国与东盟之间新的次区域合作项目，与已经形成的大湄公河次区域合作及以交通干线为依托的南宁—新加坡经济走廊，形成中国—东盟"一轴两翼"区域经济合作新格局。泛北部湾经济区的战略构想得到中国及东盟有关国家领导人的积极回应，在第三届中国—东盟商务与投资峰会和第十次中国与东盟领导人会议上，中国当时的国家总理两次代表中国政府正式提出要"积极探讨泛北部湾经济合作的可行性"的倡议。泛北部湾经济合作区的构想旨在依托中国—东盟自由贸易区战略伙伴关系，在中国—东盟自由贸易区框架的基础上开展次区域经济合作，发挥北部湾地缘优势，以实现泛北部湾各个国家和地区经济的共同繁荣。

第三节　云南—东盟经贸合作及人才培养

研究云南—东盟高等教育国际化的发展战略，必须面向区域经济建设、立足服务区域经济建设，这是高等教育生存发展的基础。反之，区域经济的发展又推动与决定着高等教育国际化的发展。在云南—东盟高等教育国际化办学的研究过程中首先要做好三个结合：一是要将云南经济社会发展的新情况与高等教育发展的结合，即要依托云南区域经济社会的丰富资源，强化区域经济社会对高等教育的需要，形成一种良性机制，扩大高等教育自身生存和发展空间。二是要认清云南经济社会发展的新情况与认清东盟国家经济社会发展基本概况的结合，云南经济社会的发展要立足本区域，辐射周边区域或某特定区域，即东盟国家。三是要对云南与东盟的合作发展做前景分析，要让双方都能看到其合作的结果是双赢的。

一　云南社会经济发展概况
云南作为中国的一个省份，经济发展和全国其他地方一样，经历了相似的历史脉络，但作为边疆少数民族聚集的地区，云南省的社会经济发展又有其特点。

（一）云南省地缘地理特征
中国—东盟自由贸易区的建设是"睦邻友好"战略的集中体现，云南作为中国与东盟国家陆地边境线最长的省份，成为中国与东盟的贸易前沿及面向印度洋、南亚的"桥头堡"。

地处亚洲大陆的喜马拉雅山脉，其19条主要水系的支流由北向南延伸至南亚、东南亚腹地，中国三级台阶可以自西向东划分，也可以自北向南划分，只是这一次的第三级台阶不再属于中国领土，青藏高原仍为三级地理结构中的第一级，云南地处二级高地，可以说掌握着东南亚诸国的生命线。

南北走向的哀牢山将云南分割为滇东高原和滇西横断山脉两大地貌单元，乌蒙山将云贵高原与成都平原分割成具有明显差异的两大地理单元，在哀牢山东部、乌蒙山南部，主要分布着滇池流域、抚仙湖流域、珠江源等地区，是云南最发达的地区，行政区划包括昆明市、玉溪市、曲靖市、楚雄州。滇中地区是中国西部大开发的重点地区，是中国连接太平洋、印度洋的陆上枢纽，也是中国面向东南亚、南亚开放的核心区域，是中国践行"睦邻友好"战略，实现中国—东盟经济一体化的主要门户。

云南省内最主要的地理分界线哀牢山在抵达红河州后，大体成扇形散乱分开，东边支脉从东南方向延伸至太平洋，成为中国和越南的分界线，西边支脉向正南方向延伸并贯穿越南南北，成为越南与老挝的天然分界线，在哀牢山余脉的北部是地势相对平缓的区域，其行政区划分别为云南省红河州、文山州，主要为红河流域和珠江上游的南盘江流域，是云南通往越南的"桥头堡"。

哀牢山、无量山从大理州向南呈爪型蔓延，将滇东高原与西部的横断山分割开来，两山西坡呈阶梯状分布着临翔、思茅、景洪等小盆地，昆曼大通道贯穿全境，与缅甸、老挝接壤。

云南西部呈"人"字形的横断山脉中，有两条紧邻的山脉由北向南一直延伸到中缅边境，其中西侧是高黎贡山，东侧是"怒山"。山脉与江河是相互联系的整体，这两条山脉的两侧形成了三条大河，由西至东依次为伊洛瓦底江、怒江（进入缅甸以后被称为萨尔温江）、澜沧江（进入越南以后称湄公河），高黎贡山和怒山孕育的三条大河为整个中南半岛提供了主要的水资源。也可以说没有它们就没有中南半岛的文明。

怒山或碧罗雪山是怒江与澜沧江的分水岭，是横断山主要山脉之一。由于高原断裂上升后，经怒江、澜沧江的切割，形成河谷盆地和断陷盆地，如漕涧盆地、瓦窑盆地、保山盆地、六库盆地、上江盆地等。高黎贡山是横断山脉中最西部的山脉，印度板块和欧亚板块相碰撞及板块俯冲的缝合线地带，是怒江和伊洛瓦底江的分界线，其间有腾冲盆地、潞西盆地、梁河盆地、盈江盆地、瑞丽盆地等。从地理结构上看，处于横断山"人"字形左撇底的地区是滇西的重要地区，但迄今为止，诸多原因使得该地区工业化水平较低，工业化基础薄弱，这些区域的行政区划由西往东依次是德宏州、保山市和大理州。

（二）云南省经济、教育发展概况

近年来，云南省经济得到稳定高速发展，如表 2 - 7 所示，2004—2011 年年均增速保持两位数以上，GDP 总量达到 8750 亿元人民币，按年末汇率折合 1321 亿美元，已突破千亿美元大关。2011 年人均 GDP 达到 1.89 万元人民币，折合 2859 美元。云南省结合自身资源优势，建立了具有自己特色和优势的五大支柱产业：烟草产业、生物产业、旅游产业、电力产业、矿产业。

云南省高等教育也在近年取得巨大进步，如表 2 - 7 所示，2000 年高校招生人数 3.2 万人，2011 年招生人数达到 16.13 万人，10 年内扩招达到 3 倍多，高等教育毛入学率达到 23%，基本实现高等教育大众化。截至 2011 年，全年普通高等学校，在校学生 48.76 万人，比上年增长 11.1%。

表 2 - 7　　　　　　　　云南省有关年份主要指标

	2000	2004	2005	2006	2007	2008	2009	2010	2011
GDP（人民币亿元）	1955	2959	3472	4002	4722	5700	6168	7220	8750
年增长率（%）	7.1	11.5	9.0	11.9	12.3	11.0	12.1	12.3	13.7
GDP（亿美元）	236	357	424	592	646	834	903	1090	1321
人均 GDP（人民币元）	4637	6733	7833	8960	10496	12587	13539	15749	18957
人均 GDP（美元）	560	813	956	1124	1437	1842	1983	2378	2859
高校招生人数（万人）	3.2	7.5	8.45	9.56	9.92	11.71	13.24	14.25	16.13
高校在校生人数（万人）	9.04	21.63	25.47	28.42	31.11	34.77	39.36	43.9	48.76
高等教育毛入学率（%）	—	—	—	—	14.6	16.17	17.57	20.02	23

资料来源：中国国家统计局相关年份《中国统计年鉴》。

高等教育学位工作取得新进展，2010 年全省有 5 所高校为博士学位授予单位，11 所高校为硕士学位授予单位。积极推进高校重点实验室和工程研究（技术）中心建设。2010 年，云南省高校已有 11 个国家及部委重点实验室，8 个国家及部委工程研究中心，有 11 个省级重点实验室，10 个国家及省人文社会科学重点研究基地。对外开放力度加大，云南省已与 46 个国家、地区和国际组织建立了教育合作关系，在国外建立了 4 所孔子学院，1 个孔子教堂，8 个汉语中心；在省内部分高校设立了 11 个国际人才培养基地；昆明理工大学宁平教授领衔的"创建及规范再生资源科学与技术专业的探索与实践"项目成果，获得第六届国家级高等教育教学成果一等奖，实现了云南省国家级教学成果一等奖零的突破。2011 年，云南省国家级及省级认定企业技术中心分别达到 13 个和 198 个，省级以上重点实验室 35 个，国家级高新技术开发区 1 个，省级创新型试点企业 110 家。仅 2011 年，共有 744 项科技成果进行登记。

二　东盟国家经济发展概况

东盟基本涵盖了中南半岛、南洋群岛的大部分国家，目前除了比邻澳洲的东帝汶没有加入外，其余国家全部是东盟成员国。维护区域内的和平与安全、发展经济合作、积极推动东亚合作以及加速地区经济一体化是东盟成立的主要目标。东盟"在本地区问题上采取符合亚洲价值观的方式解决矛盾与冲突；对外，则用一个声音说话"。东盟各国通过加强联系，有效提升了本区域的国际地位。

（一）中南半岛国家经济发展概况

中南半岛包含 5 个国家，其中泰国是亚洲"四小龙"之一。泰国与中国没有共同边界，但随着区域经济一体化的不断推进和发展，中泰之间的交流合作日渐频繁。中泰之间的陆上交通最便捷的是从云南西双版纳出老挝入泰国，随着从昆明到曼谷的高速公路的开通，中泰两国的交通越发便捷，为滇泰合作提供了地缘优势。便捷的通道使得云南省成为泰国在旅游、贸易、教育等领域合作最受关注的地区。在教育方面，由于"毗邻"的地缘以及日益频繁的经贸往来，喜爱学习中文的泰国学生更乐于赴云南继续深造，每年从泰国到云南留学的学生约有 400—600 名，约有 1300 名中国学生前往泰国深造。此外，中国学生对泰语的学习也表现出了极大的热情，每年在云南的 14 所高校里学习泰语的中国学生人数都超过 2000 名。在旅游方面，云南省和泰国之间便利的交通条件极大地促进了两地游客的相互往来，到云南旅游的泰国人数逐年增长。泰国是云南第三大贸易伙伴，根据云南省商务厅的统计，2010 年，滇泰贸易额为 4.21 亿美元，比上年增长 65.9%。2011 年，滇泰贸易额为 7.4 亿美元，同比增长 56.89%。中泰双边贸易额在 2011 年达到近 580 亿美元，同比增长 27.7%，2012 年上半年已达 334 亿美元。

越南是仅次于泰国的中南半岛第二大经济体，2011 年 GDP 达到 1227 亿美元（如表 2-8 所示），与云南省的经济总量相当，越南把云南当作其产品进入中国这个庞大市场的跳板。2010 年滇越贸易达 9.5 亿美元，其中出口 7.89 亿美元，进口 1.61 亿美元，同比增长分别是 20.2%、19.3%、24.8%，目前越南向云南进口的产品主要有花卉、马铃薯、水稻种子等。截至 2010 年 12 月，中国对越南投资的有效项目累计达到 749 个。越南是云南省的第二大贸易伙伴，也是云南对外投资第三大目的地。双方经贸往来呈快速发展势头，2011 年贸易额达 12.13 亿美元。为深化云南与越南经贸合作，贸易额年均增长 20% 以上。双方签署 7 项合作文件，涉及金额 7.2 亿美元，涵盖贸易投资、经济合作和缔结友城等多个领域。此外，双方达成 14 个项目合作意向，涉及金额 1.26 亿美元。

缅甸自然条件优越，资源丰富，多年来经济发展缓慢。自 1989 年 3 月 31 日《国营企业法》颁布后，缅甸开始实行市场经济。2008—2009 财年，缅甸 GDP 达 17.115 万亿缅元（按市场汇率折合 171.15 亿美元），比 2007—2008 财年的 154.42 亿缅元增长了 10.8%。2009—2010 财年，缅甸国内生产总值约为 23 万亿缅元，按市场汇率折算为 223.49 亿美元；按可比价格计算，比上年增长 10.1%。缅甸边境贸易额超过 13 亿美元。2010—2011 财年，缅甸 GDP 增长 5.8%。2011—2012 财年缅甸 GDP 总量达到 42.9 万亿缅元，人均 GDP 约合 877 美元。按照计划，缅甸 2012—2013 财年人均 GDP 将有望达到 934 美元。天然气、农产品和珠宝玉石是缅甸排名前三的出口贸易产品。中国和缅甸的交流主要是油气、木材、矿石、水泥、化肥、钢铁等。正在合作建设的中缅油气管道是中国和缅甸的重大合作项目，随着管道的建成，中国对马六甲海峡通道的依赖将大大减轻，能有效促进中国的发展，完善中国能源战略的总体布局，由此可见，缅甸是中国在东南亚的利益核心所在。

老挝地处中南半岛中部，被誉为"中南半岛屋脊"，是我国连接东南亚的重要陆路通道。老挝经济以农业为主，工业基础薄弱，1990 年 GDP 仅 8.7 亿美元，2000 年达到 17.4 亿美元，2010 年为 74.9 亿美元，2011 年达到 78.9 亿美元，如表 2-8 所示。老挝政府提出将老挝建成"湄公河区域过境服务中心"的战略，与我国"互联互通工程"不谋而合。老挝政府视中老铁路建设项目为当务之急，与中国合作的愿望迫切。老挝政府为尽快实现减贫脱贫和现代化、工业化的远景目标，于 2009 年正式对外提出"资源变资金战略"，并相应地在矿产开发和投资管理方面出台了新的《矿产法》和《投资促进管理法》。老挝政府在实施"资源变资金战略"中首选与中国政府开展合作，给我国企业带来重要发展与合作先机。目前，我国在老企业对钾盐矿、铁矿、铝土矿初步探明的储量比较乐观，获批橡胶、水稻、甘蔗、木薯和造纸工业林等农林种植加工土地数万公顷。中老两国山水相连，经贸合作急需人民币结算或融资支持。为此，按照中国推行人民币国际化战略的要求，大力推进和实施人民币中老跨境结算和兑换的正当时机，国内可尽快批准金融机构到老挝设立服务机构。老挝首家证券交易所 2011 年 1 月 11 日开始运营，总部设在首都万象。当日，仅有两支老挝的国有企业股票上市交易，分别是"老挝电力公司"和"老挝外贸银行"。作为对老挝的第一大投资国，中国对老挝的投资在最近的二十多年中累计达到 443 项，金额超过 40 亿美元。

表 2 - 8　　　中南半岛国家主要年份国内生产总值　　　（现价美元，单位：亿美元）

国家和地区	1990 年	2000 年	2005 年	2006 年	2007 年	2008 年	2009 年	2010 年	2011 年
柬埔寨	—	36.5	62.9	72.7	86.4	103.5	104.6	113.4	128
泰国	853	1227	1764	2071	2470	2726	2637	3188	3456
缅甸	—	—	74.6	—	—	154.4	171.2	223.5	236.5
老挝	8.7	17.4	27.4	35.0	42.6	54.9	60.9	74.9	78.9
越南	64.7	311.7	529.3	609.3	711.1	902.7	971.5	1035.7	1227

资料来源：世界银行数据库，http：//data. worldbank. org. cn/indicator/NY. GDP. MKTP. CD。

　　柬埔寨是个农业国，属于世界上最不发达的国家之一，贫困人口占总人口的 36% 。1993 年 5 月，在联合国组织下举行大选，奉辛比克党和人民党首次组成联合政府，恢复君主立宪制度，实行多党自由民主制和自由市场经济。1998 年 7 月和 2004 年 7 月，人、奉两党组成第二、第三届联合王国政府。2004 年 10 月，西哈努克退位，其子西哈莫尼即位。2008 年 7 月，人民党在第四届大选中以绝对优势获胜，顺利组阁第四届王国政府，实行市场经济以来，政府把发展经济、消除贫困作为首要任务和工作重点，把农业、基础设施建设及人才培训作为优先发展领域；出台了多项改革措施，改善投资环境，吸引外资，努力推进行政、税务、金融和司法等方面的改革，2011 年 7 月 11 日，柬埔寨证券市场正式开业，柬证券交易所自 2006 年 5 月开始筹备，是由柬财经部和韩国证券期货交易所合作成立的公共企业，双方持股比例分别为 55% 和 45%。柬政府批准柬埔寨电信公司、金边水务局、西哈努克港三家国营企业作为首批上市公司。作为柬埔寨最大的投资来源国，仅 2011 年上半年，中国对柬埔寨的投资协议额就达到 11 亿美元，占外来投资额的 65%。近 20 年来，柬埔寨经济发展取得显著成就，主要经济数字如表 2 - 8 所示。

（二）南洋群岛国家经济发展概况

南洋群岛的新加坡是亚洲"四小龙"之一，印度尼西亚、马来西亚、菲律宾属于亚洲"四小虎"之三，其余两个南洋群岛国家文莱是东盟成员国，东帝汶目前是南洋群岛唯一的非东盟成员的国家。南洋群岛国家的GDP 如表 2 - 9 所示。2011 年的前 11 个月，马来西亚对外贸易总额为 1.156 兆令吉，同比增长 8.7%，其中，出口 6338.1 亿令吉，增长 9%，进口 5218.1 亿令吉，增长 8.4%，贸易顺差为 1120 亿令吉。中国依然是马来西亚最大也是最重要的贸易伙伴，2011 年的前 11 个月，马来西亚与中国的贸易额达 1513.4 亿令吉，占马来西亚外贸总额的 13.1%，马来西亚与东盟国家贸易额占马来西亚外贸总额的 26%。由于美国经济放缓，需求疲软，马来西亚 2011 年前 11 个月出口至美国 525.2 亿美元，下降 5.2%。2011 年中国与菲律宾双边贸易额较 2010 年增长 22%，达到 322.54 亿美元，超越 2007 年，创下最高纪录。

文莱位于加里曼丹岛北部，北濒南中国海，东南西三面与马来西亚的沙捞越州接壤，并被沙捞越州的林梦分隔为不相连的东西两部分，地广人稀，是亚洲古国之一。1984 年 1 月 7 日成为东盟的第 6 个成员国。作为世界第四大液化天然气生产国和东南亚第三大产油国，天然气和石油是文莱的经济支柱，分别占国内生产总值的 36% 和出口总收入的 95%。文莱有丰富的油气资源，但农业、制造业、服务业相对落后，大量农产品需要从国外进口，目前，其来源地主要为东盟各国。文莱政府积极推行经济多元化政策，改变过分依赖石油和天然气的单一经济结构，鼓励和支持非石油和天然气行业的发展。文莱近年的 GDP 如表 2 - 9 所示，1990 年为 35

亿美元，2000 年为 60 亿美元，2005 年约上百亿美元，2008 年达到 144 亿美元，其后受全球金融危机的影响，2009 年出现较大的负增长，但仍保持在 107 亿美元，2010 年出现强劲反弹，达到 143 亿美元，2010 年比 2000 年翻了一倍多，2011 年 GDP 达到 144.8 亿美元，年增长率为 1.8%。从人均 GDP 来说，2010 年人均 GDP 为 3.67 万美元，排全球最富国家 26 位。文莱 2011 年人均国内生产总值达 3.6521 万美元，在亚洲地区排名第四，位于中国澳门、新加坡和日本之后，但排名优于中国香港、韩国和中国台湾等高收入国家和地区。

表 2 – 9　　南洋群岛国家主要年份国内生产总值 　　（现价美元，单位：亿美元）

国家和地区	1990 年	2000 年	2005 年	2006 年	2007 年	2008 年	2009 年	2010 年	2011 年
新加坡	368	927	1254	1453	1773	1893	1833	2227	2598
印度尼西亚	1144	1650	2859	3646	4321	5102	5393	7066	8456
马来西亚	440	938	1378	1565	1866	2218	1931	2378	2786
菲律宾	443	810	1031	1222	1494	1736	1683	2000	2131
文莱	35	60	95	115	122	144	107	143	144.8
东帝汶	—	3.2	3.3	3.3	4.0	5.0	6.0	7.0	10.5

资料来源：世界银行数据库，http：//data. worldbank. org. cn/indicator/NY. GDP. MKTP. CD。

东帝汶位于东南亚努沙登加拉群岛最东端。西部与印度尼西亚西帝汶相接，南隔帝汶海与澳大利亚相望，海岸线长 735 公里。1999 年脱离印度尼西亚以来，经济处于重建阶段，主要年份 GDP 数据如表 2 – 9 所示，建国后的 2000 年 GDP 仅为 3.2 亿美元，2007 年以后经济持续高增长，即使国际金融危机对其他国家造成不良影响的 2009 年东帝汶仍然保持了高速发展，截至 2010 年 GDP 总量达到 7 亿美元，2011 年 GDP 达到 10.5 亿美元，年增长率为 1.8%。2010 年比 2000 年的国民生产总值接近翻番，人民生活逐步改善。中国作为第一个与东帝汶建立外交关系的国家，在建交后积极投入该国的援助工作，中国援建的东帝汶新外交部、东帝汶总统府大楼、军事住宅总部均已完成并交付使用。在农业技术合作领域，由中国隆平高科承担的援助东帝汶杂交水稻示范种植一、二期项目都获得丰收，预计将为东帝汶解决粮食问题提供一个良好的途径，受到该国政府和人民的欢迎。据中国国家统计局数据显示，2009 年，中国—东帝汶双边贸易总额 2328 万美元，其中中国出口东帝汶 2326 万美元，进口 2 万美元，中国在东帝汶承包工程总额 1352 万美元、劳务合作 1 万美元。2010年 1—9 月，中国对东帝汶出口额为 2393 万美元，同比增长 69.3%，全年双边贸易额将突破三千万美元，其中对东帝汶主要出口商品包括服装箱包、日用百货、机电产品、建筑材料等，从东帝汶进口以原油为主。据海关统计，2011 年 1 月至 11 月，中国—东帝汶双边贸易额达 6800 万美元，同比增长 84%。

三 云南—东盟经贸合作动态

东盟是云南重要的贸易伙伴，如表 2-10 所示，2002 年以来，云南的前 10 大进出口贸易国和地区中，缅甸、越南一直是其最重要的贸易伙伴，位列东盟国家前两位，印度尼西亚、新加坡、泰国、马来西亚许多年份都是其十大贸易伙伴关系成员。

表 2-10　　云南省主要年份十大贸易伙伴（按进出口金额排序）

排序	1	2	3	4	5	6	7	8	9	10
2002	缅甸	中国香港	越南	日本	美国	德国	印尼	澳大利亚	新加坡	印度
2003	缅甸	中国香港	越南	日本	德国	印尼	美国	泰国	加拿大	澳大利亚
2004	缅甸	中国香港	越南	日本	加拿大	美国	泰国	印度	澳大利亚	德国
2005	缅甸	中国香港	越南	日本	澳大利亚	美国	印尼	韩国	泰国	智利
2006	缅甸	越南	香港	美国	日本	澳大利亚	印尼	泰国	印度	巴西
2007	越南	缅甸	澳大利亚	美国	香港	新加坡	日本	秘鲁	印度尼西亚	巴西
2008	缅甸	越南	印度	日本	澳大利亚	美国	巴西	加拿大	智利	德国
2009	缅甸	越南	澳大利亚	印度	印尼	美国	德国	香港	日本	泰国
2010	缅甸	越南	秘鲁	印度	澳大利亚	美国	马来西亚	日本	泰国	巴西
2011	缅甸	越南	马来西亚	泰国	印尼	新加坡	澳大利亚	香港	美国	日本

资料来源：根据历年版《云南统计年鉴》及云南省商务厅资料整理。

（一）云南与东盟经贸合作动态

云南—东盟合作具有历史基础，1990 年，云南省与东盟各国的贸易总额为 2.5 亿美元，到 2011 年，这一数额增长 20 多倍，接近 60 亿美元。云南省向东盟各国的出口额在 1990—2011 年由 1.7 亿美元增加到 35 亿美元，进口额从 0.78 亿美元增加到 24 亿美元（参见表 2－11）。多年来东盟一直是云南第一大贸易伙伴，云南主要向东盟出口有色金属、磷化工、纺织品、机电产品及农产品等。从东盟进口的主要商品有橡胶、矿产、木材等。

表 2－11　　　　　云南对东盟各国进出口贸易额　　　（单位：万美元、%）

年份	贸易总额	占全省进出口的比重（%）	出口	占全省出口的比重（%）	进口	占全省进口的比重（%）
1990	25086	33.4	17213	30.6	7873	41.7
1995	71214	33.6	57951	43.5	13263	16.8
2001	70854	35.6	56480	45.0	14374	19.3
2002	82244	36.9	62363	43.6	19881	25.0
2003	101271	38.0	77131	46.0	24140	24.4
2004	127661	34.1	96182	43.0	31478	20.9
2005	155687	32.9	109053	41.3	96204	36.4
2006	217454	34.9	164194	48.4	53260	18.8
2007	297880	33.9	217510	45.9	80370	19.9
2008	276382	28.8	195294	39.2	81088	17.6
2009	315129	39.3	209917	46.5	105212	30.0
2010	458000	34.5	290000	37.0	168000	27.0
2011	595000	37.1	355000	38.7	240000	26.4

资料来源：根据历年版《云南统计年鉴》及云南省商务厅资料整理。

云南与东盟贸易额自 2010 年 1 月 1 日中国东盟自由贸易区建立以来得到快速增长。据统计，2010 年云南省与东盟外贸总额同比增长 45.2%，高于全国平均水平 7.7 个百分点，达 45.8 亿美元，占云南省外贸总额的比重达 34.5%。其中，出口额同比增长 38.1%，达 29 亿美元；进口额同比增长 59.3%，达 16.8 亿美元。据海关统计，2011 年，云南与东盟外贸进出口额再创新高，较上年同期增长 30.2%，位居全国第 11 位，达到 59.5 亿美元，高出云南省总体外贸增速 5.6 个百分点，高出全国对东盟外贸增速 6.3 个百分点。其中对东盟出口同比增长 22.4%，达 35.5 亿美元；进口额同比增长 43.9%，达 24 亿美元。仅 2012 年 1—5 月期间，云南省与东盟进出口贸易额就达到 23.5 亿美元，同比增长 45.4%。

中国—东盟自由贸易区的建成，为企业提供了大量自贸区优惠政策，极大地激发了中国企业开拓东盟贸易市场的热情。2010 年，1309 家云南省企业与东盟国家开展了进出口业务。其中，民营企业以 34 亿美元的累计外贸额占据主力地位，同比增长 62%，外贸比重 74.2%。国有企业增势相对平稳，累计贸易额 10.5 亿美元，增长 10%，外贸比重 23%。2011 年，云南省与东盟国家建立进出口外贸业务的企业较上年同期增加了 297 家，共有 1606 家。其中，民营企业进出口增长 33.9%，达 45.4 亿美元，占 76.3%，民营企业主打东盟市场的特色亮点依然明显；国有企业对东盟进出口增长 19.1%，以 12.6 亿美元占同期全省对东盟贸易总额的 21.2%；外商投资企业进出口增长 28.1%，达 1.6 亿美元，占 2.7%。

在产业结构方面，云南与东盟国家具有良好的互补性。云南在技术密集型产业及劳动密集型产业方面优势明显，东盟国家则以自然资源密集型产业为主。云南省对东盟出口的主要商品为农产品、有色金属、机电产品和化肥。2010 年，云南省对东盟机电产品出口达 7.5 亿美元，同比增长 43.4%；农产品出口同比增长 53.8%，达 6.4 亿美元，其中，鲜花、蔬菜、茶叶、云烟和水果的出口额同比分别增长 22.6%、96.1%、25.9%、24.7%、41.6%。云南向东盟进口的产品主要是农产品、木材和金属矿砂。其中，农产品进口主要以棕榈油、干鲜木薯、谷物、大米为主，累计进口 6.2 亿美元，同比增长 91%，增幅明显。向东盟国家进口木材 51.4 万立方米，总价值 1.8 亿美元，量值同比分别增长 11.3% 和 8.6%；进口 3.5 亿美元的金属矿砂 447.3 万吨，量值同比分别增长 70.3% 和 25.9%。

与云南相邻的越南、缅甸和老挝三国，累计外贸额同比增长 34.1%，达 29.1 亿美元。其中，云南与缅甸全年累计贸易额 17.6 亿美元，同比增长 43.4%，成为云南在东盟最大的外贸伙伴；云南与越南全年累计贸易额 9.5 亿美元，同比增长 20.2%，与老挝全年累计贸易额 2 亿美元，同比增长 31.5%；在其他的东盟国家中，与马来西亚和泰国外贸增速较快，分别达到 5.6 亿美元和 4.6 亿美元，与新加坡贸易额 1.6 亿美元，增长 36.4%，与印度尼西亚贸易额 4.4 亿美元，增长 26.5%。

（二）云南与周边国家次区域合作动态

云南省与缅甸、老挝、越南三国接壤，边境线长达 4060 公里，其中，中老段 710 公里，中越段 1353 公里，中缅段 1997 公里。在地缘上具有连接国内、国外两大市场的优势。

1. 云南与周边国家的经济互补性

（1）资源互补性

由于地理、气候上的密切联系，构成云南省经济资源重要组成部分的自然资源，包括矿藏资源、水资源等的分布，都与周边国家有很大的互补性[1]。

在矿藏资源方面，云南与东南亚属于同一个矿藏带，矿藏比较相似，蕴藏着丰富的锡、钨、铝等矿产，是世界上著名的矿带。云南已发现可用矿种 131 种，占全国已发现矿产 102 种的 84.96%；探明储量的矿产有 80 种，已列入储量表的有 78 种，占全国已上储量表矿产种类的 53.96%。锡、铜、金、锌、锰、钨、铁、磷等矿种均为云南的优势矿种，其中磷矿资源储量最大，仅在昆明地区就拥有 13.27 亿吨的储量，相比而言，磷矿资源在缅甸和老挝都属于紧缺矿种。由于云南地区尚未发现石油资源，煤炭资源储量和规模都较小且分散，目前云南所需全部石油和天然气以及大部分煤炭资源都靠外地供应。而云南省周边的三国均是世界上石油和天然气的重要产区之一，煤的储量和产量较大。

在生物资源方面，云南与周边临近三个东盟国家位于同一生物圈，生物种类在很大程度上相同或相近。在农业资源方面，云南与其周边三国都以水稻为主要粮食作物，均出产橡胶、咖啡、甘蔗、茶叶等热带经济作物。虽然粮食作物和经济作物结构基本相同，但云南省和周边国家的农作物种植规模和产量还是存在差异的。云南位处高原，山地较多，大米产量约 1000 万吨，每年均需从省外调进。而作为世界第三大大米出口国的越

---

① 王娟：《云南与周边国家战略矿产资源互补性研究》，硕士毕业学位论文，云南财经大学，2008 年，第 12 页。

南，其年产量约 3000 多万吨，出口 350 万吨。越南的橡胶年产量达 25 万吨，而云南省的年产橡胶与越南相比不足越南的一半，仅为 12 万吨。除此之外，缅甸、越南都是有名的海产国，而云南没有海产资源。

（2）技术产品互补性

工业方面，中国西南周边邻国的工业基础薄弱，工业制成品无法自足，日用品短缺。在区域经济往来中，中国商品经云南省大量出口东南亚，边境贸易频繁，以纺织、化工、轻工产品出口为主，机电产品的出口比重逐渐扩大。其中，出口额在千万元以上的商品有近 30 种，包括棉布、卷烟、石蜡、棉纱、电池、柴油机、白砂糖等。糖精、奶粉等食品类，插销、摁钉等小五金类以及火柴、毛巾等日用品类，约计 40 多类商品出口销量达到百万元以上。云南本地出产的商品约占边境贸易出口商品的30% 左右。与此同时，云南及西南部分省区也从东南亚国家进口一些资源性产品以满足国内市场的需求。云南边境贸易进口的木材和玉石占边境贸易进口额的 50% 以上，成为边境贸易进口的主要商品。锰矿砂、锑矿砂、紫胶、黄连粉、豆类、牛皮、芝麻、藤条、鱼干、海产、钨精矿、铬矿、咖啡等的年进口额也在数百万元以上。与欧美发达国家的产品相比，中国产品在价格上具有优势，更适合周边发展中国家的消费水平。云南省境外相邻多是经济不发达的国家和地区，多以农业和畜牧业为主，日常消费品短缺，因而以其较丰富的资源换取中国的工业产品、日用消费品，边境贸易成为周边国家特别是边境地区维持生产生活的需要。

云南省与周边三个东盟国家同属发展中地区，但相比较而言，云南省的经济实力明显强于周边三国及其相邻接壤地区，地区经济发展水平差异明显。正是因为存在这样的差异，云南与周边三国之间的边境贸易往来才显得更加重要。显著的资源、技术、产品互补，使云南与周边国家的经济技术合作与交流逐步深化。主要表现为经贸往来日益频繁，合作形式呈现多样化。并在保持边境贸易持续、有力增长，促进云南经济发展的同时，也带动边境贸易向边境服务贸易、边境技术贸易等更高层次的教育文化与经济技术合作领域发展。彼此间的共性与差异性进一步催生云南—东盟区域经济一体化的形成，东盟成为云南境外的重要市场。

2. 大湄公河次区域合作动态

经过多年的发展，大湄公河次区域各国已建立起良好贸易合作关系，并形成具有区域特点的合作运行机制。但是，从区域未来发展的角度来看，仍旧存在软件设施不全，合作机制不完善，人力资源缺乏等问题。

（1）综合发展环境相对较差

除泰国以外，在大湄公河次区域的东南亚其他四国人均国内生产总值均等于或少于中国的50%。被联合国列为全世界最不发达国家的老挝和缅甸，综合发展环境更不理想。大湄公河次区域国家消费水平普遍较低，市场经济发展程度不高，国内市场规模较小，贸易出口产品以农产品、原料或者初级工业品为主。主要参与大湄公河次区域合作的中国云南和广西两省与中国其他省市相比，经济水平较低。目前大湄公河次区域合作的资金来源主要是亚洲开发银行和大湄公河次区域各国的政府。与此同时，亚行也呼吁西方发达国家尤其是私人投资者提供融资。该区域内各国中央政府对合作也给予了大力的支持，相互提供低息贷款乃至无息援助支持地区的公路、铁路、水坝等基础设施建设。如中国政府出资2.4亿元人民币无偿援建昆—曼公路在老挝境内的三分之一路段，昆曼公路已于2007年通车。但要实现预期目标，这是远远不够的，据测算，大湄公河次区域合作至少需要投入200多亿美元才能初见成效。

（2）区域合作机制不完善

虽已有多重合作机制，但大湄公河次区域中各国之间的合作仍存在很多问题和矛盾，并明显缺乏相应的协调机制。区域内企业由于缺乏专业、科学的贸易指导，其行为存在较大的盲目性。如果不能完善区域合作的配套制度等"软件"设施，大湄公河次区域合作将难以取得理想效果，各成员国只根据自身需要采取措施、制定相关制度显然无法实现区域共赢的目标。

（3）利益冲突阻碍经贸合作

大湄公河次区域各国的产业和商品因为临近的地域和相似的资源结构而具有相似性，使得各国在国际贸易和国内贸易中都存在激烈的竞争。云南和广西遭到了区域内其他成员国不同程度的贸易保护。如缅甸于1997年采取了禁止6类商品以边贸形式进口和禁止26种商品以边贸形式出口的措施，越南、老挝等国也采取了类似的政策[①]。利益矛盾严重阻碍了中国同次区域其他成员国间经贸合作的进一步深化。

---

① 商务部亚洲司：《加强互利合作　实现共同繁荣——中国参与大湄公河次区域合作概述》，《中国经贸》2008年第6期。

（4）高素质人力资源短缺

人力资源开发是大湄公河次区域经济合作中受到普遍关注的问题。在大湄公河次区域中，除泰国外的湄公河下游其他四国均是欠发达地区，教育经费短缺、教育质量普遍不高，中、高等教育和专业技术教育发展水平落后，然而，区域经济的合作发展又离不开人力资源的支撑。要缓解地区人力资源短缺的困境，就需要加强教育的合作，提升次区域内劳动力素质。拥有地缘优势的云南和广西两省教育体系完备，但要加强与次区域内其他国家的教育合作，还需要解决教育经费不足、教育体制差异等问题。

第 三 章
云南面向东盟高等教育国际化的基础

不同的国家主要将教育资源集中于本行政区域上，而对于文化、地缘相近的隶属不同国家的人民基本上难以相互形成教育资源的共享，在人类走入 21 世纪，世界经济一体化深入人心的今天，高等教育国际化逐渐走入大众视野。随着中国—东盟自由贸易区的建立，研究云南与东盟高等教育国际化成为当务之急。

第一节　中国高等教育国际化的发展动向

经过改革开放 30 多年的探索，中国确立了适合中国国情又适合时代特征的发展战略。围绕着和平与发展，最重要的战略之一是在大胆借鉴吸收人类文明成果的同时坚持弘扬中华文明，以形成实现和平发展的精神支柱。学习和借鉴国际经验，这是中国和平发展内在的、长期的、客观的需要。

一　人员交流规模不断扩大

（一）来华留学

来华留学教育是我国高等教育对外开放和国际化的一个重要指标，也是我国高等教育国际竞争力提升的一个重要体现。

来华留学教育规模不断扩大。来华留学教育随着我国政治经济的发展经历了从起步到蓬勃发展的过程，从 20 世纪 50 年代最初接收几十名留学生开始，来华留学生总体规模不断扩大，从表 3 - 1 可以看出，2011 年总人数达到 29.26 万人次，接收来华留学生的机构数呈不断增长的趋势。

表 3 - 1   2003—2011 年来华留学生人数、奖学金人数、接收机构数统计

年份	当年总数 （人次）	年度增长率 （%）	中国政府奖学金生数 （人）（比例%）	自费生数 （人）	接收机构数 （个）
2011	292611	10. 38	25678 (14. 73)	266924	660
2010	265090	11. 3	22390 (22. 72)	242700	620
2009	238184	6. 57	18245 (7. 66)	219939	610
2008	223499	14. 32	13516 (6. 05)	209983	592
2007	195503	20. 17	10151 (5. 19)	185352	544
2006	162695	15. 3	8484 (5. 21)	154211	519
2005	141087	27. 28	7218 (5. 12)	133869	464
2004	110844	42. 6	6715 (6. 1)	104129	420
2003	77715	- 9. 45	6153 (7. 92)	71562	353

资料来源：根据教育部国际交流与合作司 2003—2011 年年鉴整理、计算得到。

　　来华留学生层次不断提高。从表 3 - 2 可以看出，来华留学生中学历生的比例逐年稳步提高，学历生中专科生及本科生的比例呈逐渐减少的趋势，来华攻读硕士及博士学位的人数不断增加，比例逐年提高。从表 3 - 3 来华留学生各大洲的分布情况看，来自亚洲国家的学生人数逐年下降，接收其他大洲的学生人数增多，生源国家在扩大。

表 3 - 2   2003—2011 年来华留学生类别统计

年份	学历生 （比例%）	其中专科生及 本科生（占学 历生的比例%）	其中硕士生及 博士生（占学历 生的比例%）	非学历生 （比例%）	长期生 （六个月以上） （比例%）
2011	118837 (40. 61)	88461 (74. 44)	23453 (19. 74)	173774 (59. 39)	216805 (74. 11)
2010	107432 (40. 53)	81388 (75. 76)	19040 (17. 72)	157658 (59. 47)	201410 (75. 98)
2009	93450 (39. 23)	75910 (81. 23)	17540 (18. 77)	144734 (60. 77)	166914 (70. 08)
2008	80005 (35. 80)	65724 (82. 15)	14281 (17. 85)	143494 (64. 20)	165002 (73. 83)
2007	68213 (34. 89)	57367 (84. 10)	10846 (15. 9)	127290 (65. 11)	144163 (73. 73)

续表

年份	学历生 （比例%）	其中专科生及 本科生（占学 历生的比例%）	其中硕士生及 博士生（占学历 生的比例%）	非学历生 （比例%）	长期生 （六个月以上） （比例%）
2006	54859（33.72）	46216（84.25）	8643（15.75）	107836（66.28）	119733（73.59）
2005	44851（31.79）	37740（84.15）	7111（15.85）	96236（68.21）	103712（73.51）
2004	31616（28.5）	25801（81.61）	5815（18.39）	79228（71.5）	76486（69）
2003	24616（31.67）	19582（25.19）	5034（24.81）	53099（68.33）	64456（82.94）

资料来源：根据教育部国际交流与合作司 2003—2011 年年鉴整理、计算得到。

　　但是，据联合国教科文组织 2006 年统计的各国接收外国留学生的数量，西方发达国家中学历留学生的数量及比例都比较高：美国 58 万人，英国 33 万人，德国 26 万人，法国 25 万人，澳大利亚 20 万人，日本 13 万人，俄罗斯 8 万人。而 2011 年我国的学历留学生为 118837 人，占来华留学生的 40.61%，攻读硕士、博士学位的留学生较少，仅有 23453 人，占留学生总数的 8.02%。根据教育部国际交流与合作司历年的统计，来华留学生中就读最为集中的专业为语言专业。按照以上统计数据，来华留学生占我国高等学校在校生的比例还较低，与西方高等教育发达国家还有很大差距。

表 3－3　　　　　　　　　　2003—2011 年来华留学生洲别统计

年份	亚洲（比例%）	欧洲（比例%）	美洲（比例%）	非洲（比例%）	大洋洲（比例%）
2011	187871（64.21）	47271（16.15）	32333（11.05）	20744（7.09）	4392（1.50）
2010	175805（66.32）	41881（15.8）	27228（10.27）	16403（6.19）	3773（1.42）
2009	161605（67.84）	35876（15.06）	25557（10.73）	12436（5.22）	2710（1.14）
2008	152931（68.43）	32461（14.52）	26559（11.88）	8799（3.94）	2749（1.23）
2007	141689（72.47）	26339（13.47）	19673（10.06）	5915（3.03）	1887（0.97）
2006	120930（74.33）	20676（12.71）	15619（9.6）	3737（2.3）	1733（1.07）
2005	106840（75.73）	16463（11.67）	13221（9.37）	2757（1.95）	1806（1.28）
2004	85112（76.8）	11524（10.4）	10695（9.7）	2186（2.0）	1327（1.2）
2003	63672（81.93）	6462（8.31）	4703（6.05）	1793（2.31）	1085（1.40）

资料来源：根据教育部国际交流与合作司 2003—2011 年年鉴整理、计算得到。

（二）出国留学工作

中国的出国留学工作从 1978 年改革开放以来，经过不断的探索、实践和总结，1993 年提出了"支持留学、鼓励回国、来去自由"的出国留学工作方针，出国留学工作走上了一个蓬勃发展的历史时期。

表 3 - 4　　　　　　　　　中国出国留学人员情况统计

年份	各类出国留学人员总数	各类留学回国人员总数	国家公派出国留学录取数
2011	33.97 万	18.62 万	1.28 万
2010	28.47 万	13.48 万	—
2009	22.93 万	10.83 万	1.28 万
2008	17.98 万	6.93 万	1.30 万
2007	14.45 万	4.45 万	1.24 万
2006	13.38 万	4.24 万	7806
2005	11.85 万	3.50 万	7022
2004	11.47 万	2.51 万	3987
2003	11.73 万	2.01 万	3276

数据来源：《国家留学基金委 2003 年至 2011 年年报、教育部各类留学人员情况统计公报》（http：//www.moe.gov.cn/publicfiles/business/htmlfiles/moe/moe_ 851/index.html）。

表 3 - 4 统计的是 2003—2011 年我国各类出国留学人员及回国人员的情况，从中可以看出，我国历年出国留学人数及留学回国人数均呈不断增长趋势；1978—2011 年底，各类出国留学人员总数达 224.51 万人，留学回国人员总数达 81.84 万人；截至 2011 年底，以留学身份出国，在外的留学人员有 142.67 万人，其中 110.88 万人正在国外进行专科、本科、硕士、博士等阶段的学习以及从事博士后研究或学术访问等。[1] 特别是在国家公派出国留学录取数变化不大的背景下，2011 年出国留学人数及留学回国人数均比 2010 年有较大增长，当年留学回国人数接近派出人数的一半，说明我国出国留学工作进入一个新的发展时期，接受国际化教育之后

① 《教育部 2011 年各类留学人员情况统计公报》（http：//www.moe.gov.cn/publicfiles/business/htmlfiles/moe/moe_ 851/index.html）。

选择回国就业和创业的人数大幅增长，为国家的建设和发展培养了大批具有国际视野和水平的高素质人才。

据《中国教育报》的统计，我国目前80.49%的"两院"院士，94%的"长江学者"，72%的国家"863计划"首席科学家，71.65%的国家重点实验室和教学研究基地主任，77.61%的教育部直属高校校长均为留学回国人员。①

二　国际化内容持续深化

（一）中外合作办学

我国中外合作办学是政治、经济、文化等多因素共同作用的结果。②合作办学，一方面有合作国外方追求经济利益、解决本国教育产能过剩、提高高等学校和研究机构国际声誉等高等教育本质的诉求，也有经济和社会效益的驱使，另外也不排除一些西方国家有计划的文化渗透的外部驱动力；另一方面也有我国弥补教育资源不足，通过引智工作提高我国人才培养质量和师资水平，吸收和借鉴发达国家高等教育的成功经验和模式等内驱力。

改革开放以来，按照我国中外合作办学的进程与状况，教育部颁发了几个具有里程碑意义的文件和规定，以这几个文件的发布为时间界限，我国中外合作办学大体经历了三个发展阶段：改革开放以来至1995年《中外合作办学暂行条例》颁布前为第一阶段，这一阶段开始探索多形式的中外合作办学形式。1995年《中外合作办学暂行条例》颁布实施以来至2003年《中外合作办学条例》颁布以及正式实施以前为第二阶段，这一阶段开展了以本科和大专学历教育为主的学历教育，合作办学蓬勃发展。③2003年9月《中外合作办学条例》正式实施以来至今为第三阶段，这一阶段办学的规模和层次都在向高层次发展。截至2010年底，我国中外合作办学机构共有157个，办学项目1138个。④

---

① 《中国教育报》2008年12月25日。

② 张应强：《文化视野中的高等教育》，南京师范大学出版社1999年版。

③ 据教育部的统计，截至2003年9月底，中国共有中外合作办学机构712家，比1995年增加了10倍多。

④ 《中国教育和科研计算机网》（http：//www.edu.cn/dong_tai_421/20110620/t20110620_637152.shtml）。

表 3 - 5   中国各省（市区）中外合作办学机构

地区	北京	上海	天津	重庆	江苏	浙江	广东	海南	福建	山东
机构及项目数	62	94	24	6	42	31	13	0	7	34
地区	江西	四川	安徽	河北	河南	湖北	湖南	陕西	山西	黑龙江
机构及项目数	12	5	1	3	42	16	4	6	3	160
地区	辽宁	吉林	广西	云南	贵州	甘肃	内蒙古	宁夏	新疆	青海
机构及项目数	26	15	0	4	1	0	5	0	0	0
地区	西藏	—	—	—	—	—	—	—	—	—
机构及项目数	0	—	—	—	—	—	—	—	—	—

资料来源：根据教育部公布的经审批和复核的中外合作办学机构及项目名单整理。

中外合作办学有以下一些特点（如表 3 - 5 所示）：

从地域分布看，东部沿海省份及国家重点建设的东北及中部地区的省份经济、文化较发达，也是中外合作办学机构相对集中的地方。办学机构和项目数位居前 10 位的有：黑龙江（160）、上海（94）、北京（62）、江苏（42）、河南（42）、山东（34）、浙江（31）、辽宁（26）、天津（24）、湖北（16）等省市，符合这些地区经济和社会发展对各类人才的迫切需求。

从办学层次分布看，以本科层次的合作项目为主。近期公布的审批和复核的本科以上合作办学机构及项目数为 616 个，占了 2010 年对外公布的机构和项目数 1295 个的 47.6%。

从合作的专业分布看，主要集中在与国民经济及社会发展需求紧密相关的应用型专业。按照中国教育部中外合作办学监管工作信息平台提供的检索窗口进行检索，管理类项目和专业共 175 个（工商管理 74 个，会计 36 个，市场营销 14 个，财务管理 9 个，旅游管理 13 个，企业管理 8 个，人力资源管理两个，其他 19 个），占 28.4%；工程类项目和专业 82 个（汽车工程 3 个，机械工程 28 个，化学化工 13 个，纺织及服装设计工程 13 个，材料 5 个，食品科学与工程 8 个，土木工程 7 个，建筑 5 个），占 13.3%；电气信息类 142 个（计算机 55 个、信息工程与技术 39 个、通信工程两个、电子信息 28 个、电气及自动化 18 个），占

23.1%；经济与贸易类项目和专业共 57 个，占 9.2%；外国语言项目及专业 32 个（英语 22 个，德语两个，法语两个，俄语 5 个，日语 1 个），占 5.2%；医学卫生类 34 个（其中护理 14 个，制药 4 个），占 5.5%；教育学类 20 个，占 3.2%；生物学类 20 个，占 3.2%；艺术类 15 个，占 2.4%；法学类 13 个，占 2.1%；资源与环境类 13 个，占 2.1%；其他类 13 个，占 2.1%。

（二）汉语国际推广

汉语国际推广的国际背景，是中国与世界关系的改变的结果。它不仅可以标识世界性的文化现实以及度量一个国家"硬实力"与"软实力"的动态和转换中的平衡，而且实际上已经成为一个国家在全球发展史上兴盛的基本符号。按照中国汉办主任许琳的说法："中国在国际上的影响急剧增加，国外对了解中国有强烈的饥渴感，自然地出现了学习汉语的巨大需求，根本不是我们去推外国人学汉语，而是中国的发展和国外了解中国的渴求拽着我们飞速建孔子学院。"正是如此巨大的需求和发展的背景，2004 年，国务院批准了汉办制定的对外汉语教学事业 2003 年至 2007 年发展规划——汉语桥工程，明确将"集成、创新、跨越"作为汉语对外教学和国际传播工作的发展战略。汉语桥这种标志性工程的实施，使得汉语的国际推广快速发展，并收到了显著的成效。

孔子学院快速发展，成为新时期中国文化和汉语国际推广的重要品牌。2004 年 11 月，全球第一家孔子学院在韩国首尔成立并招收学生，2007 年 4 月 9 日，孔子学院总部在北京挂牌成立。截至 2010 年底，我国已在 99 个国家和地区建立了 353 所孔子学院和 473 个孔子课堂，其中，亚洲 31 国（地区）112 所，欧洲 34 国 187 所，美洲 13 国 342 所，非洲 19 国 27 所，大洋洲 3 国 23 所，注册学生达到了 36 万人。[1] 孔子学院在逐渐建立和完善课程和教学体系，把教授外国朋友学习汉语作为主要的工作目标，还通过丰富、生动的教学设计，举办社区和所在学校的文化活动，传播中国文化。这些活动展示了中国文化中具有代表性的一面，具有很强的文化、艺术感染力，产生了良好的社会效果和宣传效应，使国外社会民众都能了解和感受中国文化，孔子学院成为推广和宣传中国文化的重要品牌。

---

① 《国家汉办暨孔子学院总部 2010 年度报告》，第 12 页。

　　教师和志愿者是汉语国际推广工作中的重要力量。在孔子学院成立之初，国家汉办就通过派出教师、选派志愿者的方式，对汉语推广的教学质量、持续开展奠定了坚实的基础。2006 年向 80 个国家和地区派出教师1004 人，向 34 个国家派出志愿者教师 1050 人，培训国外汉语教师 15896人次；2007 年向 104 个国家派出教师 1532 人，向 42 个国家派出 1445 名志愿者教师，培训国外汉语教师 16782 人次；2008 年为各国孔子学院培训和派出中方院长和教师 600 多名，全年向 109 个国家派出教师 2000 人，派出志愿者近 2000 人，培训外国本土汉语教师 16500 名；2009 年向 109个国家派出教师 2060 人，设立"外国汉语教师奖学金项目"，招收 50 个国家的 1021 名外国学生来华攻读汉语国际教育专业硕士学位，派出志愿者人数大幅增加，向 71 个国家派出 2740 人，同时，加大外国本土教师的培训规模，全年共培训 23000 人。2010 年向 114 个国家派出了 3000 名教师，招收全日制硕士研究生 2568 人。同时，志愿者派出成效显著，向 81个国家派出 3099 人。

　　2007 年经国务院学位委员会批准，开始设立"汉语国际教育"硕士专业学位，成立了汉语国际教育硕士专业学位教育指导委员会，2009 年新增一批汉语国际教育专业硕士学位培养院校，达到了 63 所，并将该学位纳入全日制招生系列，招收全日制和在职专业硕士研究生，2010 年扩大了培养规模，由原来的 63 所培养院校增加到 82 所。制定《汉语国际教育硕士专业学位论文撰写指导意见》、《汉语国际教育硕士专业学位研究生教育实践指导意见》及《全日制汉语国际教育硕士专业学位外国留学生指导性培养方案》，为汉语国际教育高层次师资的培养建立了坚实的基础。

　　教材开发与推广是汉语国际推广的关键。开发针对外国学生、符合汉语教学规律、活泼生动、易懂易学的汉语教材是汉语国际推广中的基础性、关键性的工作，是建立统一标准、提高教育教学质量的基础和条件。从 2006 年起，国家汉办就成功编写出版了 9 个语种的《中国文化常识》、《中国历史常识》、《中国地理常识》、《汉语乐园》、《快乐汉语》、《跟我学汉语》、《当代中文》、《轻松学汉语（少儿版）》等 9 套主干教材，以及 38 个语种的《汉语 900 句》广播教材，同时还推出了 29 个非通用语种《汉语 800 字》字典和《汉语图解词典》、《国际汉语教学通用课程大纲》等工具书，启动了由许嘉璐教授担任指导委员会主任的《五经》翻译项目，摄制完成了八集大型人文纪录片《汉字五千年》。在不断推出教材的进程中，还不断组织各国专家来华培训、组织专家赴国外进行培训，加大了教材的推广力度。

汉语水平考试是汉语国际推广的权威性、标准化考试。汉语水平考试每年定期在中国国内或海外举办，凡考试成绩达到规定标准者，可获得相应等级的《汉语水平证书》。《汉语水平证书》既是申请进入中国大学进行专业学习或报考研究生所要求的实际汉语水平的证明，也可作为汉语水平达到某种等级或免修相应级别汉语课程的证明。从 1990 年在国内开考至今，考试的权威性和国际认可度已毋庸置疑，参加考试的规模逐年扩大，特别是 2008 年世界金融危机爆发以来，中国经济的一枝独秀吸引了更多的国际人士参加考试。2006 年全球共有 72000 人次参加考试，2008 年达到 31 万人次，2010 年达到了 68.9 万人次。① 2010 年在国内和北美地区建立了新汉语水平考试（HSK）网络在线考试系统，使得汉语水平考试的频率增加。

三　中国高等教育国际化环境变迁

（一）政策法规制度保障

1. 高等教育扩大开放与提高合作水平的格局形成

改革开放不断突破国人传统观念的束缚，为教育国际交流注入了思想动力。中共中央、国务院 2010 年实施了《国家中长期教育改革和发展规划纲要（2010—2020 年）》，明确指出了以"加强国际交流与合作、引进优质教育资源、提高交流合作水平"为主要内容的改革任务，目标就是要通过扩大教育开放，通过国际交流与合作，促进我国教育的改革与发展，引进优秀的教育资源，提高教育教学质量，提高合作与交流水平，通过高等教育国际化的双向交流，实现人才培养的国际化，为国家的发展提供智力及人才保证。

1999 年 1 月 1 日起施行的《中华人民共和国高等教育法》在第一章第十二条中明确规定，"国家鼓励和支持高等教育事业的国际交流与合作"，在第四章第三十六条中明确规定，"高等学校按照国家有关规定，自主开展与境外高等学校之间的科学技术文化交流与合作"。这些都从法

---

① 《国家汉办暨孔子学院总部 2010 年度报告》，第 40 页。

律上赋予高等学校开展国际交流合作的自主权。

2. 中外合作办学的法规政策体系逐步完善

随着中外合作办学实践的逐步深入，作为一种涉外服务贸易活动，需要一系列法律、政策来制约规范办学的各项活动。《中华人民共和国教育法》、《中华人民共和国高等教育法》和《中华人民共和国中外合作办学条例》（2003 年）等法律法规对合作办学的规范进行了具体的说明，作出了相应的规定。

2004 年 3 月教育部颁布了《中华人民共和国中外合作办学条例实施办法》。这是我国颁布的第一部关于中外合作办学的行政法规，自此，中外合作办学进入了法制化阶段。

《教育部关于做好中外合作办学机构和项目复核工作的通知》、《关于设立和举办实施本科以上高等学历教育的中外合作办学机构和项目申请受理工作有关规定的通知》、《关于发布〈中外合作办学项目备案和项目批准书编号办法（试行）〉的通知》和《关于启用中外合作办学许可证和中外合作办学项目批准书的通知》等文件，明确规范了办学机构和项目在实施过程中的质量，对中外合作办学的投资行为和运行管理等提出了明确要求，它标志着中外合作办学的法制化进入了一个新的阶段。

3. 招收留学生的制度保障逐步完善

2000 年《高等学校接受外国留学生管理规定》出台，该规定进一步规范和加强了对高等学校接收外国留学生工作的管理，使其更加法制化、规范化。

政府奖学金的设立，为扩大来华留学生规模提供了政策支持。1997 年我国设立了"中国政府奖学金"，随后陆续颁布了《关于中国政府奖学金的管理规定》、《中国政府奖学金年度评审办法》，正式实施中国政府奖学金年度评审制度。2001 年起，为奖励在中国的汉语水平考试中取得优异成绩者，中国教育部设立"HSK 优胜者奖学金"项目；2004 年起设立"优秀留学生奖学金"项目；2005 年起设立"中国政府长城奖学金"，这是中国教育部向联合国教科文组织提供的全额奖学金项目。为保证中国政府奖学金本科来华留学生的教育质量、提高奖学金使用效益，2009 年教育部颁布了《关于对中国政府奖学金本科来华留学生开展预科教育的通知》，对中国政府奖学金本科来华留学生新生在进入专业学习前开展预科教育。

（二）对国外教育研究热点的变迁

研究、介绍国外教育，是隐性教育交流的主要形式，通过思想、观念的沟通，引进国外教育思想、教育理论、教育经验等。同显性教育交流相比，隐性教育交流的影响将更加深刻、持久。受极左思想尤其是"文化大革命"的干扰，改革开放以前我国对国外高等教育的研究、介绍，仅局限于苏联和东欧的社会主义国家，对其他发达国家的高等教育持盲目排斥的态度。党的十一届三中全会以后，在改革开放的大背景下，研究、介绍国外高等教育的高潮逐渐兴起。

首先表现为创办专门刊物，研究介绍国外教育。创办于 1965 年的北京师范大学的《外国教育动态》于 1973 年恢复出版。到 1976 年共出版了 8 期，翻译介绍了苏、英、美、日、法、联邦德国的教育资料。其中重点介绍对"苏修"教育的批判。1979 年 12 月出版的第 14 期，则开始正面介绍西方资本主义国家以及苏联的教育制度、课程改革等国外教育资料。1992 年改名为《比较教育研究》，成为中国研究国外教育的主要刊物之一。刊登的文章涉及国外教育动态、教育改革、教育管理以及教育理论等各个方面，研究视野拓展到全世界主要国家和地区。华东师范大学创办的《外国教育资料》始于 1972 年，2001 年改名为《全球教育展望》，成为国内研究外国教育的另一个重要阵地。该刊介绍了终身教育思想、新的课程理论、西方教育科学的新发展，涉及当代国外教育及其理论。专门研究、介绍国外教育的杂志主要还有：中央教育科学研究所外国教育研究室主办的《外国教育》、东北师范大学的《外国教育研究》、厦门大学的《外国高等教育资料》等。这些专门刊物的创办，提供了研究、介绍国外教育的平台，有力地推动了对国外教育的研究、介绍。

其他报纸、杂志刊载的对国外教育研究介绍的文章也是非常丰富的，这里仅以中国人民大学报刊资料中心所编《报刊资料索引》为据。该刊将全国主要报纸、杂志发表的文章目录编成索引，据统计，1980—2000年所辑录的研究、介绍国外教育论文有 13661 篇（其中 1981 年有关国外教育的 457 篇论文中关于高等教育的为 78 篇，2000 年 826 篇论文中关于高等教育的为 166 篇），年均 650 篇，最高年份的 1997 年达到 1057 篇。这些成果在近代以来的对外教育交流中是空前的，足以说明改革开放以来，有关国外教育的研究、介绍日趋活跃，域外教育思想、教育经验的传入速度不断加快。总之，报纸、杂志文献量大、范围广泛、类别齐全、反应及时，广泛传播国外教育成果，成为中国当代研究、介绍国外教育高潮兴起的重要标志。

其次表现为有关国外教育的译著、专著大量出版。国家版本图书馆编《全国新书目》所作的分析表明，1978—2000 年，有关国外教育的各类译著、专著达 1000 多种。如人民教育出版社"外国教育丛书"编辑组 1979年编写的《高等教育的现状和趋势》、《高等工程技术教育》、《六国著名大学》。人民教育出版社 1985 年起组织出版由曲葆奎主编的"教育学文集"，有关国外教育的专辑有：《苏联教育改革》（上、下）、《美国的教育改革》、《法国的教育改革》、《英国的教育改革》、《日本的教育改革》、《印度、埃及、巴西的教育改革》。

（三）国际交流与合作的机制与平台

2002 年 4 月，中德两国签署了《关于高等教育等值问题的协定》，这是我国与西方国家签署的第一个相互承认学历、学位的协定，标志着我国与发达国家的教育合作与交流达到了一个新层次。2003 年，我国又相继与英国、法国、澳大利亚以及新西兰等西方发达国家签署了国家间相互承认学位、学历和文凭的双边协议。截至 2007 年底，我国已经与世界 32 个国家和地区签署了相互承认学历、学位的协定。

2002 年，中美两国教育部长互访，签署了《中美教育交流合作协定》；随后，我国与法国签署了《中华人民共和国教育部与法国国民教育部合作协议》，与英国签署了《教育合作框架协议》，这些都是带有突破性的合作成果。此后，与美国新任教育部长等人的会谈也取得了积极的进展。与发达国家的教育交往日益密切，总体上呈现了高层次、宽领域和极务实的特点。

根据教育部的统计数据，截至 2011 年底，中国近 3 年年均出国留学人数增长达 23%，在外留学人员总数达 142 万人。2012 年，有 1.6 万人参加国家公派留学计划，该数据为历年来的最高纪录。目前有近 6 万中国留学生在东盟国家和地区学习，主要分布在新加坡、泰国和马来西亚。留学生人数的不断增长体现了当前教育国际化的趋势和走向，作为教育国际化的基础前提，学历互认是广大留学生和教育机构所关注的主要问题。教育部副部长章新胜在出席 2011 年首届"中国—东盟教育交流周"时表示："学历的互认是学生交流的基础，有了这个制度保证，留学生的学习才有意义，才能凸显其潜在价值。"

中国与东盟国家的高等学历互认工作开展于 2008 年 7 月，但迄今为止与中国签订高等学历互认协议的东盟国家只有泰国和马来西亚。随着中国—东盟自由贸易区的建立，中国与东盟的教育领域将进一步开放合作，双方的教育合作与交流将会更加频繁和深入。教育部高度重视与东盟国家的高等学历互认，积极开展相关工作，截至目前，中国与菲律宾的高等学历互认协议的所有文本工作已经完成，正在等待两国高层互访时择机签署。中国与文莱的高等学历互认协议也已进入磋商阶段。未来，要全面推行中国与东盟国家的高等学历、学分互认制度，仍需各国的共同努力。

举办中外大学校长论坛，不断革新教育理念。改革开放以来，我国高等学校各个方面都在发生着深刻的变化。为了学习世界各国的管理经验，在大学管理上有所突破和创新，教育部从 2002 年起，每两年举办一次中外大学校长论坛。这是应对国际竞争和挑战、适应我国经济社会发展新要求的一项重要举措。

第一届论坛，2002 年 7 月 22—31 日在北京举办，主题是"启迪领导智慧、憧憬大学未来"。论坛吸引了哈佛大学、牛津大学、斯坦福大学、东京大学、法国巴黎高等师范学校等世界著名大学的 16 位校长和部分专家，以及国内教育部直属高校、国防科工委、中科院所属有关高校等 82 位现任校长参加。具体内容包括高水平大学领导和管理的成功要素、新世纪大学发展目标与发展战略、现代大学的管理体制、运行机制与组织构架、人才培养模式、师资队伍建设、教学质量的保障、大学的资源开发与配置，等等。

第二届论坛，2004 年 8 月 4—10 日在北京举办，主题是"大学发展战略规划"和"大学科研开发与科研成果转化"。教育部直属高校、进入"211 工程"的部委和地方高校、教育部重点支持建设的西部和中部高校及香港特别行政区高校的 120 余名现任正职大学校长以及教育部有关司局、直属单位负责人参加了本次论坛。参加论坛并演讲的国（境）外的大学校长有耶鲁大学、剑桥大学、牛津大学、早稻田大学等校的校长。

第三届中外大学校长论坛，2006 年 7 月 12—18 日在上海召开，主题是"大学创新和服务"。本届论坛的主题针对性更强，以适应不同地区高校的需求。参加论坛的中外方大学校长范围更广。本届论坛上，中外大学校长们站在经济全球化和知识经济的战略高度，从关注世界高等教育发展趋势和国家、地区、大学发展面临的现实问题入手，紧紧围绕"大学创新和服务"这一主题，百家争鸣，对如何培养创新人才，如何使大学成为国家知识创新的主力军、技术创新的重要方面军、科技成果转化的生力军等主要目标有了更加深刻的理解和认识，在许多领域达成了共识，取得了积极成果。

迄今，教育部已举办了三届中外大学校长论坛，通过交流，使我国的大学领导者拓展了视野，提高了战略思维和领导管理水平，增强了创新意识和能力。论坛成为一个中国大学校长了解世界高等教育的趋势和经验，同时也让世界了解中国高等教育发展成就的重要窗口。

第二节 云南高等教育发展现状

云南的地理特征为云南高等教育的大发展提供了独特优势，在 20 世纪 30 年代，全民抗击日本侵略战争期间，相对远离日本的云南成为中国高等教育得以延续的候选地之一，在 8 年间，昆明成为中国高等教育的重镇。其间培养了多位诺贝尔奖获得者、院士。这一时期的云南高等教育大发展，为日后的云南省高等教育奠定了坚实的基础。

一 指标体系

云南高等教育的发展水平在宏观上处于什么水平，可以从高等教育传播知识、生产知识方面进行客观度量。本书从定量分析的角度，建立了高等教育核心竞争力的指标体系，我们可以根据数据可得性筛选指标，定量分析云南高等教育的核心竞争力大小。以此全面、准确、客观地来了解云南高等教育系统运作和发展状况。

（一）指标体系的构建与选取

高等教育核心竞争力指标体系围绕两大任务进行分析，传播知识和生产知识，因此将这两个指标定为第二层指标，传播知识指标主要包括规模、硬件设施、教学质量、开放程度等，生产知识包括师资队伍、学科体系、科学研究等，将这七个指标当成三级指标来处理，指标体系如表 3 -

6所示①。三级指标各包含多个四级指标，如高等教育规模指标包括高等学校总数、高等教育经费投入总额、高等学校固定资产总值、高等学校毛入学率、每万人接受高等教育人数等。其余三级指标的四级指标如表3－6所示，四级指标共32项。

表3－6　　　　　　　　　　高等教育发展水平指标

两大任务	指数类别	指标	
传播知识	高等教育发展规模	高等学校总数	生均预算内公用经费
		万人接受高等教育人数	毛入学率
	高等教育办学条件	生均教学科研设备值	生均图书馆藏书
		生均校舍面积	生均固定资产值
	高等教育教学质量	精品课程建设	实验教学示范中心
		毕业率	年终就业率
	高等教育开放程度	外国留学生数	举办国际会议次数
		聘请外专外教	出席国际会议人数
		派出国际合作研究人员	接收国际合作研究人员
生产知识	师资队伍	博士学位教师比	师生比
		院士人数	国外学历教师比
	学科学位体系建设	重点学科	硕士点数
		博士点数	博士后流动站
	高等教育科研情况	科研人力资源	科研经费投入
		论文发表	三大检索文章数
		研究课题和项目	科研成果获奖

在指标的选取方面主要遵循以下一些原则：（1）统一性，即数据来

---

① 朱东辉：《高等教育国际竞争力指标体系的建立及提升问题初探》，《统计与信息论坛》2005年第6期。

源、统计口径、统计时点相同；能大致反映高等教育现状特点。（2）代表性，根据高等教育发展水平的具体现状，选取能反映高等教育发展规模和速度的指标。（3）可行性，指标的设计和选取考虑到有数据的支持、数据采集的难易程度和可靠性。

遵循可比性及可行性原则，筛选出以下指标：

高等教育发展规模指数 B_1：高校总数 C_1、每万人口接受高等教育人数 C_2、毛入学率 C_3、生均预算公用经费 C_4。

高等教育办学条件指数 B_2：图书馆生均藏书 C_5、生均固定资产值 C_6、校舍生均占有面积 C_7、生均教学科研设备值 C_8。

高等教育教学质量指数 B_3：精品课程数 C_9、本科实验示范中心数 C_{10}、毕业率 C_{11}、年终就业率 C_{12}。

高等教育开放指数 B_4：外国留学生人数 C_{13}、举办国际会议次数 C_{14}、出席国际会议人数 C_{15}、派遣国际合作研究人员数 C_{16}、接收国际合作研究人员数 C_{17}。

师资队伍指数 B_5：师生比 C_{18}、获博士学位教师人数占教师队伍比 C_{19}。

学科学位体系建设指数 B_6：重点学科数 C_{20}、硕士点数 C_{21}。

高校科研指数 B_7：科研人力资源数 C_{22}、科研经费投入 C_{23}、三大检索数 C_{24}、论文发表数 C_{25}、研究课题和项目数 C_{26}、科研成果获奖数 C_{27}。

（二）核心竞争力指数

将高等教育发展规模指数 B_1、高等教育办学条件指数 B_2、高等教育教学质量指数 B_3、高等教育开放指数 B_4、师资队伍指数 B_5、学科学位体系 B_6、高校科研情况 B_7 做简单的加权平均作为区域高等教育核心竞争力指数。即

$$核心竞争力指数 = \frac{1}{7}B_1 + \frac{1}{7}B_2 + \frac{1}{7}B_3 + \frac{1}{7}B_4 + \frac{1}{7}B_5 + \frac{1}{7}B_6 + \frac{1}{7}B_7$$

$$(3—1)$$

（三）指标数据的处理

指标体系中涉及的数据，有相对数值，有绝对数值，数据单位数量级别不同，故在计算综合指标时要把每个指标的数据以一定算法换算为相对数字，消除单位数量级别不同带来的影响。最后用加权调整法，使核心竞

争指数的计算更加合理。

1. 相对化处理

相对化处理是一种比较简单且实用的方法，先确定一个比较标准（x_m），作为对待评价指标比较的标准值，然后用各指标的实际值（x_i）和标准值（x_m）进行相除，计算两者之比（x_i'）。

按以下方法处理：

$$\text{正指标：} x_i' = \frac{x_i}{x_m}, \text{逆指标：} x_i'' = \frac{x_m}{x_i} \qquad (3-2)$$

标准值可以有多种选择，如计划数、历史最好水平、上期水平、经验或理论标准等，需要根据研究目的来确定。通常也可以用参评单位某一时期（也可以是当期）的平均值或最优值作为标准值。

2. 标准化处理法

标准化处理方法可用于消除量纲影响。在变量服从正态分布的假设前提下，将变量值转化为 1—0 的标准化数值，以此来消除量纲差别。

具体方法如下：

第一步，算出每一指标（变量）的算术平均值 x_i 以及标准差 σ_i，用下角标 i 来表示指标的顺序（$i = 1$，2，…，n）。

第二步，按以下公式进行标准化处理：

$$x_{ij}' = \frac{(x_{ij} - \bar{x}_i)}{\sigma_i} \qquad (3-3)$$

式中，x_{ij}' 是标准化后的指标（变量）值；x_{ij} 是实际指标（变量）值。

第三步：把逆指标前的正负号对调互换。

标准化后的变量值将围绕 0 上下波动，如果大于 0 说明高于平均水平，如果小于 0 则说明低于平均水平。

这种处理方法的优点是：以科学的统计分布理论为基础，不用人为地凭经验选择阈值；另外，标准化处理程序在目前很多统计软件中都有此项功能，方便数据处理。

3. 分项指数处理

借鉴 1990 年联合国开发计划署首次发布"人类发展报告"编制人类发展指数（HDI）的方法，对各指标原始数据进行标准化处理，形成分项指数。

分项指数 = （实际值 – 最小值）／（最大值 – 最小值）

第一步，计算每一指标（变量）的最大值 x_{max} 和最小值 x_{min}，下角标 i 表示指标的顺序（$i = 1$，2，$\cdots$，n）；

第二步，按以下公式进行标准化处理：

$$x'_{ij} = \frac{(x_{ij} - x_{min})}{x_{max} - x_{min}} \qquad (3—4)$$

式中，x'_{ij} 为无量纲化后的指标（变量）值；x_{ij} 为实际指标（变量）值。

这种计算方法将具有不同量纲的指标数据通过计算调节到 0—1，使之有相同的量纲和量级，从而消除了各分项指标在量纲和量级上的差异。处理后各指标指数实现可以相加减，在保留原始数据相对差异性的同时，赋予各指标可比性。

本书利用第三种计算方法各分项指数经过加权平均后形成的各类别平均指数和最终综合指数，对云南省高等教育实力作出分析评价。

二　各项指标分析

（一）高等教育发展规模指数 B_1

1. 高校总数 C_1

1998 年中国高等学校扩招政策实行以后，云南高等教育迅速发展，许多专科学校升格为本科学校，普通中专升格为大专学校，民办大专迅猛发展，各大学二级学院逐渐转为独立学院，高等教育进入大众化阶段。高校在校生人数从 2001 年的 9 万多人增加到 2010 年的 44 万人，高校总数从 2001 年的不足 30 所增加到 2011 年的 66 所，具体变化如图 3 - 1 所示。

2. 每万人口接受高等教育人数 C_2

21 世纪以来的 10 年间，在昆明市的云南传统高校迁移至呈贡新校区，办学条件大大改善，持续多年执行扩招政策，同时省外高校到云南招生规模也大幅提高，两大因素提高了云南每万人接受高等教育人数比例，每万人接受高等教育人数由 2001 年的 23 人增加到 2011 年的 147 人，其他年份数据如图 3 - 2 所示。

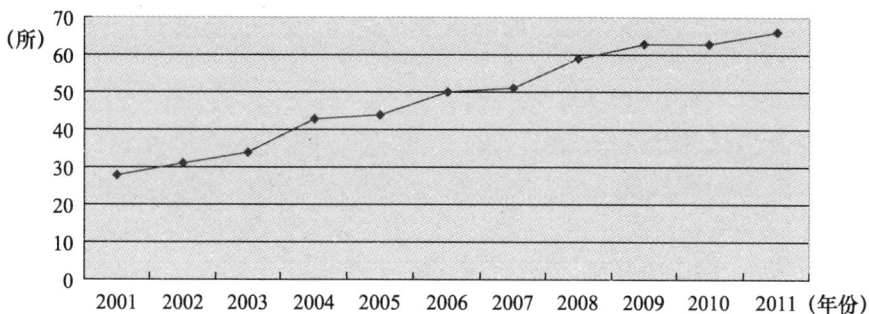

图 3 - 1　2001—2011 年云南省高等学校总数

数据来源：云南省教育厅。

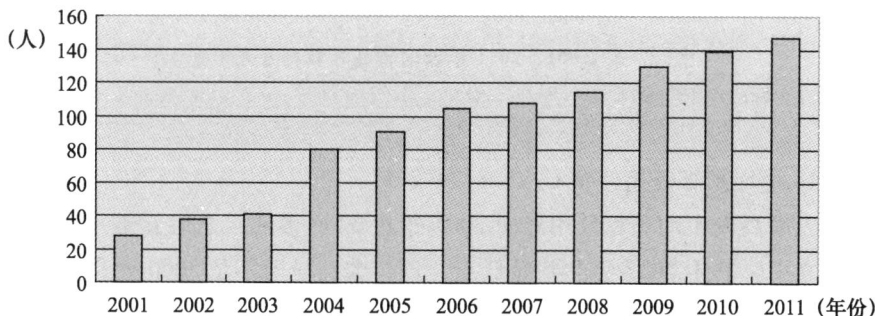

图 3 - 2　2001—2011 年云南省每万人口接受高等教育人数

数据来源：云南省教育厅。

3. 高等教育毛入学率 C_3

高校扩招必然伴随着高等教育毛入学率的上升，云南高等教育毛入学率从 2001 年的 6% 上升为 2011 年的 23%。其他年份数据如图 3 - 3 所示。2003 年 2 月，教育部公布《中国教育与人力资源问题报告》，当中提到"教育的三个跨越"，"教育的第一步跨越是到 2010 年，我国高等教育毛入学率提高到 20% 以上，达到教育中等发达国家水平"。[①] 云南省基本实现了教育部规定的第一步跨越，但离联合国教科文组织提

---

① 《从人口大国迈向人力资源强国——中国教育与人力资源问题报告概要》，《上海教育》2003 年第 3 期。

出国家教育现代化标志之一的毛入学率达到 30% 的要求还有很长的路要走。

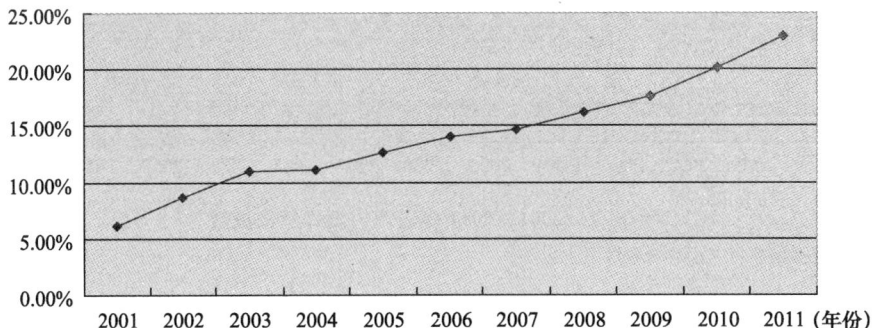

图 3-3　2001—2011 年云南省高等教育毛入学率

数据来源：云南省教育厅。

4. 生均预算公用经费 C_4

云南高校生均预算公用经费 2001 年达 3200 多元，之后五年一直处于下降之中，其中 2005 年达到最低点，该年数据显示不足 2000 元，生均教育经费指标落后，政府财政教育投入比例严重偏低是我省教育经费结构和投资水平的基本事实。2006 年后止跌回升，到 2011 年达到 10000 元。生均预算公用经费是反映行政区域之间政府财政教育投入差异最敏感、最直接、最关键的经费指标。

5. 高等教育发展规模指数

根据上述 4 组数据，借助式（3—4），对各项指标做分项指数处理，得到如表 3-7 所示的无量纲数据。其中 C_1' 是对高校总数 C_1 进行分项指数处理后数值；C_2' 是对每万人口接受高等教育人数 C_2 进行分项指数处理后数值；C_3' 是对高等教育毛入学率 C_3 进行分项指数处理后数值；C_4' 是对高等教育生均预算公用经费 C_4 进行分项指数处理后数值。

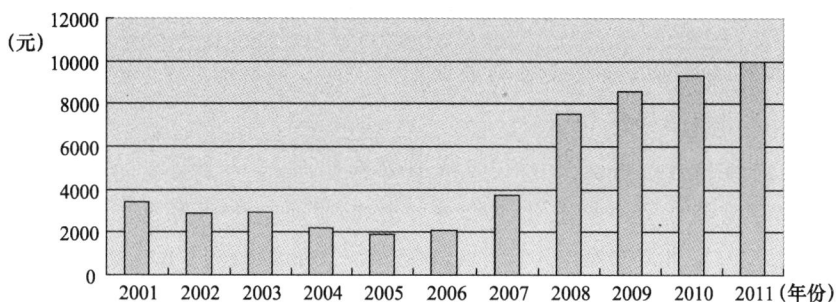

图 3-4　2001—2011 年云南省高等教育生均预算公用经费

数据来源：云南省教育厅。

表 3-7　　　　2001—2011 年高等教育发展规模各项指标无量纲化处理

年份	2001	2002	2003	2004	2005	2006	2007	2008	2009	2010	2011
C_1'	0	0.079	0.158	0.395	0.421	0.579	0.605	0.816	0.921	0.921	1
C_2'	0	0.079	0.105	0.436	0.524	0.640	0.673	0.723	0.855	0.934	1
C_3'	0	0.148	0.289	0.298	0.387	0.467	0.503	0.595	0.678	0.834	1
C_4'	0.190	0.123	0.133	0.039	0	0.027	0.229	0.699	0.822	0.914	1
B_1	0.476	0.107	0.171	0.292	0.333	0.428	0.503	0.708	0.819	0.901	1

根据式 3—1，对表 3-7 中的数据采用权重 0.25，计算得出 21 世纪以来 10 年间的云南高等教育发展规模指数 B_1，具体变化趋势如图 3-5 所示，从中不难发现，云南省高等教育规模指数在前大部分年份平稳上升，仅在 2007—2008 年出现一个较为明显的增幅。

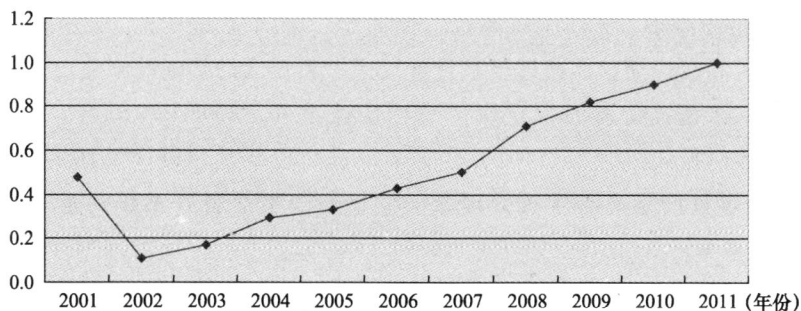

图 3-5　2001—2011 年云南省高等教育发展规模指数

数据来源：云南省教育厅。

（二）高等教育办学条件指数 B_2

1. 图书馆生均藏书 C_5

云南省高等院校图书馆生均藏书数据如图 3-6 所示，在云南省重点高校迎接教育部本科教学工作评估检查期间，2005 年生均图书数曾达到过 129.8 册，并在 2001 年、2003 年、2006 年超过 100 册，但随着扩招政策的持续延伸，图书资源的增加跟不上学生的增加，2007 年以后，生均图书数仅维持在 90 册左右，这一数据与 2004 年出台的《普通高等学校本科教学工作水平评估方案》对馆藏图书数量提出 100 册/生相差十多册。

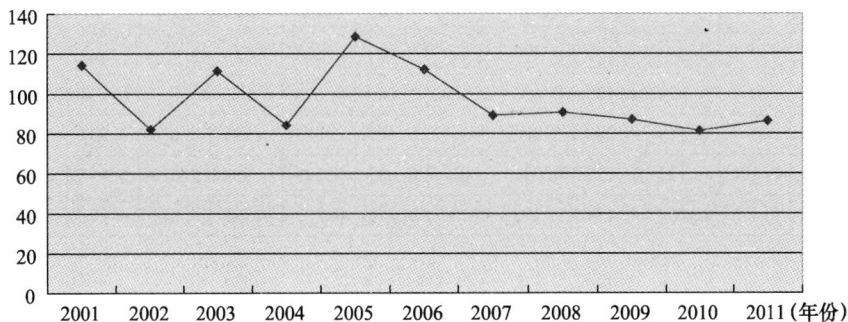

图 3-6　2001—2011 年云南省高等教育图书馆生均藏书量（册/生）
数据来源：云南省教育厅。

2. 生均固定资产值 C_6

21 世纪以来，云南重点高校云南大学、昆明理工大学、云南师范大学等多所高校逐渐整体搬迁至呈贡新校区，新校区的基础设施建设逐步完善，导致云南高等教育固定资产总额快速上升，2008—2010 年三年内，云南省政府投入 20 亿元专项资金支持呈贡高校新区建设（如图 3-7 所示）。固定资产是高等学校开展教学、科研、生活服务工作的重要物质基础。

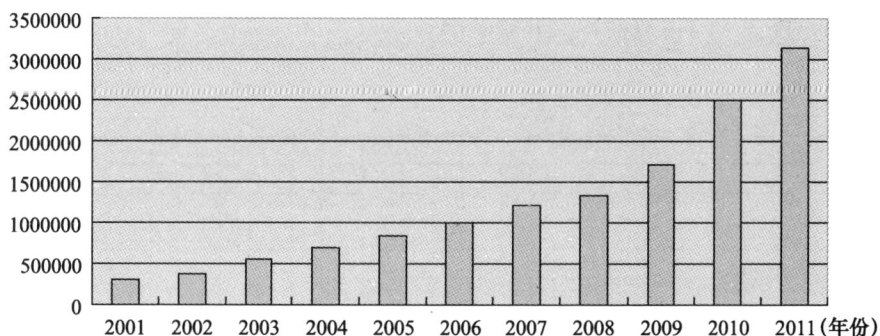

图 3 - 7　2001—2011 年云南省高校固定资产值（单位：百元）

数据来源：云南省教育厅。

　　虽然云南全省高校固定资产总额 10 年来增长较快，但因为高校在这段时间内持续不断扩招，因此生均固定资产逐年增加的速度远低于总额增加速度，有的年份甚至出现负增长，搬迁呈贡大学城后，高等教育办学条件明显改善，生均固定资产总值增长 72.26%，具体数据变化趋势如图 3 - 8 所示。

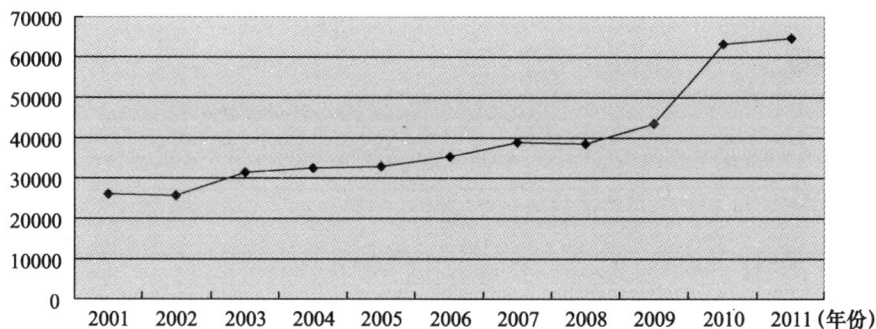

图 3 - 8　2001—2011 年云南省高校生均固定资产值（元/生）

数据来源：云南省教育厅。

　　3. 校舍生均占有面积 C_7

　　图 3 - 9 给出了云南省高等学校校舍生均占有面积，虽然近年来呈贡大学城的建设从根本上改善了云南省高等教育的校舍配置情况，但扩招政策的实施，使得高校校舍生均占有面积变化并不明显，从总体来看只有较小幅度的增长，到 2011 年才达到 90 平方米/生。而随着高校在校生人数

增加，校舍人均占有面积又开始下滑。

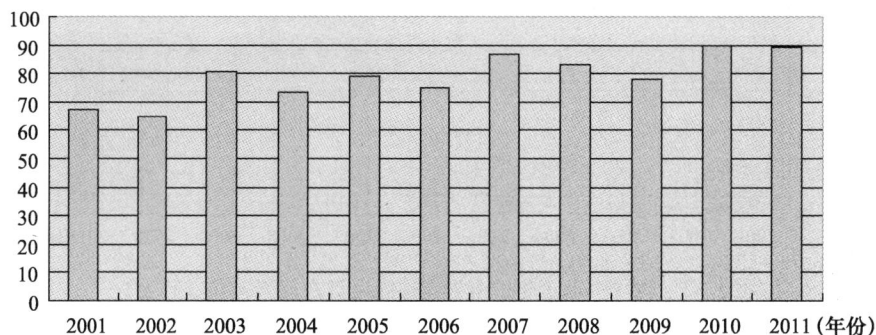

图 3 - 9　2001—2011 年云南省高校校舍生均占有面积（平方米/生）
数据来源：云南省教育厅。

4. 生均教学科研设备值 C_8

图 3 - 10 给出了 2001 年以来生均教学科研设备值的变化情况，尽管每年高等教育经费投资不断增加，但同时招生人数也在不断增加，所以生均教学科研设备值逐年增长不明显。到 2010 年才达到 8000 元/生。

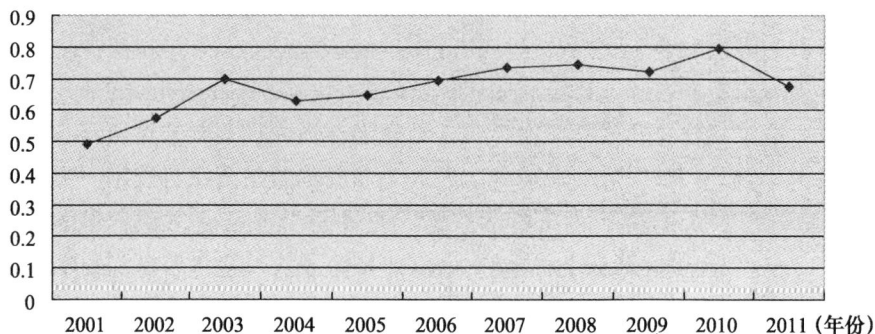

图 3 - 10　2001—2011 年云南省高校生均教学、科研仪器设备值（万元/生）
数据来源：云南省教育厅。

5. 高等教育办学条件指数

根据上述 4 组数据，借助式（3—4），对各项指标做分项指数处理，得到如表 3 - 8 所示的无量纲数据。其中 C_5' 为对生均图书馆藏书 C_5 作分

项指数处理后数值；C_6'为对生均固定资产 C_6 作分项指数处理后数值；C_7'
为对生均校舍面积 C_7 作分项指数处理后数值；C_8'为对生均教学科研设备
值 C_8 作分项指数处理后数值。

表 3 - 8　　　2001—2011 年云南省高等教育办学条件各项指标无量纲化处理

年份	2001	2002	2003	2004	2005	2006	2007	2008	2009	2010	2011
C_5'	0.692	0	0.632	0.045	1	0.654	0.147	0.179	0.103	0.187	0.098
C_6'	0.004	0	0.144	0.170	0.186	0.249	0.337	0.330	0.458	0.969	1
C_7'	0.091	0	0.629	0.334	0.553	0.404	0.869	0.720	0.515	1	0.976
C_8'	0	0.277	0.676	0.450	0.516	0.671	0.806	0.828	0.757	1	0.612
B_2	0.197	0.692	0.520	0.250	0.564	0.494	0.540	0.514	0.458	0.789	0.671

根据式 3—1，对表 3 - 8 中的数据采用权重 0.25，计算得出 21 世纪
以来 10 年间的高等教育办学条件指数 B_2，搬迁呈贡校区后，办学条件应
该得到较大提高，但是由于招生规模扩大，办学条件仍有上升的空间。具
体变化趋势如图 3 - 11 所示。

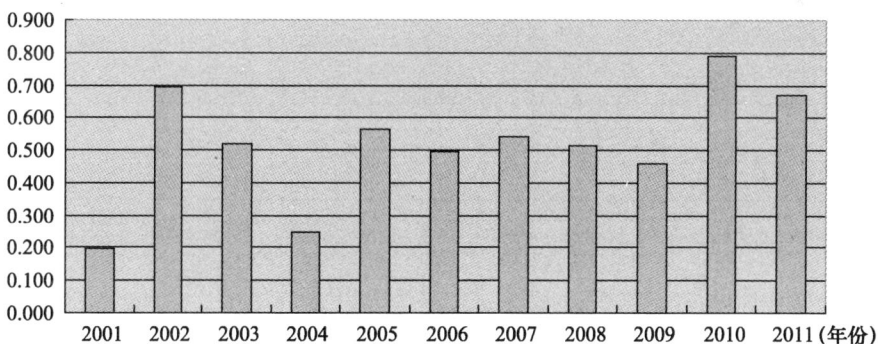

图 3 - 11　2001—2011 年云南省高等教育办学条件指数

数据来源：云南省教育厅。

（三）高等教育教学质量指数 B_3
接下来的指数仿照前述方法可分几个步骤分析得出，这里不再专门对
其进行分析，对于教育教学质量方面指标包括毕业率、精品课程、本科实

验中心、年终就业率等，根据上述 4 组数据，借助式（3—4），对各项指标做分项指数处理，得到如表 3 - 9 所示的无量纲数据。其中 C_9' 为对精品课程建设 C_9 作分项指数处理后数值；C_{10}' 为对本科实验示范中心 C_{10} 作分项指数处理后数值；C_{11}' 为对毕业率 C_{11} 作分项指数处理后数值；C_{12}' 为对年终就业率 C_{12} 作分项指数处理后数值。

表 3 - 9　　　　云南省高等教育教学质量各项指标无量纲化处理

	2001	2002	2003	2004	2005	2006	2007	2008	2009	2010	2011
C_9'	0	0.020	0.061	0.123	0.167	0.214	0.237	0.398	0.594	0.836	1
C_{10}'	0	0.026	0.519	0.091	0.156	0.195	0.260	0.442	0.662	0.896	1
C_{11}'	0.027	0.222	0.223	0	0.333	0.794	0.932	0.874	0.725	0.854	1
C_{12}'	0	0.077	0.157	0.376	0.444	0.485	0.639	0.799	0.846	0.953	1
B_3	0.007	0.086	0.240	0.148	0.275	0.422	0.517	0.628	0.707	0.885	1

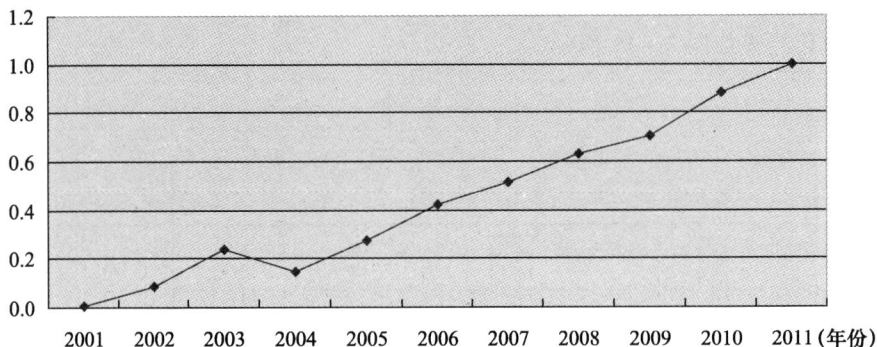

图 3 - 12　2001—2011 年云南省高等教育教学质量指数

数据来源：云南省教育厅。

根据式（3—1），对表 3 - 9 中的数据采用权重 0.25，计算得出 21 世纪以来 10 年间的高等教育教学质量指数 B_3，具体变化趋势如图 3 - 12 所示。由图所示，云南省高等教育教学质量逐年上升，2004 年是云南高等教育教学质量改善的关键年份，该年之前的变化趋势较为平缓，之后的变化较为陡峭，说明教育部本科教学检查之后云南高校的教育质量提升较快，这一变化趋势说明：教育部本科教学工作评估检查工作至少对云南这样的边疆省份提高办学水平起到了预期的督促作用。

（四）高等教育开放指数 B_4

随着现代高等教育发展，国际化成为其显著特征。高等教育国际化程度是衡量高等教育发展水平的一个重要标志。笔者认为，高等教育对外开放的程度是高等教育国际化的核心和重要方面。本书以高等教育开放指数来衡量高等教育（主要指普通高等教育）对外开放的程度。

主要通过外国留学生人数、出席国际会议人数、接收国际合作研究人员数、派遣国际合作研究人员数四个具体数据来度量高等教育开放指标。图 3－13 给出了 2001—2011 年云南高等教育机构接收的外国留学生数的情况。

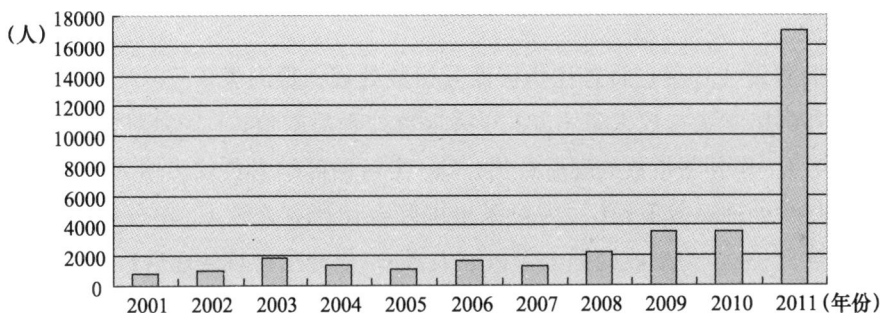

图 3－13　2001—2011 年云南省外国留学生在校人数

数据来源：云南省教育厅。

本书将云南省接收国际合作研究人员数、派遣国际合作研究人员数合并一起分析，其历年变化情况如图 3－14 所示，云南省与国际研究合作的人数由先前的以接收为主逐渐转变为派出与接收持平。这一方面体现了我省对外开放程度逐渐加强，另一方面也说明云南省国际交流形式由输入型向输出型转变。

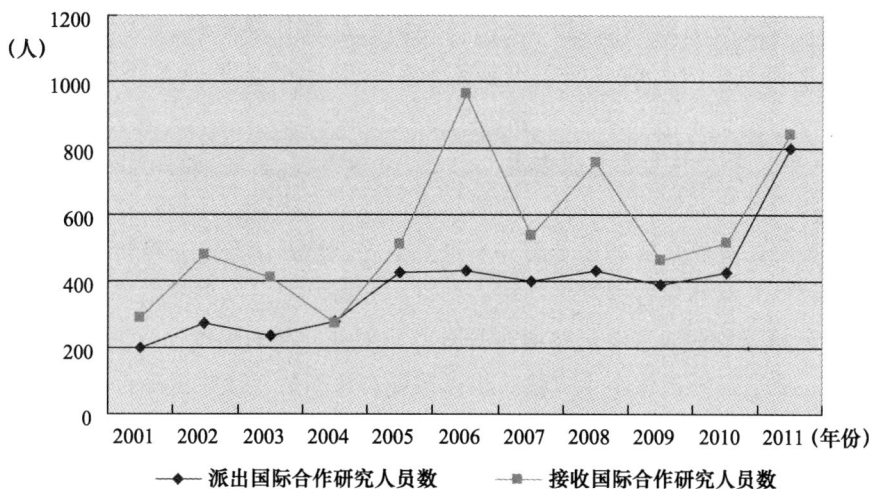

图 3-14　2001—2011 年云南省派出和接收国际合作研究人员数

数据来源：云南省教育厅。

根据式（3—4）将各项指标做分指数处理，得到表 3-10。其中 C_{13}' 为对外国留学生在校人数 C_{13} 作分项指数处理后数值；C_{14}' 为对举办国际会议数 C_{14} 作分项指数处理后数值；C_{15}' 为对国际学术会议出席人数 C_{15} 作分项指数处理后数值；C_{16}' 为对派出国际合作研究人数 C_{16} 作分项指数处理后数值；C_{17}' 为接收国际合作研究人数 C_{17} 作分项指数处理后数值。

表 3-10　　2001—2011 年云南省高等教育开放程度各项指标无量纲化处理

	2001	2002	2003	2004	2005	2006	2007	2008	2009	2010	2011
C_{13}'	0	0.009	0.635	0.034	0.015	0.051	0.028	0.855	0.171	0.168	1
C_{14}'	0	0.039	0.157	0.608	0.784	0.941	0.431	0.294	0.725	0.667	1
C_{15}'	0	0.025	0.224	0.391	0.269	0.675	0.350	0.533	0.526	0.807	1
C_{16}'	0	0.120	0.062	0.132	0.377	0.387	0.334	0.381	0.311	0.379	1
C_{17}'	0.017	0.299	0.196	0	0.346	1	0.381	0.701	0.272	0.347	0.827
B_4	0.003	0.098	0.255	0.233	0.358	0.611	0.305	0.553	0.401	0.474	0.965

根据式 3—1，对表 3-10 中的数据采用权重 0.2，计算得出 21 世纪

以来 10 年间的高等教育开放指数 B_4，具体变化趋势如图 3－15 所示。由图所示，云南省高等教育开放指数在样本期间内，总体呈上升趋势，但 2007 年是唯一的例外，该年恰逢全球金融危机，而云南招收的留学生中，一年以上学习周期的留学生主要来自周边东南亚国家，这部分留学生人数基本保持稳定增长。但来自欧美国家的短期留学生急剧减少，其原因在于欧美国家首先受到金融危机的影响，短期留学项目被取消或延期。之后三年，云南对外开放指数虽然都有所回升，但一直到 2010 年也没有达到 2006 年的水平。因此可以得出结论：高等教育国际化与国际经济发展环境密切相关，国际经济繁荣时期，云南高等教育对外开放指数较高，反之较小。这也说明，云南高等教育对外开放指数完全受外界的影响，自身还没有形成独特的运行规律。

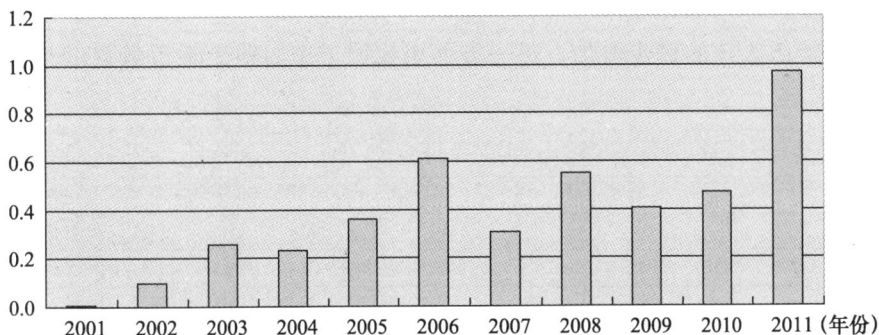

图 3－15　2001—2011 年云南高等教育开放指数

数据来源：云南省教育厅。

（五）师资队伍指数 B_5

图 3－16 显示云南省高等院校师生比随时间逐年的变化序列图，从 2001 年到 2003 年逐年降低，2005 年稍微上升，后又略有浮动。这与高校扩招息息相关，说明在高校扩招的形势下，教师队伍的建设有待加强。

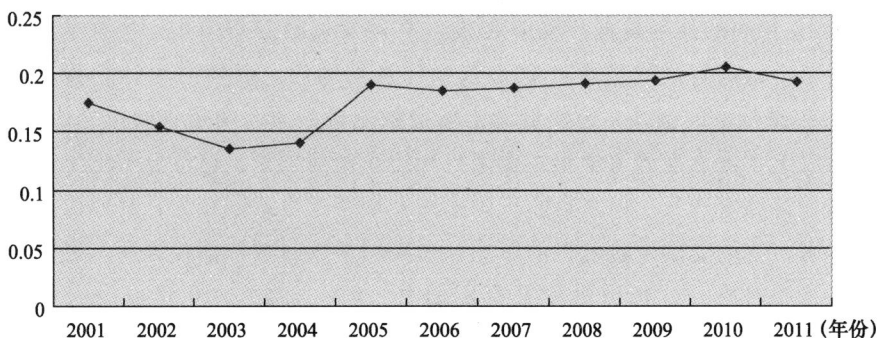

图 3－16　2001—2011 年云南省高校师生比

数据来源：云南省教育厅。

随着中国学历教育的发展，云南高等教育结构中具有博士学位教师人数占教师人数比逐年上升，如图 3－17 所示。这一方面反映了云南高校高学历人才的稳步增加，另一方面也说明了中国博士学历教育的扩招效应。

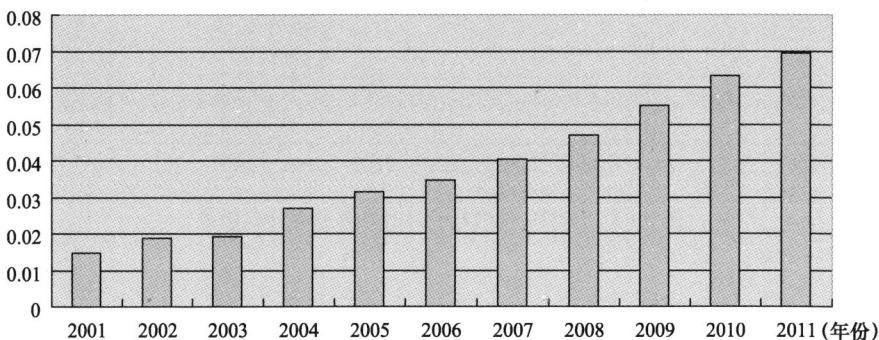

图 3－17　2001—2011 年云南省高校具有博士学位教师人数占教师人数比

数据来源：云南省教育厅。

根据式（3—4）将各项指标做分指数处理，得到表 3－11。其中 C_{18}' 为对师生比 C_{18} 作分项指数处理后的数值；C_{19}' 为对具有博士学位教师人数占教师人数比 C_{19} 作分项指数处理后的数值。

表 3 – 11   2001—2011 年云南省高等教育师资队伍各项指标无量纲化处理

	2001	2002	2003	2004	2005	2006	2007	2008	2009	2010	2011
C_{18}'	0.533	0.253	0	0.067	0.733	0.667	0.707	0.747	0.787	0.933	1
C_{19}'	0	0.075	0.082	0.225	0.306	0.362	0.469	0.592	0.736	0.886	1
B_5	0.267	0.164	0.041	0.146	0.520	0.514	0.588	0.669	0.761	0.910	1

根据式（3—1），对表 3 – 11 中的数据采用权重 0.5，计算得出 21 世纪以来 10 年间的云南省高等教育师资队伍指数 B_5，具体变化趋势如图 3 – 18 所示。由图所示，师资队伍指数在 2001—2003 年持续下降，之后迎来 2004—2005 年的强劲上升，2006 年后平稳上升。

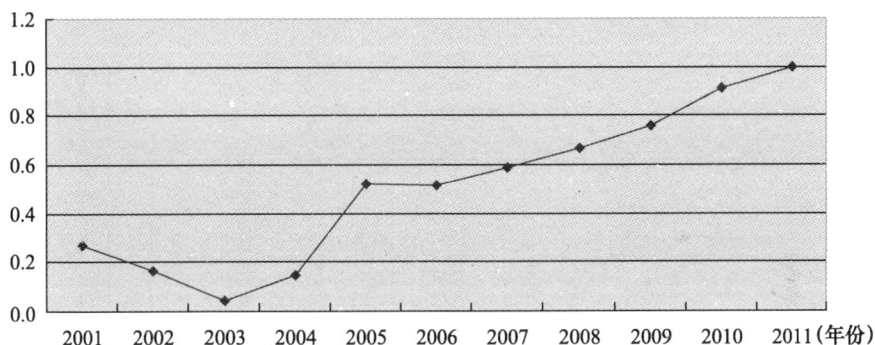

图 3 – 18 2001—2011 年云南省高等教育师资队伍指数

数据来源：云南省教育厅。

（六）学科学位体系建设指数 B_6

刻画学科学位指数本来设定四个指标来度量，但一方面由于指标数据可获取受限，另一方面考虑到部分指标（如博士后流动站数）的历年变化波动不大，因此只能剔除这两个指标，采用另外两个指标进行学位学科指数刻画，根据式（3—4）对数据进行分项指数处理，得到表 3 – 12。其中 C_{20}' 是对重点学科数 C_{20} 作分项指数处理后数值；C_{21}' 为对硕士点个数 C_{21} 作分项指数处理后数值。

表 3 - 12   2000—2011 年云南省高等教育学科学位体系各项指标无量纲化处理

	2001	2002	2003	2004	2005	2006	2007	2008	2009	2010	2011
C_{20}'	0	0.052	0.155	0.198	0.353	0.397	0.509	0.603	0.603	0.690	1
C_{21}'	0	0.046	0.139	0.307	0.371	0.426	0.436	0.485	0.495	0.505	1
B_6	0	0.049	0.147	0.253	0.362	0.411	0.472	0.544	0.549	0.597	1

根据式（3—1），对表 3 - 12 中的数据采用权重 0.5，计算得出 21 世纪以来 10 年间的云南省高等教育学科学位体系建设指标 B_6，具体变化趋势如图 3 - 19 所示。由图所示，学科学位体系建设指标从 2001 年以来持续上升，其中 2005 年之前上升较快，之后平稳上升。

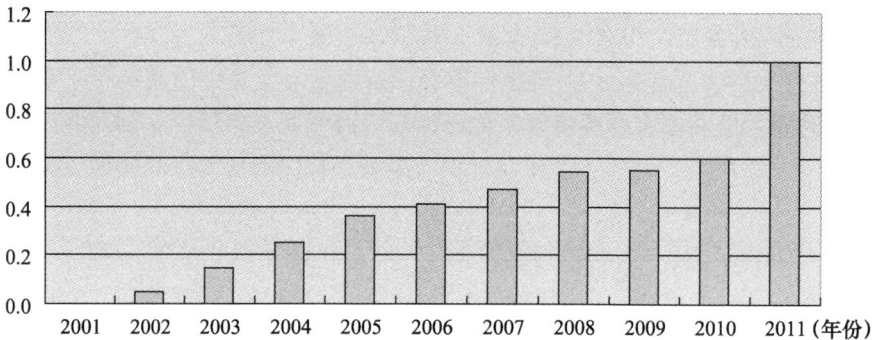

图 3 - 19   2001—2011 年云南省高等教育学科学位体系建设指数
数据来源：云南省教育厅。

（七）高等教育科研指数

表 3 - 13 为云南省高等教育机构科研类各项指标原始数据，在 6 项指标中科技人力资源数基本稳定，科研经费投入绝对数有增加的趋势，但部分年份的经费有少许下降，如 2003 年、2008 年、2010 年，如果再考虑通货膨胀因素，则说明云南省高校的科研经费投入严重不足，如果从科研经费占 GDP 的比例来看，云南省科研经费投入严重偏低。（理科）三大检索数、论文发表数、研究课题和项目数都有显著增长，三大检索数在短短 10 年间增长了十多倍，研究课题和项目数增长了 5 倍，发表论文数增长

了2倍。这三项数据说明,云南高等教育机构的科研工作在经费有限的条件下取得了辉煌成绩。尤其值得称道的是,(理科)三大检索数从2001年的143篇增长到2011年的2196篇,说明云南高校自然科学研究人员的研究方式逐渐向国际规范靠近,为云南高等教育机构科研水平追赶国内、国际先进水平打下了坚实基础。至于科技成果获奖方面,由于云南省历来在全国的科研水平靠后,因此短期内较难大量获得国家级的奖项。

表3-13　　2001—2011年云南省高等教育科研情况各项指标数据

	2001	2002	2003	2004	2005	2006	2007	2008	2009	2010	2011
科研人力资源数	23074	23900	23573	18430	20313	21014	21712	21503	28372	26136	27234
科研经费投入(万元)	48694	53743	52205	54160	66880	73608	98688	66346	140198	138262	1877765
三大检索数(理科)	143	244	300	360	433	528	625	877	1240	1714	2196
高校论文发表数	8346	9326	10519	11208	9987	11894	13137	14868	16834	18519	18661
研究课题和项目总数	2077	2614	3258	3759	4458	5518	6736	8290	9447	10558	10762
科研成果获奖数	157	162	100	98	164	208	163	163	183	170	215

数据来源:云南省教育厅。

根据式(3—4)对各项指标进行分指数处理,得到表3-14。其中C_{22}'为对科技人力资源数C_{22}作分项指数处理后所得数值;C_{23}'为对高校科研经费投入C_{23}作分项指数处理后所得数值;C_{24}'为对三大检索数(理科)C_{24}作分项指数处理后所得数值;C_{25}'为对高校论文发表数C_{25}作分项指数处理后所得数值;C_{26}'为对研究课题和项目总数C_{26}作分项指数处理后所得数值;C_{27}'为对科技成果获奖数C_{27}作分项指数处理后所得数值。

表 3 – 14　　　2001—2011 年云南省高等教育科研情况各项指标无量纲化处理

	2001	2002	2003	2004	2005	2006	2007	2008	2009	2010	2011
C_{22}'	0.467	0.550	0.517	0	0.189	0.260	0.330	0.309	1.000	0.775	0.886
C_{23}'	0	0.036	0.025	0.039	0.131	0.179	0.360	0.127	0.658	0.644	1
C_{24}'	0	0.049	0.076	0.106	0.141	0.188	0.235	0.358	0.534	0.765	1
C_{25}'	0	0.095	0.211	0.277	0.159	0.344	0.465	0.632	0.823	0.986	1
C_{26}'	0	0.062	0.136	0.194	0.274	0.396	0.536	0.715	0.849	0.977	1
C_{27}'	0.504	0.547	0.017	0	0.564	0.940	0.556	0.556	0.726	0.615	1
B_7	0.162	0.223	0.164	0.103	0.243	0.384	0.413	0.449	0.765	0.794	0.981

　　根据式（3—1），对表 3 - 14 中的数据采用权重 1/6，计算得出 21 世纪以来 10 年间的云南省高等教育科研指数 B_7，具体变化趋势如图 3 - 20 所示。由图所示，科研指数从 2001 年以来持续上升，仅在 2001—2002 年、2006—2007 年两个时间段增长幅度稍小而已。

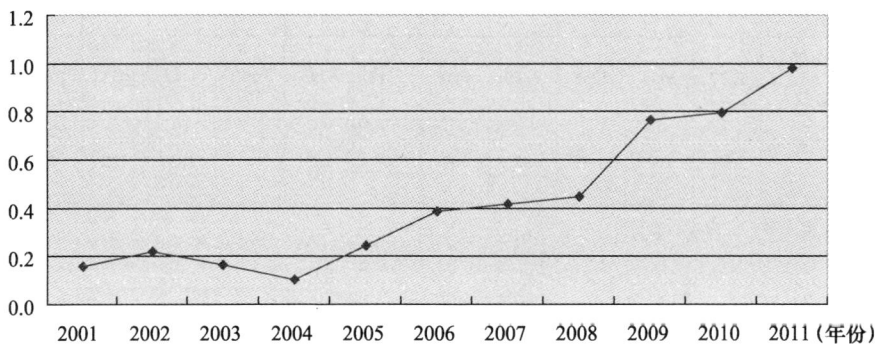

图 3 - 20　2001—2011 年云南省高等教育科研指数

数据来源：云南省教育厅。

三　综合指标的计算与分析

　　将逐年各项指标进行数据处理后，得到表 3 - 15，其中注：B_1 为高等教育发展规模指数、B_2 为高等教育办学条件指数、B_3 为高等教育教学质量指数、B_4 为高等教育开放指数、B_5 为高等教育师资队伍指数、B_6 为高等教育学科学位体系建设指数、B_7 为高等教育科研指数。

表 3 – 15　　　　　　2001—2011 年云南省高等教育发展各项指标

	2001	2002	2003	2004	2005	2006	2007	2008	2009	2010	2011
B_1	0.476	0.107	0.171	0.292	0.333	0.428	0.503	0.708	0.819	0.901	1.000
B_2	0.197	0.692	0.520	0.250	0.564	0.494	0.540	0.514	0.458	0.789	0.671
B_3	0.007	0.864	0.240	0.148	0.275	0.422	0.517	0.628	0.707	0.885	1.000
B_4	0.003	0.985	0.255	0.233	0.358	0.611	0.305	0.553	0.401	0.474	0.965
B_5	0.267	0.164	0.041	0.146	0.520	0.514	0.588	0.669	0.761	0.910	1.000
B_6	0.000	0.049	0.147	0.253	0.362	0.411	0.472	0.544	0.549	0.597	1.000
B_7	0.162	0.223	0.164	0.103	0.243	0.384	0.413	0.449	0.765	0.794	0.981
核心竞争力指数	0.159	0.330	0.220	0.203	0.379	0.466	0.477	0.581	0.637	0.764	0.945

数据来源：云南省教育厅。

　　将表 3 – 15 中的数据做成图示，可以得到图 3 – 21，由图可以看出，7 个三级指标样本期间都呈上升趋势，其中波动较大的是高等教育办学条件指数 B_2，其余指标总体呈现稳步上升的趋势。

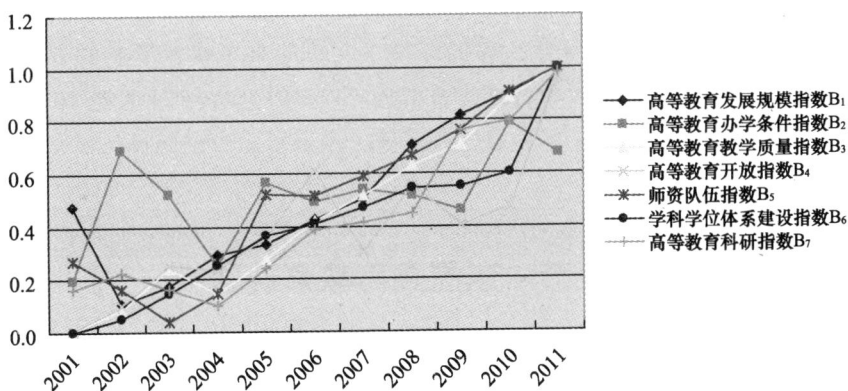

图 3 – 21　2001—2011 年云南高等教育发展各项指标

数据来源：云南省教育厅。

　　根据高等教育发展综合指标核心竞争力指数的计算公式（3—1），得到图 3 – 22，从图中可以得出以下结论：从综合指数柱形图可以将云南省高等教育发展大致分为三个阶段：2001 年到 2002 年为平稳发展期；从 2002 年至 2005 年为增长期；而从 2005 年开始，整个高等教育综合实力发展迅猛，为快速发展期。

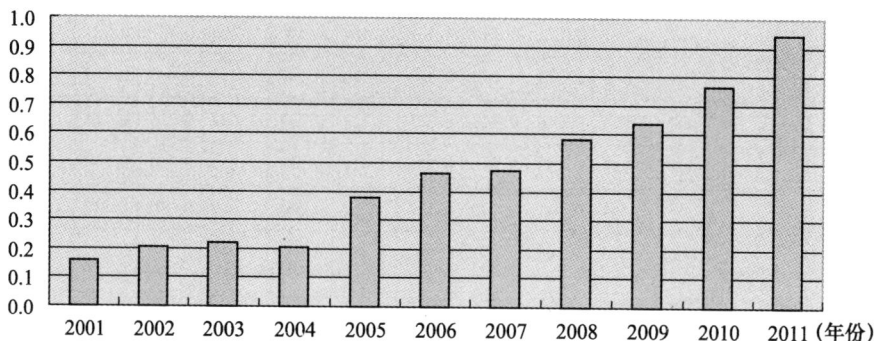

图 3 - 22　2001—2011 年云南省高等教育核心竞争力指数
数据来源：云南省教育厅。

　　云南省地处祖国西南边疆，经济社会各方面发展滞后于全国发达地区，高等教育滞后于发达地区。但随着技术的发展和国家对外开放走向深入，云南连接三亚（东亚、东南亚、南亚）、肩挑两洋（印度洋、太平洋）的地缘优势，为云南经济社会全面追赶东部发达区域提供了千载难逢的时机，云南高等教育在这样的环境下，也迎来了快速发展的有利时机。图 3 - 22 所显示的高等教育综合指数可以较好地解释 21 世纪 10 年来云南省高等教育发展水平的变化，预示着云南高等教育已经进入快速发展的快车道。

第三节　东盟高等教育现状

　　中国—东盟自贸区建设顺利走过"启动并大幅下调关税"的第一阶段（2002—2010 年），正在实施"全面建成自贸区"的第二阶段（2011—2015 年），促进东盟与中国的经济一体化是中国—东盟的发展远景，在贸易服务方面，教育是必不可少的内容，除了现实的经济利益以外，教育还可以起到传播中国软实力的作用。

一　高等教育发展状况

东盟各国高等教育受其历史传统的影响呈现不同特点，大多数国家的高等教育模式深受殖民统治者的影响，越南、柬埔寨、泰国或其他国家的传统教育机构大多在 19 世纪步入现代化进程之初就被破坏或者遗弃。印度支那（越南、柬埔寨和老挝的少数地区）受法国殖民影响，印尼群岛受荷兰殖民影响，菲律宾受美国殖民影响，文莱、缅甸、马来西亚、新加坡等国家受英国殖民影响。这些被殖民国家的教学都完全使用殖民宗主国的语言，英国殖民地的大学使用英语，荷属东印度群岛使用荷兰语，菲律宾使用英语等。东盟国家中，泰国是第二次世界大战前唯一没有沦为殖民地的国家，但生活在西方列强的夹缝中，其文化也深受影响，它的高等教育也主动沿袭了西方模式①。

由于东盟各国政治体制的不同和经济发展的不平衡，以及民族文化的多样性和宗教差异，导致东盟各国的高等教育的特点、体制和发展水平也存在着很大的区别。根据《泰晤士报》年度世界综合性大学排名情况来看，在 2010 年亚洲地区前 200 名的排名中，东盟国家占 25 所。其中，新加坡、泰国、马来西亚、印度尼西亚、菲律宾等国家的大学均榜上有名（如表 3-16 所示），而越南、柬埔寨、文莱、缅甸等国家却没有一所大学能进入榜单。各大学综合水平与中国相关大学也在表中一并给出。比如新加坡国立大学亚洲排名第 3，而对应的中国大学为香港大学排名第 1，香港科技大学排名第 2，南洋理工大学排名第 18，对应的中国大学清华大学排名第 16，北京大学排名第 12，香港城市大学排名第 15。

如表 3-16 所示，《泰晤士报》世界综合性大学年度排名所用指标与本书本章第一节的指标体系大体相近，其重点考虑的五大指标分别是：大学的科研能力（40%）属于科学研究指标（生产知识）、论文的被引用率（20%）属于科研指标（生产知识指标）、雇主和公司对学生的满意度（10%）属于教育质量指标（传播知识）、学校师生的比例（20%）属于师资队伍指标（传播知识），以及国际学生（5%）和国际教职员工（5%）的比例属于开放性指标（传播知识）。

---

① 菲利普·G. 阿特巴赫：《高等教育变革的国际趋势》，北京大学出版社 2009 年版，第 11 页。

表 3 - 16 　　　　2010 年东南亚国家大学在亚洲地区大学排名
及其与中国对应大学比较①

排名	大学	排名	大学
3	National University of Singapore （新加坡） 香港科技大学（排名：2）	91	Thammasat University （泰国） 北京师范大学（排名：89）
18	Nanyang Technological University （新加坡） 清华大学（排名：16）	101	Prince of Songkla University （泰国） 山东大学（排名：107）
28	Mahidol University （泰国） 南京大学（排名：27）	101	University of Santo Tomas （菲律宾） 山东大学（排名：107）
42	Universiti Malaya （UM）（马来西亚） 香港浸会大学（排名：45）	106	DeLa Salle University （菲律宾） 山东大学（排名：107）
44	Chulalongkorn University （泰国） 香港浸会大学（排名：45）	109	Airlangga University （印度尼西亚） 山东大学（排名：107）
50	University of Indonesia （印尼） 香港浸会大学（排名：45）	113	Bandung Institute of Technolog （ITB，印尼） 中山大学（排名：120）
58	Ateneo de Manila University （菲律宾） 天津大学（排名：70）	119	Bogor Agricultural University （印度尼西亚） 中山大学（排名：120）
58	Universiti Kebangsaan Malaysia （马来西亚） 天津大学（排名：70）	122	Khon Kaen University （泰国） 中山大学（排名：120）
77	Universiti Putra Malaysia （马来西亚） 同济大学（排名：75）	126	Kasetsart University （泰国） 南开大学（排名：128）
78	University of the Philippines （菲律宾） 西安交通大学（排名：80）	151	International Islamic University Malaysia （IIUM）（马来西亚） 哈尔滨工业大学（排名：151）
79	ChiangMai University （泰国） 西安交通大学（排名：80）	161	Padjadjaran University （印尼） 南京农业大学（排名：161）
82	University Teknologi Malaysia （马来西亚） 西安交通大学（排名：80）	161	Diponegoro University （印尼） 大连理工大学（排名：161）
85	Universitas Gadjah Mada （印尼） 西南大学（排名：87）		

① 2010 年世界大学排名前 200 强，中国教育在线。

我们还可以用大学生毛入学率来衡量东盟各个国家高等教育发展水平。东盟各国主要年份的大学生毛入学率如表3－17所示，数据显示，1980年，东盟国家只有菲律宾、泰国的毛入学率达到两位数，到1990年，新加坡的毛入学率迅速上升，达到19%，印度尼西亚、马来西亚的粗入学率也有显著进步，其他国家没有显著变化，到2000年，东盟各国的高等教育规模都有显著增长，毛入学率快速上升，马来西亚、印度尼西亚、文莱、缅甸的大学生毛入学率成功超越两位数。从发展速度来看，老挝、柬埔寨的高等教育规模迅速扩大，但缅甸的高等教育一直停滞不前。

表 3－17　　　　　　　中国与东盟各国大学生毛入学率　　　　　单位:%

	1980	1990	2000	2002	2004	2005	2006	2007	2008	2009	2010
中国	2	3	7.7	12.7	19.1	20.3	21.6	22.9	23	25	26
菲律宾	24	28	35.2	31.1	28.8	28.1	28.5	—	29	—	—
泰国	15	16.7	35.3	36.7	41	43	43	46	45	45	46
新加坡	8	19	43.8	—							
马来西亚	4	7	25.9	26.6	32.4	—	30	32	36	—	—
印度尼西亚	4	9.2	14.6	15	16.7	17.1	17	17.5	20	22	23
文莱	1	—	12.9	15.2	15	15	15	15.4	18	19	17
缅甸	5	5	11.5	11.5	11.3	—	—	11			—
越南	2	3	9.5	12.1	10.2	16		18	19	20	22
老挝	1	1	2.8	4	6	7.9	9.1	11.6	13		17
柬埔寨	0	1	2.1	3	3	3.3	4.5	5.4	7	10	—

资料来源：世界银行数据库，http：//data. worldbank. org. cn/indicator/NY. GDP. MKTP. CD。

二　东盟高等教育新发展

进入高等教育大众化的东盟各国面临着新环境、新挑战和新机遇。东盟大多数国家加大了高校的自治权，增强学校自主办学能力，使高校能及时、有效、主动地调整办学模式、专业设置、课程建设、人事政策、组织机构和经费使用，以及对社会要求的变化及时作出应对。

（一）东盟高等教育一体化

"东盟一体化"是指东南亚地缘相邻的国家，以尊重各国主权独立、平等互惠和政治、经济、文化、宗教等多元化为前提，为谋求国家或地区共同利益，打造共同身份，以实现东盟共同体为目标，在自愿合作基础上签订协议或条约和章程，实行政治、经济、社会文化等方面合作和制定共同协调机制的过程①。

要提高东盟认同意识，增强东盟各国实力和竞争力，要解决两个方面的问题：第一，要解决诸如提高入学率、提高教育质量、促进教育公平等教育领域存在的主要问题；第二，要加强留学生交流，高等学校网络建设与互通，各国教育部长及组织间的合作和加强东盟与伙伴国家的教育合作②。

由于地理环境、资源状况、民族构成和历史发展水平等原因，东盟各国高等教育水平参差不齐，高等教育的一体化将面临艰难而复杂的过程。

（二）东盟大学联盟

20 世纪 70 年代东盟领导人和东盟教育辅助委员会（ASEAN Sub-committee on Education）提出一个设想——建立一个"东盟大学"。经过大量不同领域的学科专家、学者探讨、论证与分析后一致认为启动和建立现有大学网络更可行、更可操作。1995 年 11 月"东盟大学网络"（ASEAN University Network，简称 AUN）组织正式成立。

起初东盟大学网络活动主要是小规模的师生交流。随着合作活动不断增加、涉及面不断扩大，项目也更加综合化。例如，1997 年东盟大学网络第一个大规模的联合行动工程——东盟虚拟大学与在线学习核心课程开发项目，花费十年的时间经历调查与论证、在线软件开发、修订与完善核心课程标准与要求、系统测试及运行，2006 年正式运营招生；其他的合作项目也在有序推进，包括东盟内学生教师交换项目、信息通信技术教育技术网络、东盟对话伙伴合作项目、虚拟图书馆建设等。

东盟大学联盟的不断完善，有效推动了东盟各国高等教育的互动合作，完备的大学间共同网络，不仅为知识传播提供了广阔的空间，而且形成了学生和学者自由流动市场，丰富了跨国教育投资、讲学、跨国课程交

① 覃玉荣：《东盟一体化进程中认同建构与高等教育政策演进研究》，博士学位论文，华东师范大学，2009 年。

② 覃玉荣：《东盟高等教育一体化的发展历程》，《东南亚纵横》2009 年第 4 期。

流、合作办学等活动。通过大学联盟，东盟各国实现了高校间的资源共享，充分发挥了现有大学网络互相连接的功能，增强大学各领域的联结。而高等教育的互动合作，通过高等教育机构中项目与活动合作，可以增加东盟内部的平衡与内聚力，促进东盟一体化发展。

三　新加坡高等教育

新加坡目前有综合大学 4 所（有学士、硕士、博士学位授予权）、5 所理工学院（颁发大专文凭）、新加坡国立教育学院（附属于南洋理工大学，颁发教师资格证书和教育文凭、授予教育学硕士及博士学位），其他私立高等教育机构如工艺教育学院（The Institute of Technical Education，ITE）、拉萨尔艺术学院（Lasalle College of The Arts）、南洋艺术学院（Nanyang Academy of Fine Arts，NAFA）等都不能颁发大专以上学历证书。

（一）新加坡高等教育发展概况

新加坡教育体系框图如图 3 - 23 所示，主要可以分为小学教育、初中教育、大学前（初级学院、高级中学、理工学院、工艺教育学院）教育、大学教育等。箭头所指方向是低一级学校向高一级学校的流向，所有学校最终都指向职场。

新加坡大学教育体系在短短的半个世纪间取得如此骄人的成绩，与新加坡政府的财政支持和英美式教育取向密切相关，回顾半个世纪的新加坡大学教育历程，主要经历了以下重大事件。1956 年，南洋大学（Nanyang University，NU）招收第一批学生；1962 年，新加坡从马来西亚独立后建立了新加坡大学（University of Singapore，US）；1980 年新加坡大学和南洋大学合并组建新加坡国立大学（National University of Singapore，NUS）；1981 年成立南洋理工学院（Nanyang Technological Institute，NTI），1982 年招收第一届学生，1991 升格为南洋理工大学（Nanyang Technological University，NTU）；2000 年新加坡管理大学（Singapore Management University，SMU）设立；2005 年，政府给予新加坡国立大学、南洋理工大学、新加坡管理大学更大的办学自主权；2009 年建立新加坡技术学院（Singapore Institute of Technology，SIT），并于 2010 年首次招生。根据表 3 - 16 所示，新加坡国立大学在 2010 年亚洲综合大学中排位第 3，南洋理工大学排位第 18。

大学(3—4年制)

职场

剑桥"A"水准考试/其他资格考试

同级别的资格考试

初级学院/高级中学(2—3年)(剑桥"A"水准考试)

理工学院(3年)(专科学位)

工艺教育学院(1—2年)(教育学院证书/高级国家工教局)

综合课程(4—6年)结合了中学和两年制大专教育，不含中同环节的升学考试

专业性私立学校利用专业课程开发学生在专业上的天赋

私立学校自主决定他们自己的相关课程，同时为新加坡的学生提供了更多的选择(4—6年)

特殊教育学校要么提供满足学生特殊需求的主干课程，要么为学生量身定制相关的特殊课程(4—6年)

直接录取到两年制大专或理工学院，两年制大专和理工学院对于部分学生拥有招生自主权

剑桥"O"水准考试

Sec 5N (A)

剑桥"N"水准考试

初中：快捷班(4年制)

初中：普通学术班(5年制)

初中：普通技术班(4年制)

职业课程(1—4年)

公立学校、社区学校、独立学校
• 公立学校
• 社区学校，提供选修课程
• 独立学校，在课程设置和教学环节有较大的自主权

专业性学校培养定制化和实践性的学生

专业性独立学校培养特殊领域有天赋的学生

私立学校为新加坡学生提供更多的选择

特殊教育培养有特殊需求的学生

直接进入初中
其中部分具有优势资源并提供综合课程的私立学校和公立学校拥有招生自主权

专业培养型的私立学校拥有完全自主的招生权

小学离校考试(PSLE)

小学教育(6年制)
所有学生按照全面的主干课程进行学习，其中部分学校在美术、体育、精英教育等方面提供了优势课程

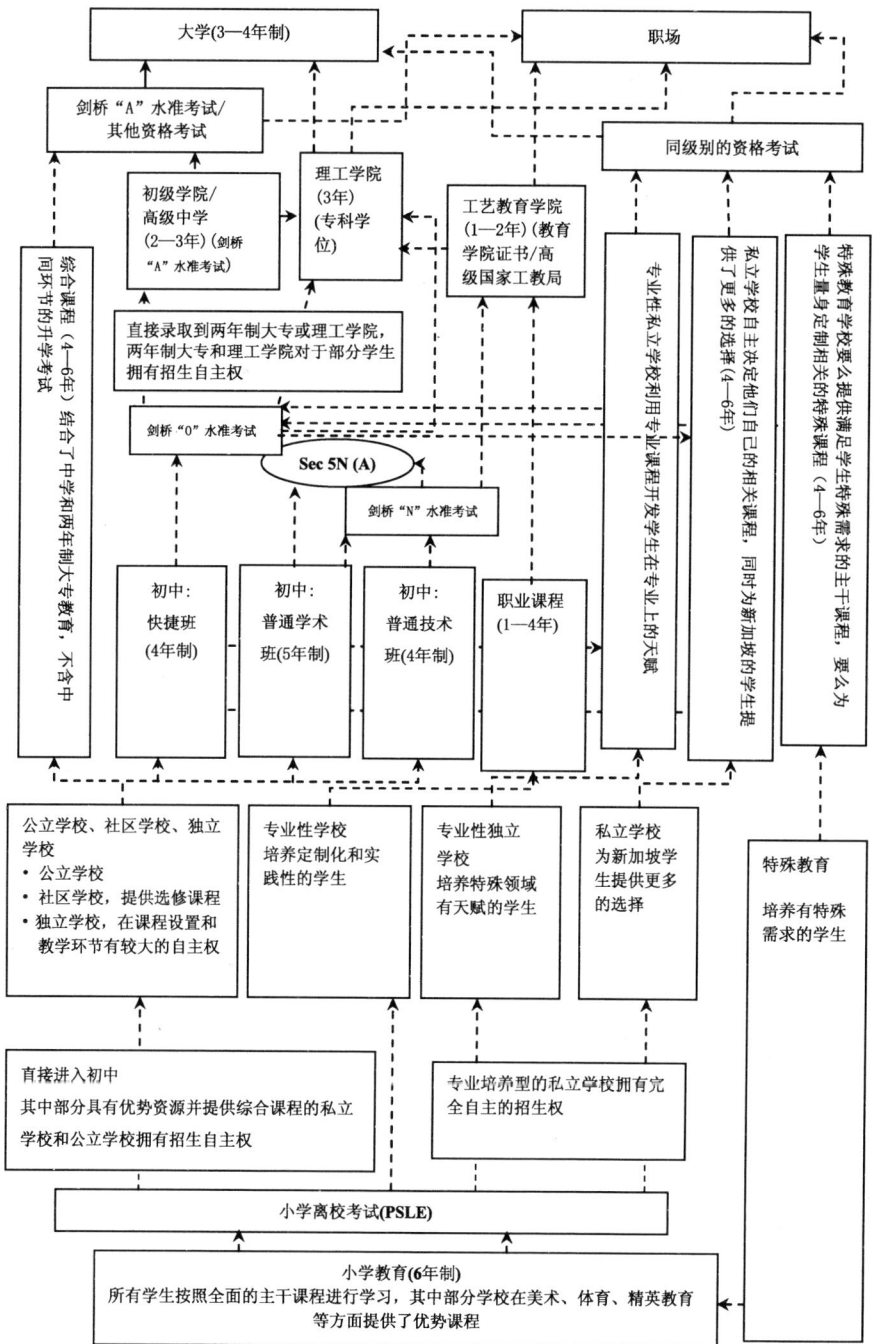

图 3-23　新加坡国民教育体系

98

表 3 - 18　　　　　　　新加坡高等教育主要年份招生人数　　　　　（单位：人）

年份	NUS	NTU	SMU	教育学院①	理工学院	合计
1990	4001	1333	—	929	6199	12462
2000	5631	3613		2445	14059	25748
2001	5958	3828		2022	14936	26744
2002	6277	3646	—	2186	15581	27690
2003	5960	4042	8	2772	15404	28186
2004	5858	4067	240	1989	16834	28988
2005	5575	4048	408	2020	16515	28566
2006	5621	4241	565	2096	16638	29161
2007	5500	4845	826	2348	17413	30932
2008	5601	4808	1063	2188	19317	32977
2009	5779	5058	1110	2179	20224	34350

资料来源：*Ministry of Education Singapore*：*Education Statistics Digest 2010*（http：//www. moe. gov. sg/education/education-statistics-digest/）。

表 3 - 18 给出了新加坡主要年份高等教育学历教育入学人数，从中我们可以看出，新加坡国立大学近年来年招生人数基本保持在 6000 人左右，南洋理工大学的招生人数稳步增加，2009 年招生人数突破 5000 人大关，新加坡管理大学 2003 年第一届学生共 8 名，以后逐年快速扩招，2008 年突破 1000 名整数关，教育学院教师资格培训人数稳定在年均 2000 人左右，5 所理工学院招生人数稳步增加，1990 年共招收 6199 名，到 2009 年共招收 20224 名，高等教育学历教育人数从 1990 年的 12462 人增加到 2009 年的 34350 人。

（二）新加坡高等教育迅速发展的原因

探究新加坡高等教育迅速发展并取得瞩目成就的原因，有以下几个方面：

第一，新加坡的教育投资，特别是高等教育投资受国家重视。在新加坡，教育的投入仅次于国防开支，而其中的四分之一教育经费拨给了大

---

① 教育学院人数不包括申请教育硕士、教育博士人数，这两类人包含在 NTU 数据中。

学，如表 3 - 18 所示，在 2000—2001 财年内，政府对大学发展支出的拨款为 3.3 亿新加坡元，对大学经常开支的拨款为 8.9 亿新加坡元，虽然随着 2005 年的大学办学自主权的扩大，政府对大学发展支出的拨款开始减少，在 2005—2006 财年内，拨款 2.4 亿新加坡元，但对大学经常开支的拨款仍然稳步提高，为 10.5 亿新加坡元，到 2009—2010 财年内，政府对大学发展支出的拨款为 1.4 亿新加坡元，对大学经常开支的拨款为 20.1 亿新加坡元，理工学院和教育学院的拨款情况如表 3 - 19 所示。

表 3 - 19　　　　　　　新加坡政府主要年份对教育的财政支持

财年	发展费用支出（百新加坡元）			经常开支（百新加坡元）			合计
	理工学院	教育学院	大学	理工学院	教育学院	大学	
2000/01	169183	11318	329625	524055	83753	898505	2016439
2001/02	129383	11286	331992	592733	87000	1114554	2266948
2002/03	308888	7699	384117	578551	94791	973779	2347825
2003/04	146433	200	302293	714264	80766	1034804	2278760
2004/05	183424	2890	453944	594446	73256	1029869	2337829
2005/06	262858	—	247374	622933	84722	1058239	2276126
2006/07	152823	—	137496	728741	100147	1719156	2838363
2007/08	116371	—	153564	816913	102243	1491382	2680473
2008/09	42076	958	118307	946113	110378	1808987	3026819
2009/10	68106	9872	140175	947245	118437	2005571	3289406
2009/10	62297	9417	163371	944810	112474	2014807	3307176
2010/11	76363	1736	204055	1136937	129201	2299898	3848190

资料来源：*Ministry of Education Singapore*：*Education Statistics Digest 2010*（http：//www. moe. gov. sg/education/education-statistics-digest/）。

　　第二，从新加坡高等教育的考试制度、校企合作和专业设置可以看出"实用主义"是新加坡高等教育的一大特点，即"教育必须配合经济发展"的教育方针。

　　新加坡按学校类别举行分类考试，不同类型的高校以不同的通用教育证书等级考试成绩为基础，将学生根据不同能力和特长分流，提供适合的课程，充分体现了因材施教的特征。在专业设置上，进行课程改革增加社会、工作发展所需要的课程和学科专业，如表 3 - 20 所示，从 2011 年新加坡大学课程设置来看，其专业结构、学科比例是与经济发展密切相连的。这是由于新加坡政府强调高等教育要为国家经济建设和社会发展服务，其专业要根据国家发展的需要调整结构。

重视科技创新、应用在社会经济建设中发挥作用，注重加强高校与企业界的合作。充分考虑了新加坡国土面积小、人力资源不多的特点，高等教育相关科研计划围绕以上特点，集中在经过论证被确认为具有长期经济效益和发展战略意义的生物信息技术和特殊化工等领域。

表 3 - 20　　　　　　　　新加坡大学学科、专业设置

学科	专业
会计学	会计
建筑学	建筑、项目与设施管理、房地产
商业管理学	行政管理、商业管理、商业研究
牙医学	牙科
工程学	航天工程、生物工程、化学与分子生物工程、化学工程、土木工程、计算机工程、电气与电子工程、电气工程、工程规划、环境工程、环境科学与工程、工业与系统工程、材料工程、材料科学与工程、机械工程
艺术与应用艺术	艺术、设计与传媒、工业设计、音乐
健康科学	生物医学科学、护理、药学
人类学与社会科学	艺术、文科教育、中文、经济、英语、人类学与社会学、心理学、社会学
信息技术	计算机工程学士、计算机科学学士、商业与计算、信息系统管理
法学	法学硕士、法律
社会科学	传媒学
医学	医学
自然、物理及数学科学	教育学士、生物科学、化学及生物化学、数学与经济学、数学科学、物理和数学科学、物理与应用物理、纯理论科学
公共服务	海事研究

资料来源：*Ministry of Education Singapore*：*Education Statistics Digest 2010*（http://www.moe.gov.sg/education/education-statistics-digest）。

第三，新加坡通过实施大学自治改革来提高高等教育质量。将新加坡国立大学和南洋理工大学成为非营利性质的有担保的企业型有限公司，大学不再属于政府。从 2005 年开始，将大学管理权下放，对学校重大发展战略与决策大学理事会和管理层承担更大的责任，通过教育部与大学签署系列协议，以制度确保政府拨款的合理使用，确保大学的发展符合国家的总体目标，确保资金综合分配于行政、科研和发展项目。高校自治改革使大学企业化，企业经营思维的注入增强了大学在经费使用上的责任心，同时高校要承担筹措教育经费的部分责任；另外，自主权为高校提供了更多的办学自由，有利于高校发挥自身优势，有利于高校办学特色化。

第四，新加坡是双语文化国家，语言基础和社会经济发展基础决定了新加坡国际化程度高，新加坡已在以下几方面获得了效益：引进国外的高水平教材，开设了一些新兴学科的前沿课程；在考试标准和教学大纲的制定上，得到了外国高级专家的指导与帮助；通过出国进修，提高了一些教师的业务水平；了解了发达国家在高等工程技术教育上发展的新趋势，有助于本国高等工程技术教育质量的改善；有助于从国外吸收优秀教师。

近年来，新加坡在发展高等教育中所遇到的主要问题之一是高等学校教师的短缺。造成这个问题的主要原因是私人工厂或企业工程技术人员的工资比高等学校教师的工资高许多，因而，高等学校毕业生和留学回国的学生中愿意在高校任教的为数不多，高校教师的来源不足；现有高校教师中也有不少人离开学校而流入工厂企业。教师短缺现象在工程院校尤其严重，致使这类学校的兼职教师人数大量增加，从而造成了教学质量的下降现象。新加坡政府不惜重金聘请国内外优秀教师，以新加坡国立大学为例，有专设的帅资招聘单位，单位工作内容是吸引、考察、聘请高水平的人员，负责师资的培养和训练；扩大教育学院的招生规模，对在岗教师进行培训和继续教育。新加坡政府规定，师生比应为 1∶10（牙科和医科教师与学生的比例应为 1∶4）。目前许多院校的师生比例已基本接近这个标准。

四　泰国高等教育

19 世纪之前的泰国半大众化的教育主要由佛教徒、寺院向极少数男性公民提供。拉玛五世朱拉隆功大帝在 1868 年即位后将西方模式的高等教育主动引入泰国。从 19 世纪 60 年代至今的短短 150 多年间，借助丰富的国际资源，泰国国际化程度进展迅速，高等教育有了长足的发展和质的变化，在东盟国家中已极具竞争力。

泰国的高等教育分为专科教育、本科教育、硕士学位教育和博士学位教育。泰国各类高等教育机构都由教育部下属的高等教育委员会管理和监督。根据泰国高等教育委员会 2010 年 12 月的统计，泰国共有 169 所高等院校。其分为三大类：公立大学（79 所），私立院校（71 所，私立大学34 所，私立学院 37 所）和社区学院（19 所），其中公立大学又细分为三小类：非开放式大学（65 所）、开放式大学（2 所）、自主大学（12 所，包括两所佛教大学）[①]。玛希隆大学 2010 年亚洲综合大学排名第 28 位，其综合水平类似于南京大学。朱拉隆功大学排名第 44 位，类似于中国香港教会大学。法政大学 2010 年亚洲综合大学排名第 91 位，其综合水平类似于北京师范大学，甲色沙农业大学排名第 126 位，类似于南开大学。清迈大学 2010 年亚洲综合大学排名第 79 位，其综合水平类似于西安交通大学，孔敬大学排名第 122 位，类似于中山大学，宋卡亲王大学排名第 101位，类似于山东大学。

（一）泰国高等教育特色

泰国高等教育毛入学率 2009 年达到 45%，高等教育已经成功实现大众化并逐渐步入普及阶段，虽然如此，泰国仍然在高等教育中存在精英教育。概括来说，泰国高等教育体现出以下特点，公立大学为主体，开放大学唱大众化主角，私立大学迅速发展。

公立大学是国家高等教育主体。私立大学与公立大学招生总量差不多，但从研究生课程开设看，公立大学有 1205 个专业，而私立大学只有74 个专业，公立大学获得了大部分的科研基金。政府有计划地将公立高等院校作为国家队和学术中坚。如代表泰国人文、农业、医学和艺术科研教学水平国家队的大学分别是法政大学、农业大学、玛希隆大学、艺术大学；还表现在人才培养方面，泰国高等教育的基础学科保证社会可持续发展，应用学科满足市场需求。文、理、工、法、农、医、经、教等方面的高级人才关乎社会整体长远利益，由公立大学培养；私立和开放大学培养

---

① 泰国高等教育委员会网站（http://www.inter.mua.go.th/main2/index.php）。

社会企事业需求的实用性、职业性中级技术人才。呈现政府宏观控制和市场调节相结合的人才培养战略格局。

高等教育大众化需求由开放大学满足。从泰国高等教育毛入学率来看，1960 年为 3.3%，1975 年为 5.5%，而 1980 年猛增到 15.8%。高等教育毛入学率突进的主要原因在于 1971 年和 1979 年建立的两所开放大学。开放大学使泰国高等教育跃进式地进入高等教育大众化阶段。

私立大学发展迅速。泰国政府对私立大学的态度经历了从"明确禁止私人力量创办高等教育"到"对私立高等教育采取积极支持"的转变。对私立高等教育有政策倾斜，私立大学办学自由度高。

自治大学是趋势。自 2003 年起，推行高等教育私营化。高等教育自治化一方面对公立大学造成巨大的挑战；但另一方面，高校自治能够形成良好的竞争机制，有益于泰国高等教育的发展。

（二）泰国高等教育国际交流合作情况

泰国 1995 年加入 WTO，1997 年的金融风暴促进了其高等教育的改革。泰国积极与各种国际机构和外国高校合作，谋求国际化发展之路。泰国相关部门制定和出台了一系列高等教育国际化的方针和准则，试图提高泰国在国际社会和周边地区的影响，实现把泰国建成东南亚地区教育中心的长远目标。如 2005 年底高等教育委员会国际合作战略处发布的《泰国高等院校国际教育指导准则》。该准则是专门为加快高等院校的国际化进程，规范高等院校的国际化活动而制定和发布的。泰国"全国高等教育第九个发展计划"（2002—2006 年）提出高等教育发展的主要目标之一是改革调整高等教育，以适应国际趋势的变化，并成为周边地区的教育中心；高等教育委员会制定的高等教育长期发展规划（2000—2014 年）强调的重点之一是推进高等教育的国际化进程。

泰国高等教育国际化有几个特点：第一，国际化程度高。泰国政府积极开展与许多国家和地区组织间的合作，泰国政府一直与联合国教科文组织（UNESCO）、教育成果评估国际协会（ASCOE）、泰国东南亚国家联盟（ASEAN）、亚太经济合作组织（APEC）、东南亚教育部长组织（SEAMEO）、教育委员会（ASCOE）以及东盟大学网络（AUN）等国际和地区组织和协会在教育、科学和文化等领域相互交流。第二，国际交流频繁，积极组织国际或地区教育会议，政府为学生和官员提供多种奖学金鼓励他们"走出去"学习。第三，与市场接轨紧密，泰国留学学费低廉，且免经济担保，一些无法负担欧美留学费用的国际学生以泰国高校为跳板，通过双联课程实现到欧美名校就读①。

表 3 – 21　　　　近年来就读于泰国高等教育机构的外国留学生人数

年份	2003	2004	2005	2006	2007	2008
外国学生数	4170	4334	5601	8534	11201	16361
外国女生数	1603	1804	2303	3841	4981	7676

资料来源：Thai Office of the Higher Education Commission，25，September，2009。

经过中泰双方不断的努力，近年来中泰两国在高等教育国际交流与合作方面成绩显著。根据泰国教育部发布的统计数字，泰国有 96 所高校提供国际教育项目，外国留学生达 16000 多人，其中中国留学生占45%②。据中国国家教育部统计数据显示，2011 年来华的泰国留学生人数达到 14145 人，占世界来华留学生总人数的 7.5%③。主要有以下项目：

1. 近年来，两国相继签署《中泰文化合作谅解备忘录》（1996 年）、《中泰文化合作协定》（2001 年）、《中华人民共和国教育部与泰王国教育部关于相互承认高等教育学历和学位的协定》（2007 年）、《中华人民共和国教育部与泰王国教育部教育合作协议》（2009 年）等，中泰文化教育交流稳步发展。

2. 2000 年，泰王国皇后诗丽吉及诗琳通公主代表泰皇访问中国。随后，诗琳通公主到北京大学学习汉语、研究中国书画诗词；泰皇向中国云南大学、云南广播电视大学、云南民族学院、云南师范大学等五所大学赠送了卫星收视设备，从而推动两国文化教育交流与合作迅速发展。

3. 泰国清迈大学、诗琳通公主学校、萱苏南塔皇家大学、苏拉塔尼皇家大学等 15 所高校先后与云南师范大学签订了合作协议。泰国国家发

---

① 董红：《全球化背景下的泰国高等教育改革特点初探》，《成都大学学报》2009 年第1 期。

② 崔丽萍、谢能重：《泰国高等教育国际化的内容及特点初探》，《广西教育》2010 年第2 期。

③ 《教育部 2011 年全国来华留学生数据统计》（http：//www.edu.cn/dong_ tai_ 421/20120228/t20120228_ 745546. shtml，2012 – 2）。

展管理学院、泰国艺术大学分别与云南大学签署两校合作备忘录及校际合作交流协议，泰国宋卡王子大学先后与云南大学合作开展"2＋2"联合培养泰国学生学习汉语项目，与曲靖师范学院签署合作备忘录。泰国兰实大学和正大管理学院分别与云南艺术学院签署合作备忘录等。

4. 2006 年 4 月在成都举行的"2006 泰国高等教育展"期间，包括泰国排名第一的朱拉隆功大学、有 106 年历史的国立玛希敦大学、西那瓦大学等 15 家泰国高等教育学府专门为中国学生推出了近百项奖学金，鼓励和支持中国留学生到泰国学习。

5. 2010 年 9 月，泰国教育部高等教育委员会制定的《2010—2015 高等院校汉语教学发展战略规划》中要求：泰国高校每年学习汉语的学生人数上升 20％，专职汉语教师人数每年增加 15％，同时重视汉语教材和汉语网络教学系统的开发等。据泰国教育部统计，截至 2011 年 3 月，有近 70 万泰国人学习汉语，参加汉语水平测试的人数超过 26 万人次；中国在泰国教育部基础教育委员学校、民教委员会学校、高校及孔子学院任教的志愿者教师已达到 1202 名，由国家汉办下属的孔子学院总部选派至泰国高等院校的公派教师有 50 余名。[①]

6. 2010 年 12 月，泰国教育部在曼谷举办主题为"高等教育使泰国明天更美好"的学术展。中国国家汉办驻泰国代表处携同朱拉隆功大学孔子学院亮相此次展会，向泰国民众展示中泰高等教育领域汉语教学合作的丰硕成果，增进双方高等教育的沟通与合作。

7. 2011 年 3 月，在泰国首都曼谷举行了《体验汉语中小学系列教材（泰国版）（第 2 版）出版合同》签约仪式，该教材高等教育出版社根据泰国教育部汉语教学大纲，遵循本土化原则和"体验式"教学设计理念编写，成为中国首套进入外国国民教育体系的汉语教材。泰国教育部基础教育委员会副秘书长乌萨妮表示，这套教材（第 1 版）自 2003 年在泰国中小学使用以来，受到广泛欢迎和好评。目前，泰国有 600 多所学校约 50 万名中小学生在使用这套教材。

8. 截至 2012 年 3 月，国家汉办已在泰国成立 12 所孔子学院、11 家

---

① 国家汉办新闻中心（http：//www. hanban. edu. cn/article/2011 - 06/07/content＿ 268316. htm，2011 - 6 - 7）。

孔子课堂。[①] 泰国孔子学院（课堂）成立 5 年来，各孔子学院（课堂）因地制宜进行创新，形成了特色化、多样化的办学模式，成为促进中泰人民相互了解的重要途径。

（三）泰国高等教育发展存在的问题

高等教育国际竞争力整体不强。在世界大学排名榜与亚洲大学排名榜中，泰国大学排名靠前的不多，如表 3－16 所示，2010 年的亚洲 200 名大学排行榜中，泰国仅有 7 所大学名列其中，而且排名基本上没有靠前的，玛希隆大学第 28 名，朱拉隆功大学排 44 名，清迈大学排 79 名，法政大学排 91 名，宋卡亲王大学排 101 名，孔敬大学排 122 名，泰国农业大学—卡色萨大学排 126 名。有简单照搬外国高等教育发展模式的倾向。泰国几所传统大学基本上是仿照外国模式办起来的，如朱拉隆功大学是英国模式，法政大学是法国模式，农业大学和医科大学也是效仿国外模式。

高等教育地区分布失衡。泰国 165 个高等教育机构中，曼谷 48 个，中部 31 个，北部 24 个，东北部 32 个，南部 22 个，东北 8 个，曼谷的高等教育的垄断地位被打破，但实力雄厚且具有影响力的著名高校还是集中在曼谷和以曼谷为中心的大城市。

高等教育学科分布失衡。长期以来，泰国的法律、经济、管理等人文学科比较发达，工商管理、市场营销、国际商务管理、会计、旅游与泰语等专业的教学水平比较高。其质量与标准获得了国际认证，师资水平很高，具有较高的声誉。相反，基础学科与工程学科发展落后。近年来，泰国高等教育认识到这一问题，开始注重发展自然学科与基础研究。但由于许多私立大学和开放大学急于扩大规模却经费短缺，大都首先发展"短平快"学科，如适应市场需要的经济管理类学科专业。

五　老挝高等教育

老挝是亚洲的内陆小国，全国 85% 以上的人信仰佛教。老挝高等教育因为战乱等各方面社会原因起步较迟，1958 年在万象创办的皇家法律和管理学院可以视为老挝高等教育的开端。

老挝高等教育层次已经涵盖研究生、本科生、专科生：到 2008—

---

① 人民网：泰国孔子学院（课堂）贯彻第六届孔子学院大会精神研讨会在曼谷召开（http://world.people.com.cn/GB/17311006.html，2012－3－6）。

2009 学年总在校生人数 10 万余人，其中研究生数 387 人、本科生人数达到 53780 人、专科生达到 46022 人（如表 3 - 22 所示）。老挝 1995 年私立教育法颁布后，私立高等教育发展迅速，2008 年私立高校本专科在校生人数 34466 人，占高校总在校生人数的 34%。[1]

表 3 - 22　　　　　　2008—2009 学年老挝高等院校在校生数

类别	研究生	本科生		专科生		合计
		18 所公立	32 所私立	21 所公立	79 所私立	
学生数	387	42298	11482	23038	22984	100189

资料来源：老挝 2008—2009 年教育发展计划，老挝人民民主共和国教育部。

老挝高等教育国际交流合作情况

老挝政府高度重视高等教育的双边和多边合作，老挝高校已经与 13 个国家的 42 所高校建立了联系，开展了留学生交流和对外学术交流，派出留学生进行语言学习，攻读相关专业。与联合国教科文组织、东盟各国加强合作，推进学位、文凭互认等。

在中国—老挝教育合作项目上，主要有以下项目达成合作：

1. 教育部部长周济 2005 年 10 月 16 日在参加"2005 亚洲教育北京论坛"中，与老挝教育部长波显坎·冯达拉签署了《中华人民共和国教育部和老挝人民民主共和国教育部教育合作协议》，涉及两国互派留学生、进行汉语教学合作等内容。[2]

2. 2005 年 6 月 25 日，中华人民共和国云南省思茅市政府与老挝人民民主共和国丰沙里省政府双方代表团在丰沙里省签订了高层会谈《备忘录》，2005 年 12 月 14 日，中华人民共和国思茅市教育局与老挝人民民主共和国丰沙里省教育厅签订了《教育合作协议》。由思茅师范高等专科学校与丰沙里省教育厅签订了《关于接纳老挝学生到思茅师范高等专科学校培训学习的协议》。该协议明确了接纳学生的条件、培训时间、培训内

---

① （Japan）Kokuritsu Kyōiku Kenkyūjo, *Mutual Recognition of Qualifications*：*Practices*, *Challenges and Prospects in University Mobility*, National Institute for Educational Policy Research, 2010.

② 《周济会见六国教育部长并同老挝签署教育合作协议》，《中国教育报》2005 年 10 月 16 日第 1 版。

容、要求以及双方的责任等。这标志着云南省思茅市与丰沙里省的教育合作已正式启动。①

3. 昆明理工大学为老挝建立硕士、博士培养教育体系②。截至 2011年底，仅管理与经济学院就与老挝国立大学合作培养了硕士研究生 109人，博士研究生 30 人。

4. 老挝国立大学与大理学院签订了《谅解备忘录》，加强老挝和中国在教育上的合作关系。迄今为止，共有 87 名中国留学生在老挝学习，159名老挝留学生到中国来学习③。

5. 老挝北部经济发展规划编制及实施技术人员培训项目，2008 年 8月起至 2011 年底，昆明理工大学管理与经济学院累计为老方培训 80 人④。

6. 中国高校将首次走出国门办学。苏州大学将在老挝建老挝苏州大学，招生规模在 5000 人左右，预计从 2012 年开始招生。这将是国内首家大学在境外创办的高校。据苏州大学老挝代表处资料介绍，老挝苏州大学规划占地面积 300 亩，总投资 2500 万美元，办学资金主要由苏大筹措，学校已与苏州一家企业达成协议共建老挝苏州大学。师资由苏州大学派出，并逐步实现老挝本土化。开办后，将在老挝苏州大学设立汉语言文学、经济贸易、工程等 12 个专业，总招生规模控制在 5000 人以内。

第四节 云南与东盟高等教育合作交流现状

云南作为我国参加大湄公河次区域经济合作的"前沿"，是中国面向东盟国家的重要门户，是我国面向西南开放的重要"桥头堡"。在促进区域协调发展、深化沿边开放合作、维护国家安全和西南边疆稳定中均居于重要战略地位，云南省审时度势提出了"提高云南省对外开放水平，推进高等院校实施'走出去'的战略，进一步促进云南省高等教育对外开

---

① 《思茅市政府与老挝丰沙里省教育合作项目正式启动》，《云南省普洱市商务网站》（ht-tp：//www. dh. gov. cn/bofcom/441363767188520960/20060801/57613. html）。

② 《云南与东盟十大新闻》，《云南日报》2006 年 1 月 2 日在"中国·云南—东盟"专版。

③ 《老挝—中国大学加强教育合作》，南博网（http：//info. caexpo. com/zixun/jingjqj/2008 - 08 - 01/50548. html）。

④ 《云南为老挝培训经济发展规划技术人员》，南博网（http：//info. caexpo. com/zixun/jingjqj/2008 - 12 - 10/55319. html）。

放，提高了云南省高等教育对外合作与交流水平"。① 为了适应国家"桥头堡"战略以及满足云南"两强一堡"战略对各种类型人才的需求，近年来，云南通过高等教育的国际交流与合作，不断对国际化人才培养的模式和结构进行调整、优化，高校国际化的发展进程明显加快。

一　合作机制建立与建设

国家西部大开发、"中国—东盟自由贸易区"建立以及参与"大湄公河次区域经济合作"使具备区位优势的云南省迎来了绝佳的历史发展机遇。国家在政策、机制方面给予了大力的支持，云南省也积极努力创造条件，在国际合作机制的建立与建设方面不断完善，提供保障。

（一）合作交流保障机制

2001 年 11 月初，中、老、缅、泰、柬、越六国领导人在东盟 10 国领导人金边会议上批准了总额 10 亿美元的湄公河开发计划，其中包括从云南省经由老挝到达曼谷的"南北经济走廊"、"人才培养"和"旅游开发"计划。2002 年 11 月 3 日在柬埔寨金边举行的大湄公河次区域经济合作首次领导人会议上批准了《次区域发展未来十年战略框架》，有关国家签署了《大湄公河次区域便利运输协定》谅解备忘录、《大湄公河次区域便利运输协定》中方加入书和《大湄公河次区域政府间电力贸易协定》。2005 年 7 月 4—5 日在昆明举行的大湄公河次区域经济合作第二次领导人会议上，六国领导人签署了信息高速公路建设、便利客货运输等多项合作文件，批准了贸易投资便利化行动框架和生物多样性保护走廊建设等多项合作倡议。2008 年 3 月 30—31 日，在老挝万象举行的大湄公河次区域经济合作第三次领导人会议的六国领导人签署了《领导人宣言》，签署《经济走廊可持续与均衡发展谅解备忘录》等一系列合作文件。次区域经济合作的框架协定，为区域经济互动和交通、通信等提供了便利，为区域教育文化往来进一步奠定基础。在国家实施西部大开发和全方位对外开放过程中，云南及时提出了"建设绿色经济强省、民族文化大省、中国连接东南亚、南亚的国际大通道"的三大战略。

2011 年 5 月 6 日，国务院下发了《关于支持云南省加快建设面向西

---

① 《中共云南省委、云南省人民政府关于加快推进高等院校实施"走出去"战略，提高高等教育国际化水平的若干意见》，《云南政报》2006 年 7 月 8 日。

南开放重要桥头堡的意见》（国发〔2011〕11 号，以下简称"国家'桥头堡'战略"），为云南省高等教育提供了强大的发展机遇。国家"桥头堡"战略对加快"中国建成面向西南开放重要桥头堡"提出了总体要求①。国家"桥头堡"战略为云南省高等教育的发展和实施提出了相关要求，指明了方向、明确了任务，有效推动了云南省与东盟高等教育的合作交流与发展。

2012 年的《云南省政府工作报告》中指出："未来五年，云南省要突出开放合作，建设沿边开放新高地"，"把我省建设成为承接产业转移基地和实施'走出去'战略先行区，努力把中国—南亚博览会打造成为对外开放的新平台"②。

（二）建立国际合作交流驻外机构

2012 年 3 月 25 日—4 月 7 日云南省教育厅组织省内 14 所高校随省政府代表团访问 GMS 五国并成功举办多场云南教育推介会。代表团出访期间，云南省教育厅在缅甸曼德勒、越南胡志明、越南河内以中国云南教育国际交流协会的名义建立了云南教育国际合作与交流驻外国工作处，该机构的成立将进一步推动云南与东盟国家的国际生源交流，促进云南与东盟国家留学市场的发展，并对云南省与东盟教育国际化起到规范化的作用。

（三）签订高等院校国际合作协议

2007 年 7 月 1 日开始生效的《中国—东盟全面经济合作框架协议服务贸易协议》中规定，东盟 10 国就教育行业向我国作出市场开放承诺，这一协议所规定的内容是中国与东盟国家在教育行业开放合作、深化交流的基础，云南与东盟各国的高等教育合作交流机制将在这一基础上得以建立和完善。

云南省各高校积极创造条件与东盟国家高等教育学校加强沟通与交流，先后与泰国、越南、新加坡等东南亚国家高校签署合作协议。云南师范大学面向东南亚开展了跨国双向人才培养模式的探索，先后与越南河内体育师范大学签署了《体育人才培养合作备案录》，与越南河内国家大学所属人文社科大学、越南同奈美术职业技术高等专科学校、越南国家大学

---

① 国务院：《关于支持云南省加快建设面向西南开放重要桥头堡的意见》，国发〔2011〕11 号，2011 年。

② 李纪恒：《2012 年（云南省）政府工作报告》。

河内外国语大学、泰国清迈大学、泰国诗琳通公主学校、泰国萱苏南塔皇家大学、泰国苏拉塔尼皇家大学等 15 所高校签订了合作协议。

云南大学与泰国国家发展管理学院签署两校合作备忘录，与泰国艺术大学于 2010 年签署了校际合作交流协议，与泰国宋卡王子大学开展"2 + 2"联合培养泰国学生学习汉语项目，与菲律宾安吉尔斯大学、菲律宾大学碧瑶分校和新加坡思马特管理学院签署了合作协议，并加入了由东盟 10 国与中日韩三国共 31 所高校组成的"东盟与中日韩大学联盟"。

曲靖师范学院先后与老挝国立大学、泰国宋卡王子大学签署了新的交流合作框架协议和备忘录。云南艺术学院与泰国兰实大学和正大管理学院签署合作备忘录，昆明理工大学与老挝国立大学就"中老合作国际金融管理研究生班"签约合作项目等。通过合作协议的签署以及合作项目的开展，不断建立和完善云南与东盟国家高等教育合作的机制，有效促进双方的深层次合作与交流。

（四）建设国际人才培养基地

为进一步拓宽云南省国际化人才培养的覆盖面，云南省加大力度支持高校申报建设专业人才培养基地。

2011 年 6 月 5 日，国务院侨办与云南省政府共建的"云南华文学院"在云南师范大学正式落成，并同时被确定为"国务院侨办华文教育基地"之一，是由云南省侨务办公室和云南师范大学共同管理的一所国际化、开放式、有特色的新型学院。作为国家级的面向东南亚创新人才培养模式试验区，云南华文学院将为海外华侨华人提供优质高等教育和教师培训以及为中国—东盟自由贸易区培养高级人才。学院采用"2 + 1 + 1/2 + N + N"的人才培养模式为云南"桥头堡"战略培养高水平急需人才。2011 年，云南华文学院留学生总人数达到 1586 人（本科生及研究生）。

除云南华文学院之外，还有云南民族大学设立的"中国—东盟语言文化人才培养基地"、云南大学成立的"中国—东盟自由贸易区研究中心"、云南师范大学设立的"澜沧江—湄公河次区域人才资源开发中心"以及外交部、教育部审批挂牌的云南农业大学"中国—东盟农业职业教育培训基地"等一批国际人才培养基地。

（五）成立教师教育联盟

2013 年 2 月 28 日，由云南省 14 所高校参加的云南省高等学校教师教育联盟在昆明成立，该联盟将以构建协同共生、互利共赢的区域性教师教育发展机制，推动优质教育资源在联盟内部的交流互动和合理配置为目标，通过整合、优化、共享教师教育资源，促进区域教师教育的快速发展，形成提升云南教育水平，推动云南社会经济发展的奠基工程。云南省内 14 所高校将通过合作开展教师教育学科建设、科学研究、队伍建设、课程开发、技能培养等工作，推进优质教师教育资源共建共享，为云南省教师教育改革与创新提供咨询和服务。云南省教师教育联盟的成立，将改变以往高校间的合作发展状况，高等教育资源将得到有效整合、合理配置，区域教师教育结构的改善将进一步提升区域内各高校的综合办学实力，有助于形成合力、树立品牌以扩大云南省高校的国际影响力，促进云南与东盟国家高等教育的合作与交流。

二　国际教育进展情况

（一）留学生教育

近年来，随着云南与东盟国家高等教育领域合作的不断加强，云南与东盟的留学生输出输入数量增长迅速。据 2012 年中国—东盟博览会秘书处的统计数据显示，东盟国家来华学生已超过 3 万人，中国在东盟国家的各类留学人员 6 万多人。作为云南与东盟国家高等教育交流合作的主要形式之一，留学生教育是云南与东盟高等教育合作的重要组成部分。云南省高校积极投入，通过合理的办学模式、学科建设以及完备的人才培养方案吸引东盟留学生来云南学习，扩大东盟国家高等教育生源来华留学的规模。

以云南师范大学为例，作为云南省招收留学生人数最多的高校，学校留学生人数从 1999 年的 85 人扩大到 2011 年的 1642 人，增长近 20 倍，其中东南亚国家留学生占 66%。留学生的层次结构也不断提高，形成了从非学历教育、本科学历教育到研究生学历教育的格局。办学形式不断丰富，囊括了全日制教育、函授教育和短期培训。受国务院侨办和云南省侨办委托，2009 年，云南华文学院（原云南师范大学华文学院）先后在泰国和缅甸建立了 5 个办学点，招收 183 名汉语言文学专业本科、专科函授学生（其中泰国本科 63 人、缅甸专科 120 人）。

云南大学于 2001 年被国家对外汉语教学领导小组办公室确定为全国 10 所支持周边国家汉语教学的重点院校之一。之后开始承担海外（主要是东南亚国家）汉语教师培训以及面向东南亚国家的适用汉语教材编写等工作。2009 年，国家汉办批准通过云南大学孔子学院奖学金留学生接受资格。云南大学开始接收孔子学院奖学金四周研修生、一学期研修生、一学年研修生、汉语国际教育专业硕士、高等教育学、专门史、汉语言文字学等专业硕士研究生以及中国近现代史、专门史、文艺学等专业博士研究生。

但从增长速度上来看，东盟多个国家到中国的留学生人数增幅要远大于中国到东盟国家留学的人数。来华求学的东盟留学生主要以泰国、越南、缅甸等少数几个东南亚国家的生源为主，且以语言进修与短期留学为主，学历教育的学生数量偏少。在留学生学习的专业方面，主要以语言、经贸、工商管理等专业的专科、本科学历性教育为主，而更高层次水平的研究生、专业学位教育还比较少，同时，双方都比较紧缺的农林、工程机械等专业开设不多①。

（二）国际合作办学

通过与东盟国家高等教育院校的合作交流，将在更大程度上拓宽云南高等教育国际化发展的视野，扩大云南高等教育国际化办学的规模，促进具有更广地域覆盖面的国际院校高水平联合，在高等教育国际合作交流的过程中不断探索新的国际合作办学模式，建设一批具有国际化视野和一定水准的开放型大学。

1. 人才培养模式

近年来，云南省内高等院校建设发展高度重视国际交流与合作，积极探索国际合作办学模式和方法。结合云南省与东盟社会经济发展的特征，从双边经贸及其他领域的合作需求出发，鼓励各高校从专业优势出发"走出去"办学。

2003—2005 年，云南师范大学通过启动"面向东南亚国际化人才培养的教学内容和课程体系改革"、"面向东南亚国际化人才培养的教学方法和教辅资源改革"及"面向东南亚国际化人才培养模式改革"三轮教学改革，构建了系统的课程设计方案，提出了"二三四二"的国际化人才培养体系，制订了"3＋1"、"2＋2"和"2＋1"（国内教学年限＋国外教学年限）多元化人才培养方案，并在学校旅游与地理科学学院、经

---

① 陆利香：《"南—南"型高等教育合作的形式、绩效与方向——以中国—东盟高等教育合作为例》，《商业时代》2011 年第 25 期。

济学院和国际语言文化学院的国际经济与贸易、旅游管理与服务、对外汉语3个本科专业与1个汉语国际教育硕士专业进行改革试点。根据不同专业的类型、层次确定国内教学及国外学习年限，采取国内与国外学习相结合的方式，交叉教学，内外联合管理，摸索出了一套国际化人才培养机制。云南师范大学还与越南胡志明市体育师范大学就两校联合培养体育专业硕士研究生达成共识并签署了相关协议。

2. 搭建实践教学基地和联合项目平台

为拓宽国际合作办学思路，突出国际合作办学特色，创新国际合作办学模式，云南省各高校依托东南亚合作办学高校建立实践教学基地、搭建联合项目平台。

目前已在全省各高校建设国际人才培养基地11个。其中，云南师范大学在泰国、越南和缅甸三个国家先后建立了6个实践教学基地，并通过与东南亚国家高校联合开展新能源开发利用、国际汉语师资培训和国际汉语教师志愿者等项目，吸纳了相关专业学生近百名参与实践。大理学院在老挝、柬埔寨和泰国建立了4个教学实习实践基地；昆明理工大学在越南胡志明市技术师范大学和越南绥和工学院成立两个合办的汉语培训中心；保山学院先后对缅甸300余名华文学校年轻教师进行了学历教育和长短期培训，并选派优秀教师到泰国、老挝的华侨学校支教；红河学院与越南太原大学启动了经教育部批准的云南省第一个在境外办学项目——"国际经济与贸易"等4个本科教育项目；云南艺术学院与国外5所大学及艺术机构洽谈合作办学、联合培养等项目并签署了3项合作协议等[1]。全省高校普遍与周边国家和其他国家不同程度建立了长期交流与合作关系。一些高校积极举办不同领域的国际学术会议或论坛，促进学科建设，增强创新能力。

同时，云南省教育厅拓宽思路，积极搭建平台引进国际优质教育资源和民间资本与省内学校联合办学，创新培养模式。2012年，在云南省教育厅的支持下，楚雄东兴国际学校与济海集团合作，到老挝办学及培养国际学生。引入民间资本解决了学校办学资金短缺的问题，"走出去"办学的思路极大地方便和拓展了国际优秀教师之间的互派交流，学校教师结构及教师整体素质得以提高和改善。这一项目的成功运行为云南省与东盟国

---

① 伊继东：《云南省高等教育年度发展研究（2011）》，云南教育出版社2012年版。

家之间的教育合作提供了可供参考的模式，可作为实践范例带动地方学校的国际化进程。

三 汉语国际教育及推广

（一）汉语国际教育

云南省高度重视汉语国际教育及学科建设工作，在汉语国际教育方面形成了特色和品牌。

就中国学生培养来说，云南省内的云南师范大学、云南大学和云南财经大学等都开设了对外汉语本科专业，以培养汉语国际教育的专业人才，促进对外汉语教育、科研工作的交流与发展。云南师范大学于2003年开始招收对外汉语专业本科生，以人才培养和就业发展为目标，采取三年在国内学习、一年在泰国实习的"3+1"培养模式办学，选派学生到东南亚国家教授汉语，一定程度上满足了东南亚国家的汉语师资需求。目前云南师范大学已有五届对外汉语专业毕业生共计260名，毕业生总数的36%左右在海外担任汉语教师，为云南培养了大量本土化汉语师资储备人才。

就国际学生培养来说，2003年，云南师范大学设立专门招收留学生的汉语言文学本科专业。目前，该专业一共招收五届学生，学生人数从最初的12人发展到现在的375人，并且一直保持快速的增长势头。就读该专业的学生95%来自周边国家，70%左右的学生毕业后回本国教授汉语。为保证人才培养的质量，树立良好的对外汉语教学品牌，云南师范大学针对东南亚、南亚国家学生的学习生活特点，分类制定各项管理规定，建立了一整套较为完善的教学质量监控体系。2009年，云南师范大学"面向东南亚跨国创业人才培养模式创新实验区"获教育部、财政部"高等学校本科教学质量与教学改革工程"立项，"面向东南亚培养国际化人才的创新与实践"荣获国家级教学成果二等奖，这表明了云南在对外人才培养模式的创新上走到了全国的前列。在大学学报中全国首创了《云南师范大学学报·对外汉语教学与研究版》（单独刊号）。专业教师先后承担国家级、省级、厅级和校级研究课题30余项，出版著作十余部。2009年2月，云南师范大学受国家汉办和泰国教育部基础教育司委托与泰国汉语教师共同编写的泰国汉语教材《创智汉语》在泰国正式出版发行。

（二）设立孔子学院

云南省教育厅高度重视孔子学院的成立与建设发展，于 2011 年 7 月 2 日承办了孔子学院总部理事座谈会，并向国家汉办申请建立国家汉语国际推广多元文化体验基地项目。玉溪师范学院和玉溪市外事侨务办公室共同承办了 2011 海外华文教师培训班[①]。

2009 年云南师范大学、云南大学、云南师范大学第二附属中学和云南民族大学共接收孔子学院奖学金留学生 259 人。2010 年和 2011 年，云南大学、云南师范大学、云南民族大学和西南林业大学接收孔子学院奖学金留学生总计分别为 72 人和 78 人。孔子学院作为世界各国学习汉语、了解当代中国的重要窗口，对推动云南省与东盟的汉语国际教育起到了至关重要的作用。

（三）对外汉语教师和志愿者选拔培训

2009 年云南省云南大学、云南师范大学、云南中医学院、云南农业大学、昆明医学院等 22 所学校共派出汉语教师及志愿者 189 人，分别前往新加坡、泰国等国家。

2010 年 6 月，经云南省教育厅组织推荐、初选及培训并会同国家汉办考试选拔，云南省云南大学、云南师范大学、玉溪师范学院、红河学院等 7 所学校共派出赴泰国的汉语教师及志愿者 27 人。

2010 年 11 月，根据国家汉办调研 2011 年孔子学院（课堂）志愿者岗位需求并推荐人选的函件要求，26 名来自云南师范大学和云南民族大学的汉语教师志愿者赴泰国清迈大学孔子学院和斯里兰卡凯拉尼亚孔子学院任教。

2011 年 1 月，经云南省教育厅组织推荐、初选，云南省 7 所高校的 45 人经培训后被派往泰国任教。2011 年 4 月，根据国家汉办推荐 2011 年孔子学院（课堂）、国家公派汉语教师的函件要求，云南大学、云南师范大学等 7 所高等院校共推荐 14 人报国家汉办作为云南省 2011 年孔子学院（课堂）、国家公派汉语教师项目候选人。[②]

（四）境外本土汉语师资培训

培养高素质、高水平的国外本土汉语师资是推广汉语国际的重要组

---

① 伊继东：《云南省高等教育年度发展研究（2011）》，云南教育出版社 2012 年版。

② 数据来源：云南省教育厅对外合作与交流处"云南省 2009—2011 年汉语国际推广有关交流项目数据统计"，2011 年。

成部分和有效途径之一。近年来，东盟国家民众对汉语学习的需求不断扩大，极大地促成了我国与东盟高等教育的深层合作，招收东盟国家汉语硕士，开展汉语对外专业硕士学位教育。国家汉办自 2002 年开始委托云南师范大学承担东南亚相关国家汉语本土教师的培训任务，截至目前，开设近 30 期国外本土汉语教师培训班，涵盖泰国汉语教师培训班十余期，越南、缅甸、老挝、韩国汉语教师培训班、中小学校长国际交流研修班以及东南亚国家汉语教师培训班多期，累计培训境外汉语教师 1000 余名。

2008 年 9 月，国家汉办与泰国教育部协商启动了为期三年的"中泰合作培养泰国本土化汉语教师项目"，该项目旨在解决泰国汉语学习人数激增与泰国汉语师资短缺的矛盾问题。云南师范大学作为全国六所（北京师范大学、厦门大学、天津师范大学、华东师范大学、首都师范大学以及云南师范大学）承担培训任务的院校之一，顺利结束了三期泰国本土化汉语教师培训班的培养工作。除此之外，云南师范大学还在国侨办和省侨办的大力支持下于 2009 年顺利完成了三期缅甸、泰国海外华文教师函授专科、本科海外面授和国内面授工作，于 2011 年完成了缅甸华校校长班和华文教师培训班近 200 人的培训工作。

（五）汉语言水平测试及推广

在国际汉语教育推广的过程中，汉语水平考试（HSK）、商务汉语考试（BCT）以及每年举行的"汉语桥"比赛等汉语推广形式和项目起到了积极的助推作用，在推动、引导和规范世界汉语教学的同时，进一步扩大了我国汉语言文化的影响力，为汉语言文化的推广交流提供了桥梁。

2012 年 11 月 25 日，第五届"汉语桥"世界中学生中文比赛在云南师范大学圆满结束。本次比赛共有来自 45 个国家 61 个赛区 51 支代表队的 264 人参加。比赛的成功举办有助于扩大云南的影响力，同时对云南省的留学环境起到了极好的宣传作用。比赛期间，国家汉语国际推广师资培训基地（昆明）在云南师范大学挂牌成立。该基地的成立将进一步提升云南省在对外汉语国际教学方面的影响力和知名度，为云南与东盟国家之间的教育互动提供平台。

四　云南高校与东盟科技合作

近年来，云南省各大高校贯彻落实云南"桥头堡"建设的重要举措，结合自身优势有针对性地与东盟国家开展科技合作，主要项目有：昆明理工大学发挥真空冶金技术和有色金属材料优势，将真空设备与固体废弃物处理等部分核心技术及设备转让输出到越南。云南大学发挥计算机软件开发优势，与印度已通过 CMM 五级认证的 Xansa 公司合作研发软件。昆明理工大学作为大湄公河次区域"学术与研究联合体"的中国大学代表与亚行开展合作。西南林业大学与东盟基金会对草本植物和药用植物的合作研究有效开展。另外还有与东盟合作的云南大学的微生物制剂的开发与研究和云南农业大学对生物多样性与病虫害控制的研究等[①]。

云南省高校的科研覆盖面广，其优势学科覆盖了越南、老挝、泰国、缅甸、柬埔寨等云南主要科技合作国的绝大部分科技需求。未来，云南与东盟需要在经贸往来、文化交流、教育合作的基础上，进一步开展科技、科研合作，加强双方在各个领域的科技互动，以带动和促进其他领域的合作交流。

---

① 宋振华、赵光洲：《云南高校与东盟科技合作的重点领域选择》，《云南民族大学学报》（哲学社会科学版）2012 年第 1 期。

第 四 章
云南面向东盟高等教育国际化的
机遇与挑战

进入"十二五"以来，尤其在国务院确定将云南省建设成为"中国面向西南开放的重要桥头堡"战略和云南省提出的"文化强省"、"科技兴滇"等战略的推动下，云南省的高等教育国际化迎来了新的历史机遇，但与此同时，我们也必须看到，云南面向东盟高等教育国际化的进程尚面临诸多的挑战，需要我们科学认识，审慎应对。

第一节　云南面向东盟高等教育国际化的机遇

云南与东盟部分国家山水相连、经济相系、文化相依。随着云南—东盟区域性合作范围的不断扩展和合作水平的不断提升，2010 年 5 月，国家实施了"将云南省建设成为中国面向西南开放的重要桥头堡"的重要战略部署，基于这一现实，迫切需要有一批既熟悉云南事务又具有东南亚意识的国际化人才，担当云南面向东盟区域性交往的高素质人力支撑。在现行的高等教育国际意识和人才培养模式下，国内高等教育先进发达省区或缺乏面向东盟国家的地缘优势，或缺乏创新国际化人才模式的驱动力，使得现有人才培养质量与东南亚国际化人才需求还存在不小的差距，面向东南亚国际化人才的结构性短缺和质量不高的问题逐步显现。

一　贸易区的建立创造了物质基础

中国—东盟自由贸易区的顺利建设，促进了中国和东盟国家的经济交流，人员之间的往来更加便利和频繁。由于独特的区位优势，中国—东盟自由贸易区的健康发展，为云南的经济发展、社会和谐、教育国际化提供了前所未有的机遇。高等教育的国际化实质上是一种以积极主动主导的教育服务贸易国际化，中国—东盟自由贸易区的持续发展，为云南经济实现跨越式发展提供了良好的机遇。

（一）市场容量扩大

从市场供求的角度看，中国—东盟双边贸易市场具有"市场容量大"的典型特征。区域内人口总量达到 19 亿人，如此之大的人口基础为双边的经济交互和往来提供了消费主体。贸易总额在 2004 年达到 1000 亿美元，2007 年达到 2000 亿美元，2010 年接近 3000 亿美元，2012 年突破 4000 亿美元，预计 2013 年即可突破 5000 亿美元大关，提前 2 年实现双方第二个五年计划预订的目标，东盟 10 国 2010 年国内生产总值达到 1.65 万亿美元，中国内地 2010 年国内生产总值为 5.93 万亿美元，2011 年为 7.32 万亿美元，2012 年为 8.3 万亿美元，中国与东盟自由贸易区内的国内生产总值已经超过 10 万亿美元，并且这一地区是全球经济增长最快的地区，经济规模有望在未来 10 年内超越欧盟和美国，成为全球最大的经济体，这是全球不可能忽视的巨大的消费市场。此外，中国—东盟双边贸易市场还具有"内部差异明显"的特征。东南亚国家众多，区域内无论是在人均消费水平、生产水平还是在国民生产总值方面都有相当差异。然而，我们也必须看到，随着中国与东盟各国收入水平的提高，尤其是劳动密集型产业的不断发展，老挝、缅甸等周边国家经济的发展，社会购买力的增强，双边市场将会不断扩大，必将强劲拉动云南与东盟经贸合作。

从投资需求的角度审视，需求旺盛是中国—东盟双边市场最显著的特点。第二次世界大战以后，东盟各国获得了独立，但由于在殖民时期，宗主国把殖民地当成原材料提供地和工业产品销售地，致使东盟国家工业基础薄弱，基础设施落后，尤其是中南半岛诸国更为突出。在 1978 年以来的 30 多年间，中国经济保持 10% 增长速度，2012 年国内生产总值已达 8.3 万亿美元，积累了大量的外汇储备。这些积累需要寻找合适的投资渠道，结合东盟国家，尤其是中南半岛国家实现工业化、现代化的发展任务、摆脱欠发达状况的强烈愿望，中国—东盟之间的投资互补性非常高，截至 2012 年 6 月底，中国在东盟投资额已达 188 亿美元，仅 2009 年以后新增投资额就占中国对东盟累计投资总额的 70% 以上。

　　虽然中国已经成为世界第二大经济体，但区域发展的不平衡导致国内许多地区基础设施仍然需要加大投资力度，尤其是西南地区的云贵两省，由于地处高原，区域内沟壑纵横、路网稀疏、建设成本高昂，在国家大力推动中国—东盟一体化的战略背景下，云南省基础设施投资力度逐年加大，规划中的中国—东盟路网中国方面的节点主要为昆明。

　　巨大的消费需求，旺盛的经济增长，为云南—东盟的区域交互提供必要的条件支撑。随着东盟最后一个国家老挝于 2012 年 10 月 26 日正式成为世界贸易组织第 158 个成员，中国—东盟一体化市场正在迅速变为现实。

　　（二）投资环境改善

　　自由贸易区的建立，东盟各国与云南省都制定了许多开放的政策和措施，不断提升开放水平，积极推进市场化发展进程，为深化云南与东南亚各国政治、经济、文化的交互往来奠定基础。柬埔寨中央政府拟对《投资法》进行修改，使其更为透明，以进一步提高投资者信心。越南逐步简化了外国投资者入境投资的相关手续，进一步放宽了外商在越投资的方式、投资地域、投资领域和经营范围。泰国则大幅修改了其国内的相关法律，优化外国人入境投资环境。

　　老挝除工业部门外，还允许外国投资者在公共卫生、传统文化资源开发、环境保护等方面进行投资，鼓励开办合资与独资企业。菲律宾重新修订了外国人入境投资法，鼓励跨国公司在菲律宾设立地区总部，在经济投资的税收上给予更多优惠。印度尼西亚加大了证券投资市场和批发零售业等领域的开放程度，并将入境投资税收优惠政策扩大到更多的行业，允许外商在多数产业控股，可持银行 99% 股权。马来西亚在制造业、通信、批发零售业等领域扩大了外商的持股比例。

　　（三）合作领域扩大

　　从地理区位上看，东南亚特指"亚洲东南部的中南半岛和马来群岛"①，在地缘上"位于南亚古代文明核心区与东亚文化区的融汇地带，大陆边缘自然延伸入海，形成遏制印度洋、大西洋与亚洲大陆之间联系的

---

① 王秀红、李传永：《东盟的地理位置、环境及地缘力量构成》，《东南亚纵横》2003 年第 1 期。

地缘控制区"①；在民族构成上，东南亚国家人口复杂多样，有世界人种博览馆之称。区域内的印度尼西亚少数民族达 100 个之多，老挝少数民族达 68 个，缅甸、越南分别有民族 40 个、54 个②；在经济发展上，东南亚国家在第二次世界大战后迅速崛起，有亚洲"四小龙"的新加坡，有石油富国的文莱，有旅游业兴盛的泰国，有劳动力密集型产业飞速发展的越南；在文化上，东南亚国家总体上有过超过 30% 的华人，既有本土的传统文明，又有与中国同根同源的文化血脉；在政治上，东南亚在世界政治多极化的背景下，成立了东南亚国家联盟（Association of Southeast Asian Nations）③，现已成为政府间、区域性、一般性的国家组织，并先后与中国合作成立了"中国—东盟自由贸易区"、"大湄公河次区域合作机制"等多个集贸易往来、文化交互、教育服务等为一体的区域性组织。

（四）大湄公河次区域合作的稳步推进

云南地处中国西南部，是中国面向东南亚的重要门户和大湄公河次区域的重要组成部分，与东南亚国家长期存在政治、经济、文化上的多元交互，"坐拥 4061 公里的边境线，与越南、老挝、缅甸接壤，与东南亚、南亚多国邻近，所在南亚、东南亚区域内人口达 28 亿人，具有向西南开放的独特优势"④。自唐朝以来，随着海陆交通的发展，云南与东南亚、南亚各国的商业联系、外交往来日益密切，林邑（今属越南版图）在贞观、天宝年间先后两次遣使与唐通好，唐朝的典章制度、佛教随之传入越南；真腊（今柬埔寨）腊王子、副王、王后先后访问唐朝⑤。具体到云南区域，西双版纳境内的傣族与泰国的泰族同根同源，均信仰小乘佛教；云南的瑞丽、河口、磨憨 3 个国家一类口岸，均直接联系和辐射东南亚国家。进入 21 世纪后，随着世界政治多极化和全球经济一体化进程的加速，云南与东南亚国家的多元交互明显加深。在文教事业往来方面，截至 2012

①　王秀红、李传永：《东盟的地理位置、环境及地缘力量构成》，《东南亚纵横》2003 年第 1 期。

②　李文：《东南亚政治变革与社会转型》，中国社会科学出版社 2006 年版。

③　http：//www. aseansec. org.

④　竹子俊、李玉红：《面向南亚、东南亚——云南打造经济"桥头堡"》，《中国对外贸易》2012 年第 7 期。

⑤　《唐朝的国际关系——与东南亚、南亚的经济文化交流》（http：//blog. sina. com. cn/s/blog_ 632566690100fp3m. html，2012 - 4 - 5）。

年，云南累计招收东南亚国家各类来华留学生超过 5 万人；在经济贸易往来上，以 2012 年前 4 月为例，与东盟的贸易高居云南对外贸易首位，贸易额达到 18.8 亿美元，同比增长 51.1%[①]；在文化交流方面，昆明新知集团第 53 家连锁书城——金边华文书局于 2011 年在柬埔寨正式开业，极大地促进了云南与东南亚国家文化的交流互动[②]。

二 国家战略建立了良好的政策环境

西方发达国家通过各种积极方式促进本国本地区高等教育服务贸易的发展，大量吸引外国留学生流入，使高等教育国际化成为推动这些国家国民经济发展的重要战略。中国应如何发展高等教育服务贸易，提高我国在高等教育境外消费市场中的份额，推动我国高等教育国际化的发展，有关方面的许多研究正在不断深入、成果也逐渐丰富。地处祖国西南边陲的云南省，处在中国—东盟自由贸易区的优势区域内，在国际教育交流与发展留学教育，提高全省高等教育国际竞争力方面具有独特的优势。

（一）西部大开发带来的政策优势

20 世纪末，为缩小我国东西部发展在速度、质量、效益方面存在的差异，促进区域间、城乡间的协调发展，国务院制定、实施了西部大开发的若干优惠政策，西部大开发的范围包括 12 个省、自治区和直辖市。2004 年，国务院正式颁布《国务院进一步推进西部大开发的若干意见》，同时国务院还在《2004—2010 年西部地区教育事业发展规划》中指出："要把扩大高等教育开放，加强国际交流与合作作为一个积极因素，积极开展各种层次和类型的合作办学，扩大中外合作办学规模，利用国际优质教育资源，提升西部教育的国际竞争力[③]。"云南是中国面向东盟的主要省区，随着国家西部大开发战略的逐步深入，在中央和对口的省区支持下，全省的经济、社会、文化全面快速发展，高等教育国际化水平也不断提升。

《西部大开发新十年规划》规划对"十二五"时期西部大开发进行了

---

① 中国新闻网，2011 年 5 月 14 日。

② 杨璐：《"寒冬"里绽放神话　昆明新知书城开到柬埔寨》，《昆明日报》2011 年 11 月 21 日。

③ 国务院：《2004—2010 年西部地区教育事业发展规划》，2004 年 9 月 23 日。

全面部署，明确提出了重点任务及重大工程，其中提出："坚持优先发展教育，大力提高科技创新能力，完善人才开发机制，为西部大开发提供人才智力支撑。"云南高等教育将享受国家西部大开发新十年规划的优惠政策。

（二）CEPA 协定及其催生的泛珠三角经济圈带来的机遇

为推动香港和澳门的繁荣稳定，内地与香港特别行政区和澳门特别行政区分别签订了《关于建立更紧密经贸关系的安排》（简称"CEPA 协议"）。尽管协定并未直接涉及高等教育领域，但高等教育作为现代高级专门人才培养的社会轴心机构，无疑是社会各部门各类人才的重要输出地。作为祖国西南门户的云南，一方面可以大力吸收和借鉴港澳地区高等教育的成功经验；另一方面也可依托自身面向东南亚的地缘优势，加强办学的国际化内涵，提升云南高等教育的国际化水平。

（三）"桥头堡"建设带来的政策优势

中央实施的把云南建设成为中国面向西南开放的重要"桥头堡"是云南经济、社会发展的又一重要机遇。2011 年 5 月，国家正式出台《国务院关于支持云南省加快建设面向西南开放重要桥头堡的意见》，确立了云南 2015—2020 年的"基础设施建设"、"产业体系完善"、"开放型经济发展"、"对外交流合作"等方面的各项目标。为应对"桥头堡"战略的推进实施、文化教育，尤其是高等教育的国际化必须先行。而从云南高等教育的现实发展和自身的地理区位来看，云南高等教育的发展，核心就是面向东南亚的高等教育国际化的发展，培养具有国际意识和交流能力的高素质专门人才。"桥头堡"战略的实施，一方面极大地拓展了云南高等教育人才的接收地；另一方面也为云南高等教育的国际化发展提供了政策支持。

三 云南高等教育发展带来的机遇

根据国际、国内形势，中国高等教育的创新发展正面临着各种机遇：经济全球化提供了高等教育国际化的时代背景；社会信息化推进了高等教育现代化建设进程的新时空；国民文化需求的上升与人口结构的逐渐稳定提供了高等教育和谐发展的良好空间；高等教育的历史积累奠定了进一步深化高等教育改革的坚实基础。云南省高等教育同全国高等教育具有相同的发展机遇，同时作为与东南亚接壤的主要省份，云南高等教育又有一些

125

独特的机遇。

（一）高等教育国际化进程加速趋势

经过多年的努力，中国与东盟的教育交流合作已经取得长足进步，建立起了全面合作的伙伴关系，实现教育互补协作、资源共享，走出了一条具有东亚特色的教育交流发展道路。截至 2010 年，中国已经与新加坡等 8 个国家签署了教育交流协议，与马来西亚和泰国签订高等教育学历、学位互认协议，为双边教育交流合作提供政策、法律和机制上的支持保障。云南与东盟国家地理位置邻近、交通便利、留学成本低等优势，吸引了大量的东盟留学生来云南留学；云南到东盟国家留学深造的学生也在逐年增多，有力推动了云南高等教育国际化的进程。据统计，目前在东盟国家和地区学习的中国留学生有近 7 万人，其中主要分布在新加坡、泰国、马来西亚，而在中国的东盟留学生大约有 3 万人。而就云南这一区域来说，东南亚国家的来华留学生比例占到了云南来华留学生总数的 75% 以上[1]。

2010 年中国—东盟自由贸易区正式启动以后，云南省与东盟的高等教育与交流合作逐渐走向深入：一方面，引进东盟部分高等教育较为发达国家的优势学科、课程及优质师资等高等教育资源；另一方面，云南高校积极实施"走出去"策略，吸引更多的东盟留学生。这一切势必对传统的高校办学管理模式提出新的挑战，云南省高等教育管理将在中国—东盟自由贸易区高教领域合作发展的进程中深化变革，以适应并促进西南高等教育国际化的发展。

随着中国—东盟自由贸易区的建成，可以预计自贸区将产生大量的各类专门人才需求，比如经营管理人才、专业技术人才、金融和法律类人才等。自由贸易区的发展需要熟悉中国—东盟风土人情、会外语、懂经贸知识、能参与国际竞争的复合型人才。中国—东盟自由贸易区的建设为云南省高教人才培养模式的优化提供了良好的契机，未来高等教育将着重培养学生的自主学习能力、创造能力和实践能力。

云南与国内其他省区的东南亚国家来华留学生教育比较而言，在交通、住宿、餐饮等方面有着不可替代的优势：（1）国际通勤往返的成本低。由于特殊地理区位，无论是将东南亚国家的学生请进来培养，还是将

---

① 段从宇：《生态学视域下的云南来华留学生教育优化发展研究》，硕士学位论文，云南师范大学，2010 年，第 46 页。

国内的学生送出去培养，无论是选择陆路还是航空，交通费用都要较国内其他省区低得多；（2）教学成本低。根据云南省总体实际收入标准，云南各高校对留学生的学费收取不到内地平均水平的一半，由于云南资源丰富，物价水平相对偏低，所以留学生的学习成本也相对要低；（3）住宿便捷。云南几乎所有招收来华留学生的高校都建有留学生公寓，且大致收费都在1200元/年1学年左右，比内地及沿海城市相同级别的住宿费明显要低得多。

（二）云南高等教育资源逐渐充裕

改革开放以来，我国从均衡发展战略转变为非平衡发展战略，而云南省因经济落后，导致无力充分支持高等教育发展，落后的经济也不需要较多数量的专业人才。由于资源约束，缺乏提高教育质量和扩大高校规模的资金，专业设置不合理，学科陈旧，与社会需求脱节，造成大量的资源浪费。

西部大开发战略执行10多年来，西部地区经济快速发展，经济增长速度超过东部地区，教育投入也在逐年递增，高等教育办学条件也有了显著改善。

中国—东盟自贸区的启动有利于西南地区吸收更多的外资，经济发展将增加这些地区的教育投入，增加办学经费，使得高校具有更好的发展空间，培养符合云南本地区发展所需要的云南—东盟型人才，进而扩大云南高等教育的规模，缩小与高等教育发展较快的地区之间的差距。

在中国—东盟自由贸易区的建设中，在《服务贸易协议》和《投资协议》的框架下，中国与东盟在教育领域的开放为云南高等教育的发展奠定了良好的基础和保障。结合中国—东盟未来发展的需要，云南高校未来专业的设置可以更加具有针对性，以培养自贸区优秀专业人才为基本目标，科学合理地设置专业，安排相关课程，培养适应经济社会发展需求的各类专门人才。有效吸纳来自东盟各国的优秀的高教资源，引进新加坡、泰国等国优秀的办学模式和理念，吸引资金，大力推进高教国际化，拓宽高等教育发展的渠道，合理配置高教资源，促进云南区域高等教育的协调发展。

（三）广阔的生源市场

截至2011年，云南高等教育毛入学率为23.7%，明显低于全国平均水平，尤其与北京、上海、广东、辽宁、湖北等省区相比，高等教育毛入学率总体处于较低水平。从总体上看，人民群众不断增长的优质高等教育的需求同相对欠发达的高等教育发展之间存在明显的矛盾。为此，云南省省委、省政府曾明确指出，要在"十二五"计划中期，力争使云南高等教育规模进一步扩大，毛入学率得到提高，在学硕士研究生人数、博士研究生人数明显增长，成人教育、函授教育发展水平不断提升，来华留学生持续增长，办学质量不断提升。从 2011 年云南高等教育年度发展研究的统计数据看，这一目标基本实现。也正是得益于省委、省政府的这一决定，云南高等教育国际化，尤其是面向东南亚的国际化人才培养获得了很好的历史发展契机。

截至 2011 年底，云南省全省常住人口为 4631 万人，比上年末增加 29.4 万人。其中，城镇人口 1704 万人，乡村人口 2927 万人。从高中在校学生数和高等教育适龄人口情况来看，2012—2013 年，云南高等教育适龄人口（18—22 周岁人口）将增加约 15 万人，总数将接近 500 万人，达到第一次高峰，接近 2003 年的 1.5 倍，人数增加近 100 万人。这些能在相当程度上极大地为云南高等教育的"走出去"和"请进来"提供必要的生源保证。不仅如此，自 2006 年实施《关于加快推进高等院校实施"走出去"战略提高高等教育国际化水平的若干意见》以来，云南接收各类来华留学生的数量持续增加，招收东南亚国家的来华留学生数量持续提升。据云南省教育主管部门的不完全统计，截至 2002 年，云南省各类长短期留学生和外国来华留学生数量比 2001 年翻了一番，达到 1760 人；2003 年，首次突破 2000 人；2004 年超过 2500 人；2005 年达到 4569 人；2006 年超过 5000 人；2007 年达到 6000 余人；2008 年超过 7000 人；2009 年达 8400 人，2010 年突破一万人大关，2011 年达到 1.1 万人。适龄高等教育人数的增长和东南亚乃至其他国家来滇留学生人数的增加，为云南高等教育面向东南亚的国际化发展提供了充足的生源空间。有数据表明，在云南的来华留学生中，有超过 75% 的学生来自东南亚的泰国、越南、老挝、缅甸、柬埔寨等国家。从地域上看，这些国家位于云南与东南亚的交界处，其区域内大量的来华留学生输入为云南面向东南亚高等教育的国际化提供了较为充足的生源支撑。此外，近年来，随着"科教兴滇"战略的进一步实施和《云南省中长期教育改革与发展规划纲要（2010—2020）》的落实，尤其是云南省委、省政府对高等教育国际化更加关注和重视。这种政策性的推动也给云南省面向东南亚的国际化人才培养带来新的机遇。

（四）云南省高等教育发展水平不断提升

一是强化重点学科建设。截至 2012 年，云南省内高校有 6 个国家级重点学科及重点培育学科，有 10 个一类、33 个二类省级重点学科。昆明理工大学的"有色金属冶金"成为国家特色重点学科。云南警官学院的"禁毒学"成为服务国家特殊需求的硕士人才建设项目。重点学科建设推动了高校学位授权单位和授权点的建设；高校博士学位授权单位从 2008 年的 3 个增加到 2012 年的 5 个，硕士授权单位从 9 个增加到 11 个。一级学科博士学位授权点从 9 个增加到 26 个，一级学科硕士学位授权点从 61 个增加到 165 个。建设了 68 个专业学位授权点，21 个博士后流动站；"十二五"省级优势特色重点学科群和优势特色重点学科建设顺利推进。重点学科和学位授权学科在增强云南省自主创新能力、发展战略性新兴产业中发挥着支撑和引领作用。

二是继续加强科研平台建设。目前，云南省高校有国家和部委重点实验室（含培育基地）23 个、工程研究中心 10 个、人文社科研究重点基地 2 个、院士工作站 5 个[①]。同时，建设了一批省级重点实验室、工程研究中心、人文社科基地。及时启动"2011 计划"，推动高校与科研机构、企事业单位协同创新。

三是科技人才培养成绩显著。截至 2011 年底，全省共有科技活动人员 27234 人（其中自然科学 14981 人，人文社会科学 12253 人），较 2007 年的 21712 人增长了 25.43%；课题投入人员基本稳定在 4952 人/年左右。自 2009 年以来，高校科技人员共参加国内学术会议 10824 人次，提交学术论文 5367 篇，国际学术会议 4154 人次，提交学术论文 2739 篇；国内进修派出 1680 人次，接收 1587 人次，国外进修派出 346 人次，接收 598 人次；国内合作研究派出 1979 人次，接收 1894 人次，国外合作研究派出 752 人次，接收 954 人次。

学科特色优势。云南省具有丰富的生物资源、旅游资源、矿产资源和水能资源，为国际教科合作、经济合作提供了丰富的素材，使云南省发展相关的高等教育专业具有一定的优势。除传统的汉语语言文化专业外，中医药资源开发与利用、有色冶金等特色专业继"汉语桥"后，成为云南

---

① 云南省教育厅统计资料。

省吸引东盟国家学生的亮点，而工业培训则是新发展起来很有潜力的方向。

四 地理人文具有领先发展优势

（一）明显区位优势

云南虽位处西南边疆，但在地缘上具有得天独厚的开放优势，坐拥中国（大陆）与东南亚、南亚的毗邻地带，自古以来就是中国与东盟最便捷的陆上走廊，具有"连四省、邻三国、近十一国"的地域特点，红河、文山、临沧、普洱等8个边境地州超过20余个边境县（市）把云南推向了"面向东南亚的前沿阵地"。

（二）突出的文化优势

早在秦汉时期，中国南方的丝绸之路就使双方商贾频繁往来于这条古代国际交通线上，充分反映了云南在沟通中国与东南亚国家的交往中所发挥的交通走廊的作用。云南是一个多民族的边疆省份，有16种民族在云南和东南亚国家跨境而居，这种民族、文化同流的关系，紧密地联系着云南与东南亚各国的友好往来。

（三）后发的交通优势

云南省在地域上与东南亚各国山水相连。跨越中南半岛5国的澜沧江—湄公河航运已经运行多年。从昆明出发通往中南半岛的3条高速公路、3条铁路中国境内段基本完工。云南与越、老、缅开辟国家一类口岸11个。两横（南昆、贵昆铁路）、两纵（内昆、成昆铁路）以及多条国道公路使云南与全国的联系更为紧密，向南延伸（利用滇越铁路）直通东南亚，向西延伸则可顺利到达南欧和北非。

第二节 云南面向东盟高等教育国际化的挑战

高等教育国际化本身就是一把"双刃剑"，中国—东盟自由贸易区建设、西部大开发、"泛珠大合作"等国家战略的实施给云南高等教育带来发展机遇的同时也带来了严峻的挑战。云南省高等教育作为全国高等教育的一个重要组成部分，其必然要受到全国高等教育发展进程的影响。在全国高等学校毕业生就业难问题普遍加剧的情况下，云南高等教育的国际化发展也受到了一定程度的影响。不仅如此，由于受区域经济发展水平的限制和区域教育发展基础薄弱的影响，云南省高等教育在面向东南亚的国际化发展中也面临诸多的挑战。

一　经贸合作中的挑战

中国—东盟自由贸易区的顺利启动，在给云南经济社会发展带来重大机遇的同时，也带来一些新的挑战。要认识云南省高等教育国际化面临的挑战，首先要认识云南—东盟经济贸易发展中所面临的挑战。

（一）产业结构依存度方面的挑战

就经济发展水平而言，中国与东南亚国家同属于发展中国家。具体到云南这一区域，其总体经济发展水平基本上同泰国、老挝、越南、柬埔寨、缅甸等国相当，尤其是在产业结构上，这些区域大多都以劳动密集型企业、资源密集型企业为主，虽然在部分地区发展了一定规模的技术密集型产业，但总体上还没成为主流。因此，客观而言，云南—东南亚国家在产业结构上并没有明显的互补性。

（二）区域合作发展进程方面的挑战

澜沧江—湄公河次区域合作的艰难。参与次区域合作的越南、老挝、柬埔寨、缅甸都是经济欠发达经济体，由于第二次世界大战前基本属于发达国家的殖民地，这些国家不仅经济社会发展水平低，而且呈现多元化的复杂结构，虽然各国与中国合作的热情较高，但其发展和对外开放水平都较低。一些国家的内部安全问题得不到保障。比如，2011 年 10 月 5 日，中国两艘商船在湄公河金三角水域遭遇袭击，13 名中国船员全部遇难。这些问题的存在，对于云南发展与东南亚各国，特别是大湄公河次区域国家的经贸往来带来不同程度的影响和冲击。

二　国内竞争加剧

（一）贸易通道优势逐步消失

云南与东盟的双边贸易，主要由陆上公路通道和澜沧江—湄公河的水上通道承担。长期以来，云南与缅甸、越南的贸易往来主要依靠陆上交通展开，而与泰国、老挝的经济贸易往来则在很大程度上依靠湄公河的水运来进行。这两条传统的贸易通道基本上承担了区域内双边经济往来 99% 的货物运输。然而，随着澜沧江—湄公河航运条件的进一步提升，泛亚铁路的贯通，东南亚国家中泰国、老挝、越南等地的蔬菜、水果大量进入中国市场，进而形成以云南为中转区域的集散贸易。但是，我们也必须看到，东南亚国家除了具有和云南相毗邻的地缘外，还具有临海、环海的优势，随着国内市场对东南亚国家农产品、矿产资源、木材资源等需求的进一步扩大，低成本的海上运输定会在区域的货物往来中占据优势，广西、广东等省区的区位优势对云南固有区位优势的冲击将不断加剧。

（二）国内外高等教育国际化同质竞争力加剧

高等教育国际化是现代高等教育发展的重要特征和趋势，尤其作为后发地区的高等教育，其发展走向的科学途径就在于不断提升高等教育的国际化发展水平。云南省属于典型的高等教育后发省份，在高等教育国际化发展进程中有劣势，也具有明显的优势。其优势主要表现在：首先，可以借鉴发达国家、发达省区高等教育国际化发展的经验；其次，可以进一步吸取高等教育国际化先发区的教训；此外，还可以在高等教育国际化发展导向、国家化目标定位、人才培养模式、学科和专业设置、来华留学生招收和管理等方面作出新的调整，进而避免同先进发达省区同样的高等教育国际化导向，同质化的办学定位、招生定位和人才培养定位，从而通过差异化的发展脱颖而出。

三 云南高等教育禀赋局限

云南省东部属于云贵高原，西部崇山峻岭，平地面积仅占全省面积的6%。由于历史原因，云南工业基础相对薄弱，产业结构相对不合理，人才基础相对薄弱，在一定程度上制约了云南省的面向东南亚的高等教育国际化。

（一）面向东南亚的国际化人才培养力度不够

中国—东盟自由贸易区的建设和澜沧江—湄公河次区域的合作发展，将需要大量的熟悉和掌握东南亚国家经贸和语言文化的复合型人才。地处中国面向东南亚、南亚对外开放前沿的云南省，应该有一种紧迫感，充分利用和发挥云南省的区位优势和教学优势，增强云南省语言人才培养的竞争能力，为云南乃至中国的对外开放培养大批具有外经外贸和法律知识的掌握东南亚语言文化的优秀复合型人才。一些经济界有识之士早就提出，随着我国面向东南亚对外开放步伐加快，掌握东南亚语言的人才将会出现短缺，应加快东南亚语言人才的培养工作。有的企业家甚至提出，由企业界出资，设立语言人才培养基金。事实也是如此，云南民族大学作为目前云南省唯一国家批准设立东南亚泰、缅、越、老语本科专业和"亚洲语言文学"硕士点的大学，近年来，东南亚语毕业生一直供不应求。近年来，还先期向教育部申报"非通用语种试办基地"，通过2—3年的发展建设，正式向教育部提出国家"非通用语种人才培养基地"的设立申请。除云南民族大学以外，其他云南高校也积极投身于教育国际化的建设，比如云南师范大学华文学院成立，主要目标是加大对华文教育的支持力度、加大海外华文教师培训力度、建立为华人华侨服务的联络处四项，但是从深度和广度上，都有待进一步加强。

（二）区域交互措施尚有不足

云南省非常希望借中国—东盟自由贸易区启动的发展良机，深化与东盟经贸合作关系，总体上的认知比较到位。然而，深入地看，云南高等教育毕业生对东盟国家的了解和认识更多地仅限于书本。不仅如此，因为部分大学毕业生缺乏开拓意识，不愿深入了解东盟国家存在的发展良机，错失许多机会。就现实而言，相当一部分东南亚国家，特别是越南等国非常欢迎云南高等学校的毕业生前去就业。以2004年夏季胡志明市为例，是年该市就有超过一万户的企业派出代表，试图通过云南省劳动力中心市场，就近招聘云南省高等学校的应届毕业生，不仅待遇好，工作条件好，而且聘用条件还不是那么苛刻，但因为相当一部分高校毕业生一方面因为缺乏对这些国家、企业的了解而不愿意前往；另一方面则是因为相当多的毕业生缺乏走出去的意识和信心，在很大程度上抑制了云南东南亚的区域性交互。因此，鼓励、支持、引导区域性交互的措施亟待出台、完善和健全。

（三）人才需求市场变化带来的挑战

西部大开发以来，西部地区经济社会快速发展，21世纪以来的10多年间，云南省经济增长速度平均高于全国平均值近2个百分点，随着经济的快速发展，云南人才需求急速扩大。同时，在中国—东盟自由贸易区建设和澜沧江—湄公河次区域经济合作巨大的品牌效应、示范效应、辐射效应、带动效应的驱动下，近年来云南各地先后举办了一些相关大东南亚产品、文化博览会等一批新展会。这些展会的举办无疑使云南对人才的需求更加迫切。

四 云南省高等教育的不足

在面向东南亚高等教育国际化方面，云南省虽然具备多方面的优势，但也存在一些需要加以积极应对的不足之处。

（一）教师队伍整体水平不适应人才培养需求

许多高校存在缺少高层次的学科带头人及创新团队的现实问题。比如，云南师范大学虽然在"十一五"期间实现了一系列历史性突破，但是学校发展中仍然存在博士点过少、学科影响力较弱、教师教育的引领作用不突出等问题。这些学科建设过程中的困境归根结底是高水平教师队伍建设的问题。云南财经大学对高水平师资的需求缺口也非常大，同时已引进的高层次人才的工作环境和生活条件难以及时改善和兑现，影响了优秀人才的进一步引进。另外，由于缺乏相应的资金和科研条件保障，学校首席教授、特聘教授、知名专家学者的引进聘用，博士及副教授以上中青年骨干教师的培养和省级教学团队、省级科技创新团队的建设工作等都存在诸多困难，致使学校整体改革和教师队伍建设陷入困境。又如，昆明学院博士、教授比例明显偏低，学科带头人、学术带头人、学术骨干、教学名师数量较少，缺少高水平领军人才和拔尖创新人才，没有形成合理的学科梯队结构和教学科研团队，人才队伍的整体素质无法适应学校发展的需要。

（二）部分高校基本办学条件不足

以高职高专院校为例，培养学生职业技能所必需的设施和设备不足，实训教学基地缺乏，远远不能满足当前高职教育发展的需求。比如，云南司法警官职业学院基础设施目前存在"缺、旧、少"的状况，但按照学院"十二五"规划，学院将扩大招生至4000—6000人，专业增至20个，而现有的教学设施仅能维持10个专业，在校学生2000人左右，因此，学院只能将2011级新生搬至呈贡新校区租赁昆明医学院的教室。云南体育运动职业技术学院学生住宿极为紧张，学院甚至腾出部分教职工休息房供学生住宿，但仍无法有效解决这种现状。德宏职业学院教学设备陈旧、老化，很多已过时淘汰，目前又面临专业转型、教学设备更新、实训基地扩建等问题，诸多现状与国家高等职业学院设置标准差距较大。同时，该校实验室严重不足，宿舍、教室简陋，也在一定程度上影响了学生的学习和生活。

　　基本办学条件的不足不仅在高职高专院校较为突出，而且在有的本科高校也同样存在。比如，云南财经大学目前学校实际占地面积为1155.9亩，按教育部生均占地面积不低于60平方米的规定，学校用地远远不足以支撑现有办学规模。为适应今后10年国家和云南全省毛入学率不断增长的趋势，其学校办学规模还将进一步扩大。土地资源的严重不足直接导致学校教学资源，尤其是实践性教学资源、重点实验室、学生宿舍和职工住房不足。楚雄师范学院在2000年之后，11年间学生数量增加了近5倍，但校园占地面积却没有相应增加。除亟须增加学校面积外，还需增加校舍面积6万平方米左右。昆明理工大学津桥学院现在用地面积11.7万平方米，而教育部规定独立学院用地面积不少于33.3万平方米。并且随着学生规模的不断扩大，学院办学场地不足，设施不全的问题尤为突出，同时教学与实验用房、设备、图书资料等方面也存在不达标的问题。

　　（三）学科专业结构与产业结构适应性不够

　　2007—2011年，云南省高等教育各学科专业数量总体上处于上升阶段，理学、工学、法学、教育学是云南省高等教育系统中学生规模较大的学科，而医学、农学等学科及生态学、药学、民族学等专业学生所占比重较小，这与云南的产业结构转型和升级不相适应。比如，2011年，云南省各高校农学专业的毕业生数较2010年减少了437人，这种趋势不利于作为农业大省的云南建设"绿色经济强省"的战略目标的实现。随着云南产业结构的调整，文化旅游产业已经成为云南当前社会经济发展的重要支柱产业，目前云南已经成为全国文化产业增加值占GDP比重达到5%的六个省区之一。云南省要积极推动民族文化资源与旅游业相结合，使文化产业成为带动农民致富、发展农村经济的切入点，将文化资源优势更好地转化为产业优势和竞争优势，推动云南实现跨越式发展。[①] 但是，与云南省大力发展文化产业的现实需求相比，当前云南高校专门培养相关专业人才的学校及招生人数却很少，与文化旅游相关的历史及民族文化等专业数及在校生数也较少，难以满足文化旅游产业发展对人才的需求。2011年，云南旅游职业学院招生仅424人。

---

　　① 秦光荣：《文化产业是大有希望的产业》（http://news.163.com/11/1013/22/7G9H1VTA00014AEE.html，2011-10-13）。

五　高等教育合作交流的问题

高等教育国际化既是"桥头堡"战略的重要推动力,也是"桥头堡"战略对高等教育发展的必然要求。云南省高等教育发展具有独特的区位优势,尽管其国际化取得了较大进展,但是其水平不高、覆盖面不广,尤其与东南亚、南亚国家缺乏全方位、多层次、宽领域、高水平的交流与合作,这与"桥头堡"战略的目标要求存在较大差距。

(一)来华留学生教育发展方面的问题

从留学生规模看,来滇留学生来源狭窄、学习时间较短、专业单一。2011年,云南省各类高校招收的留学生数虽然突破了17000人,但是生源主要集中在泰国、越南、缅甸等几个东南亚国家,且以语言进修与短期留学为主,学历教育的学生数量偏少。比如,云南师范大学国际汉语教育学院虽然是国家面向东南亚培训汉语师资的四个基地之一,但每年为泰国、缅甸、越南等培训汉语教师人数也只有一百人左右。从国际合作办学来看,形式比较单一,人才培养模式比较陈旧。不少高校虽然签订了大量的合作办学协议,但是真正付诸实践的较少,而且合作办学的形式主要是派出教师、交流学生或设立办学点。同时,在国际化人才培养的途径和内容方面落后于"桥头堡"战略的人才需求。从教师队伍来看,云南高校虽然有外籍教师,但外籍教师比例偏少,并且国外专家参与学校管理尚不多见。

(二)教育服务贸易信息获取方面的问题

面向东南亚的高等教育国际化,实质上就是面向东南亚的教育服务贸易。长期以来,云南省高等教育领域缺乏获取面向东盟的信息平台,国家化公共服务体系需进一步完善。电子商务已经成为现代商业模式,东盟各国签署了"电子东盟"框架协议,致力于利用 IT 技术进行教育、投资、贸易自由化。而由于东盟国家内部发展不均衡,成员国之间存在"数字鸿沟",东盟正在采取电信开放等措施消除"数字鸿沟"。近年来,云南省初步建成了远程教育资源中心、基础教育资源库、高等教育精品课程资源库、国家职业教育资源库,逐步建立了以省、州(市)县(市区)、乡(镇)和学校电化教育等部门为主的教育信息化支撑服务体系。但云南省尚缺乏面向东盟的信息平台。

第 五 章
云南面向东盟高等教育国际化发展路径

对高等教育国际化发展路径的探讨，是在对云南—东盟国家的经济社会合作发展情况、高等教育国际化的基础以及国际化的机遇与挑战进行全面分析之后，对涉及云南—东盟高等教育国际化发展的整体战略实施中的一系列的重要问题集中进行路径设计。发展路径就是战略思想，是实现发展战略目标的指针①。"国际化"的发展路径就是要树立适应经济全球化的教育观念，借鉴全球高水平大学的有效办学机制与运行模式，建立起符合云南省实际的可持续发展的现代大学运行机制与管理模式，力图在人才培养、科学研究、专业体系、教师发展等国际化发展要素方面得到提升。为此，云南—东盟高等教育国际化的发展路径主要有四个核心要素：理念、规则、机制与水平。其追求的目标是在努力发扬云南省高等教育个性与特色的同时，积极实现与东盟高教的融合，创造共性，实现云南省的人才培养质量、学术水平和管理与服务水平的国际化。

第一节　确立高等教育国际化发展理念

一　更新思想观念

国际化的教育观念是高等教育国际化的重要前提。邓小平同志早就高瞻远瞩地指出："教育要面向现代化，面向世界，面向未来"②；高等教育

---

① 伊继东、程斌、冯用军：《云南—东盟高等教育国际化发展路径探究》，《高等工程教育研究》2007年第3期。

② 《邓小平文选》第三卷，人民出版社1993年版，第35页。

国际化是国际经济与社会发展到一定阶段不可阻挡的世界潮流，作为经济与教育均欠发达地区的云南更应该充分把握高等教育国际化的机遇，主动迎接、适应这种变革与挑战。一方面要认识到国际化可以引进和充分利用国际高等教育的经验和优质资源，带动云南高等教育的发展，促进管理水平的提升，提高人才培养质量，使云南高等教育与国际逐渐接轨；另一方面要认识到充分对外开放教育市场和教育资源可以吸引更多的外国留学生，推动云南的经济和教育事业的发展。更新观念要去除几种陈旧思想：一种是不可能、不可行的悲观主义思想，认为云南地处边疆，受区位地理条件、经济发展程度、教育发展水平的限制，走高等教育国际化的道路不可能，也不可行；另一种是不愿意、不情愿的消极思想，认为国际化的进程必然给高等教育带来方方面面的触动与变革，不如安于现状，循规蹈矩地平稳发展；还有一种是不应该、不必要的故步自封的保守思想，认为国际化就应该是与高等教育发达国家开展的国际化，不应该也没有必要与周边落后、欠发达国家和地区进行国际化合作。

二　树立国际化战略思维

确立高等教育国际化的理念就要树立国际化的战略思维，就要从全球的角度看待高等教育和高等学校的价值和功能。高等教育国际化不是简单地依附发达国家的高等教育，也不是简单地照搬西方高等教育的发展模式，更不是不从自身实际、本民族的实际需要出发，盲目推进高等教育国际化。云南高等教育国际化必须在正确的理念指导下，树立国际化的战略思维，通过与东盟国家的高等教育的交流与合作，实现自身高等教育质量的提升。要树立参与国际竞争、开展国际交流的意识，要有学习和借鉴国际高水平大学成功经验的积极心态，要有使管理水平、科研水平、教学方式与水平等均达到国际水准的雄心，要有借助国际化进程促进高等教育变革和发展的决心，把高等教育国际化的主要目的从大众化的"学习他国经验"内化为"为我所用"，只有这样，云南省面向东盟的高等教育国际化才能够健康、持续发展。

在国际化的实践中，发达国家的观念、知识、技术以及模式在高等教育国际交流与合作中占据了主导地位，就要充分认识到高等教育国际化可能会给我国教育带来的资本主义的文化渗透和资本主义的价值观，因此在借鉴发达国家先进经验的同时，必须结合云南省的历史与文化、经济与社会发展的实际情况有序推进国际化进程，充分挖掘云南丰富的民族文化资源，提升高等教育的优势，保持特色，将国际化与本土化结合，处理好保护、引进与输出以及短期应对与长期发展的关系，加强国际竞争，走出一条具有面向东盟特色的发展之路。

三　加强国际化战略规划

改革开放后，特别是 21 世纪以来我国高等教育无论在规模、质量还是效益上都得到了长足的发展，但在世界高等教育迅猛发展、日新月异的今天，我国高等教育发展水平总体偏低，这意味着在经济全球化的趋势下，高等教育国际化发展必须要有战略上的规划，设计超常规的发展模式与路子。江泽民同志在北京大学百年校庆的重要讲话中就明确提出："为了实现现代化，我国要有若干所具有世界先进水平的一流大学。"这就要求高等教育的发展要有国际的视野、国际的目标、国际的战略，只有这样才能够在一定的时间内逐步缩小与发达国家的差距，才有可能在部分学校、部分领域实现突破，达到国际先进水平。云南省的高等教育在中国属于落后地区的高等教育发展水平。云南高等教育国际化发展战略的规划，要顺应国际高等教育国际化的发展态势，针对东盟政治、经济、贸易、科学技术、信息技术等领域的发展趋势，要确定面向国际高等教育发展的需求，在宏观发展战略、制度环境建设、提升高等学校自身实力、提高高等学校对外开放能力与水平等方面的发展战略进行精心设计，加速大学国际化的进程，促进国际化发展。

第二节　遵循高等教育国际化发展规则

中国—东盟自由贸易区是建立在国际规则与惯例之下的，是实现区域内共同进步与发展的一种制度安排。在此框架与机制内构建云南面向东盟高等教育国际化之路，国际化发展要想走得好、走得顺、走得远，除了遵循 WTO 关于教育服务贸易的国际通行规则、遵循国际高等教育国际化的内在发展规律外，还要根据合作双方的实际情况，制定和遵循双方能通约的高等教育国际化发展规则，不断创新，丰富高等教育国际化的实践。

一 国际性与开放性规则

国际性，是高等教育国际化的内涵和本质属性决定的。高等教育国际化是在国际的背景和范围内开展的，开展国际化的目的就是要通过开展跨国、跨界的科学研究合作、人才培养以及学生和教师多形式、多途径的国际交流，传播和借鉴国外先进的办学理念、模式、方法、手段，提高高等学校办学水平，提升区域高等教育发展的整体水平。因此，在国际化的进程中就要遵守国际性规则，面向东盟高等教育发展的现实状况，树立国际视野，遵循国际惯例，学习和借鉴东盟发达国家高等教育现代化的经验和教训，设计云南高等教育国际化的战略，设计国际化的发展路径，构建面向世界的教育体系，完善高等教育国际化的合作机制、制度保障体系、质量保障体系，培养目标要向国际看齐，要体现教育的"面向世界"，少走弯路，加快高等教育的发展速度，不断缩小与发达国家高等教育现代化的差距。

开放性是高等教育国际化的内在属性和要求。经济全球化加剧了现代社会的竞争，科学技术的发展，特别是网络与信息技术的发展给社会组织方式、工作内容和模式等都产生了深远的影响。高等教育要回应社会与技术的发展给高等教育带来的要求和挑战，就必须加快自身的建设，高等教育的发展要面临的是全面的、深刻的、不以人的意志为转移的变革，要从社会环境的开发中来获得活力。作为与社会发展的众多领域高度相关的高等教育，其改革发展不能只是单纯的、简单的内在适应，更重要的是要具有外在适应的能力。高等教育国际化发展模式的开放性规则主要体现在对社会的开放和对国际的开放两个层面。因此云南高等教育在国际化的进程中只有通过教育的全面开放，培养自我更新、自我调节、自我适应社会环境的能力。云南高等教育还要向社会开放，现代的高等教育早已从传统的象牙塔式纯学术研究的高楼深院走向了社会，走向了国际，国际化进程就是增强高等教育自身发展、调整和适应能力的过程。

二 适应性与超前性规则

适应性规则是根据高等教育必须适应和促进社会发展的需要这条规律提出的。所谓适应性规则，即云南省高等教育国际化必须适应和满足国家和云南自身社会发展的需要，也就是高等教育国际化的发展必须与我国和云南省的政治、科技、文化、经济的现实状况和发展需求相适应、相协调。高等教育作为社会系统中的一个子系统，这就决定了高等教育与社会有着密不可分的联系，并且高等教育的性质决定了它在整个教育体系中是最密切联系社会、最直接服务社会的教育机构，因此其受到社会的影响和制约往往也最大，只有适应社会的要求，高等教育的社会价值才能得到充分体现。高等教育是以培养具有知识创新意识与能力，培养具有高度社会责任感的专门人才为己任，这就意味着现代社会对高等教育需求和依赖，自然也就决定了高等教育必须接受社会对其提出的相关要求。云南高等教育国际化的任务就是要以先进的教学手段，知识驱动创新，培养符合云南社会、经济发展需求的高层次专门人才，决定了云南省高等教育国际化进程中遵循适应性规则的两个要点：一是适应云南省对面向东盟高层次专门人才培养质量与数量的要求；二是适应对高层次专门人才培养多样化的需要。

超前性规则是由高等教育的社会功能决定的。大学不仅能对个人生活、职业生活以及社会生活等方面发挥作用，更重要的是大学还是促进理论、思想、革新孕育和发展的场所，高等教育对社会具有的巨大的作用，故其发展又不能完全囿于现实的条件和需要，而是应当超越现实，面向未来，先行发展。因为高等教育必须起到引导社会变革、推动社会发展的先锋作用，高等教育国际化的超前性是现代高等教育的时代特征，也是现代社会对高等教育提出的基本要求。随着云南经济社会的不断进步，高等教育在云南发展中的作用及价值越来越凸显，高等教育国际化在社会发展中的作用也越来越大。教育除了要承担传承人类文化遗产的基本职能，还承担着创造未来文明的使命。"桥头堡"建设已经成为国家战略，如何为"桥头堡"提供智力支持是云南高等教育不可推卸的责任，更是国际化进程中必须体现的题中之义，只有具有超前性的体现，才能够体现引领社会发展的功能和作用。

三　针对性与实效性规则

针对性规则是高等教育要服务社会发展的本质要求的规定。高等教育国际化的最终目的是满足区域内社会发展的需求，满足高等教育自身发展的现实需求，国际化过程就是要针对这两个目标来开展和实施。云南省高等教育国际化的针对性规则的实施，首先要面对的是经济社会发展过程中需要通过高等教育的国际化来解决和提升的问题，要通过建立和完善云南与东盟国家的高等教育交流与合作机制，构建适应国家建设向西南开放重要"桥头堡"战略的国际教育合作交流格局，在人才培养体系和模式的完善，科学研究的联合开展，专业设置、课程体系、师资队伍等方面，为"桥头堡"战略的实施提供智力支持和人才保障。其次是要针对云南高等教育自身的实力提升问题，在国际化的进程中通过学习和借鉴，要在学科实力、教师队伍、管理手段、制度设计等方面均有所改善，以此来提升云南高等教育的整体实力和水平。

实效性规则是检验高等教育国际化是否服务于社会发展、是否促进高等教育整体实力提升的效用要求。云南省高等教育国际化的实施不能脱离云南及东盟的现实状况去设计、实施，不论开展的领域和合作的对象如何，只有服务于区域的社会发展，有利于双方在合作的过程中的成效才能够在体制与机制上得到完善和保证，才能使国际化持续、深入开展；只有有效促进高等教育自身实力的提升，区域内的高等教育机构开展国际化的动力机制才能建立和完善，也才能使以高等学校为实施主体的国际化由政府主导的外部驱动变为以大学自主的内部驱动，国际化的实践才能够得到深化，效用才能提升，目标才能达成。

第三节　完善高等教育国际合作机制

机制通常指一个工作系统的各个组织或部分之间相互作用的过程或方式。完善高等教育国际合作机制，就是要厘清面向东盟的高等教育国际化的外部机制和内部机制，只有通过机制的完善，才能使复杂、变化的国际化实践建立在有效的制度设计之上，才能够取得应有的功效。

一　基于《服务贸易协议》的高等教育合作机制

中国与东盟自由贸易区开展交流以来，打造了中国—东盟博览会、教育交流周、中国—东盟教育合作论坛、中国—东盟中心、中国—东盟环保中心等一系列合作平台，逐步建立了包括领导人会议（含不定期领导人特别会议）机制，5个工作层对话合作机制，9个部长级会议机制在内的多层次、多领域、多类型的合作框架，形成了一整套开展经济合作的机制，双方的教育合作框架和机制也随之逐渐建立和完善。在2004年双方签署的《落实中国—东盟面向和平与繁荣的战略伙伴关系联合宣言的行动计划》中，正式把教育合作列入其中，奠定了双方高等教育交流合作的协议基础；在《中国—东盟纪念峰会联合声明》中明确提出了鼓励扩大双方高等教育机构之间的合作，中国与东盟双方签署的《服务贸易协议》中规定，中国和东盟承诺进一步相互开放教育服务领域，使得消除各国间的教育壁垒有了协议保障，为各国实现教育的有效开放，实现资源共享提供了保障。2008年以来，中国与东盟国家分别签署了一系列政府间的教育交流合作协议或学历学位互认协议①，为双边深入开展实质性的教育交流合作提供了法律和机制上的支持保障。

云南面向东盟的国际化交流与合作都是建立在《服务贸易协议》框架下的高等教育合作，与东盟各国签订的教育交流合作协议或学历学位互认协议，是云南开展国际化的制度性保障，在合作与交流的过程中应根据实际情况，创造性地通过签署政府间、学校间的合作备忘录等有效形式进一步完善机制，建立有针对性的、有效的合作框架和机制，形成互惠共赢的局面。

二　大湄公河次区域高等教育合作机制

在大湄公河次区域教育领域的开发合作中，有两个非官方的教育合作组织，分别是大湄公河次区域高等教育合作联盟（GMSTEC）和大湄公河次区域学术与研究网络（GMSARN）。大湄公河次区域高等教育合作联盟集合了泰国、老挝、越南、柬埔寨和中国云南，以及新西兰和澳大利亚的部分大学，旨在通过联盟的建立促进各国高校在高等教育、科学研究及多层面活动中的广泛合作交流。大湄公河次区域教育领域的合作为次区域其他领域的合作提供了桥梁和基础，是中国—东盟自由贸易区框架下教育合作领域的重要组成部分。

在大湄公河次区域合作的重点领域中，人力资源的开发是重中之重，也是中国—东盟自由贸易区合作的优先领域。由中国出资设立的"亚洲区域合作专项资金"及"中国—东盟合作基金"为中国及大湄公河次区域各国提供了良好的平台及桥梁，有效促进各国人力资源的开发合作。中国从2005年开始，采用各类技术培训和研修班的形式，为各国培养各级

---

① 中国共产党新闻网（http://cpc.people.com.cn/GB/64093/64387/15510084.html）。

官员和技术人员。通过在亚洲开发银行设立的"中国减贫与区域合作基金"为"金边培训计划"提供有力的资金保障。中国在 2008 年发布了《中国参与大湄公河次区域经济合作国家报告》，报告中指出，中国将积极促进"金边培训计划"的推广实施，鼓励和支持云南省有条件的高等院校及培训机构等参与戏曲与人力资源开发项目。加强次区域教育合作，在高等教育、职业教育、基础教育等方面与大湄公河次区域各国开展广泛的交流合作。促进次区域内高等教育学历互认和职业资格互认的相关工作，创新发展，拓宽渠道，增加大湄公河次区域各成员国来华留学生的奖学金名额。在教育领域促进次区域各国的多层次广泛合作。2008 年 3 月 31 日，在万象举行了大湄公河次区域第三次领导人会议，温家宝总理在会上提出了针对次区域人力资源开发的合作倡议，承诺在大湄公河次区域合作框架下为各国提供更多的培训机会，增加 200 个中国政府奖学金名额，如今，这一承诺现已经实现，云南省是教育服务贸易的主要提供者。虽然目前已有多重合作机制，但大湄公河次区域合作中，还要建立一个高效、多边、务实的高等教育合作协调机制，以保障高等教育合作的长效开展。

三　沟通与对话机制

沟通与对话机制是云南面向东盟高等教育国际化过程中应该建立的常态机制。中国与东盟的教育交流合作已建立起全面合作伙伴关系，实现了教育互补协作、资源共享，区域教育交流获得全方位提升。"中国—东盟教育交流周"是中国与东盟之间最重要对话与合作平台。[①] 2011 年第四届交流周彰显了沟通与交流在国际合作中的重要性，云南省高校国际化进程加快，整体水平明显提高。云南省应充分利用好"中国—东盟教育交流周"这个平台，建立起政府间的对话机制，加强与东盟各国的交流与沟通，实现云南高校与东盟高校的国际化项目的实质性推进。同时应借助这一平台，建立起云南与大湄公河次区域国家高等教育交流的新机制，利用地缘优势搞好与相关国家的国际合作。

四　双向合作交流机制

在高等教育国际化实践中，能否实现双向交流是考察其价值目标实现

---

① 中国新闻网（http://www.chinanews.com/edu/2011/08－17/3265438.shtml）。

与否的重要标准。高等教育国际化是一个国家和地区的高等教育知识、文化、机制、人才等要素在国际间流动的过程，国际化的过程中不能只输入，不输出或输出不足，这种交流应该是双向的，在一定时期内可能单向性明显，但整体健全的发展进程应该实现动态的、平衡的双向交流。目前，云南省高等教育在"走出去"的国际化实践中输入多，输出少，输入教育先进国家的科技、管理模式与理念较多，输出更多的是语言方面的教育与培训。云南省在高等教育国际化中，要充分认识到整体教育水平与东盟发达国家的差距，找准合作交流中在科技、信息技术、经济、管理、工程技术等领域的目标，借鉴发达国家的经验、模式、途径、办法和措施实现高等教育水平的整体提升。在提高高等教育整体水平的同时要重视软实力的建设，云南省的"桥头堡"战略已经把建设民族文化大省作为发展的重点之一，要在云南少数民族文化的传承与保护、开发与利用、宣传与推广上做足文章，厘清面向东盟文化交流的思路和办法，在交流中加深相互的文化理解和认同，使云南的民族文化资源优势转化为文化教育优势，增强文化的吸引力，增强高等教育的竞争力，实现教育的输出。

在完善促进双向交流的方面还要加大投入，完善与外国留学生相关的一些政策。要在中国和东盟国家高度认同的"双十万学生流动计划"（2020 年东盟来华留学生和中国到东盟的留学生都达到 10 万人左右）的实施中，加大投入，增加面向东盟的留学生的政府奖学金名额，筹措专项资金，设立云南省面向东盟留学生的云南省政府奖学金，突出与东盟国家地理位置接近、文化相通、学习费用相对低廉的优势，吸引更多的东盟学生到云南学习，创造条件实现"走出去"与"请进来"并举，达到教育输入与输出的相对平衡。

第四节　提升高等教育国际化实践水平

一　加强战略规划　促进协调发展

加速发展高等教育国际化的目的，根本上是为了促进地方经济的发展和高等教育自身的发展。云南省教育的国际化要以尊重教育本身的发展规律为前提，以地方经济发展的实际需求和战略目标为导向，依托云南大学的"中国—东盟自由贸易区研究中心"，云南师范大学"云南研究院"、"高等教育与区域发展研究院"和"澜沧江—湄公河次区域人才资源开发中心"加强对内研究,认清自己,加强对外研究,熟悉合作对象,从而翔实地规划高等教育国际化的发展思路和模式。

合理定位战略目标。立足云南省加快建设,面向西南开放重要"桥头堡"总体规划中的五大战略目标定位,特别是针对把云南省建设成为我国沿边开放的试验区和西部地区实施"走出去"战略的先行区,以及西部地区重要的外向型特色优势产业基地两大战略重点,面向东盟,从云南省经济发展的趋势、产业结构调整转型、新兴产业的发展的现实出发,综合考虑、合理定位云南省高等教育国际化的科学发展目标。同时要加强对高等学校发展定位和人才培养规格的研究,特别注重高等教育科类结构和布局结构的战略规划。

系统厘清发展思路。根据省内各高等学校的现状,着力研究高校国际化发展的分类指导和差别化管理,引导高校提高水平、发挥学校特色,避免国际化过程中的"同质化"发展;研究如何引导高等学校根据云南经济社会发展的需求导向和东盟高等教育的发展趋势,创新人才培养模式、调整学科专业结构来适应国际化的发展态势;研究完善"高等教育国际化指标体系",建立评价体系,通过体制改革和机制创新来激发高校的对外合作的激情与活力。

选择发展重点。结合教育部中西部100所重点建设大学计划,从云南省高等教育国际化发展的现实性和资源有限性出发,遴选国际化发展中重点建设的领域、学科、专业,加强高等教育的质量保障体系建设,深化国际化人才培养模式改革,加强学术带头人及其团队的引进与培养,加强多元化的国际合作办学,完善国际化的机制体制等。

二、提高教育质量 加速内涵发展

要改变在国际化过程中被动输入多、主动输出不足的被动和不利状态,实现自身国际化的相对平衡发展,只有通过提高高等教育质量、加强高等教育质量保障体系建设,才能提升高等教育的国际竞争力,在国际化中赢得主动,实现自主发展。

组织实施区域高水平大学建设计划。区域内高水平的大学是引领、示范地方高校改革发展的"先行者"和"领头羊",但云南省在区域高水平大学的建设方面还比较落后。2011年,教育部提出启动"中西部高等教育振兴计划",重点扶持一批有特色、有实力的中西部地区省属重点大学，作为"211工程"的合理补充，加快了中西部地区建设区域高水平大学的步伐。这为云南省加快建设面向东南亚、南亚的区域高水平大学提供了重要的历史机遇。目前，云南省要加强组织实施区域高水平大学建设的宏观设计，积极争取国家政策支持，争取多所高校进入国家"中西部高等教育振兴计划"支持的行列。省级政府和教育主管部门要发挥政策和资源配置的作用，引导高水平大学科学定位，正确处理好区域特色与高水平建设的关系，克服办学过程中出现的盲目攀比和同质化发展倾向，使各大学形成符合国际化的办学理念和风格，在不同领域内办出特色、办出水平。加大省级层面对这些高校的政策扶持和财政投入力度，合理配置高等教育资源，向杰出人才培养、特色专业设置、学位点申报、重点学科和实验室建设等方面倾斜，以重点扶持和加快建设一批有特色、有实力的云南省高校，加速区域高水平大学建设进程，带动云南省高等教育综合实力的提升。

提升重点学科建设水平。加大国家级重点学科建设，从质的方面，继续加强云南大学的生态学、民族学等已有的居全国前列的优势学科的建设；从规模上，制订、出台新一轮"重点学科建设计划"和方案，要在2013年教育部公布的学科评估的基础之上遴选出有基础、有潜力的相对优势学科加强建设，促进云南省高校重点学科建设量的积累。

提高师资队伍的整体水平。教师队伍水平是质量保障体系中最为重要的因素，目前云南全省高等学校的师资队伍整体不能适应人才培养需求。完善省级层面的面向全球的高端人才的引进办法，落实好相关措施，继续实施的高端人才引进。引导各高等学校加大人才引进投入，创造具有吸引力的工作生活条件，务实地引进高水平领军人才和拔尖创新人才。加大学科带头人、学术骨干的培养，加强创新团队的培育与建设。

改革课程体系，实施卓越人才培养计划。充分发挥各个学科、专业省级教学指导委员会的职能作用，借鉴高等教育发达国家的经验，大胆改革课程体系，特别是国际交流中覆盖面大的专业课程改革，开展好"卓越工程师教育培养计划"项目，出台省级卓越教师培养、卓越法律人才教育、卓越农林人才教育培养计划和卓越医生教育培养计划的实施意见，启动"卓越教师"、"卓越法律人才"、"卓越医生"、"卓越农林人才"等培养计划；同时要提高外语教学水平，解决好学生语言能力的提升问题，加强对不同文化的理解教育，全面提高人才培养质量。

147

三 实施差异化战略 强化特色

实施层次化合作交流。东盟各国高等教育水平与经济发展正相关，按照各国的发展状况分为三个层次：第一层次为新加坡、马来西亚和泰国三国；第二层次为印度尼西亚、越南、菲律宾、文莱四国；第三层次为柬埔寨、老挝、缅甸三国。要根据三个层次高等教育的发展状况及水平，建立云南与各国的分层次合作领域与项目，体现和突出地方特色。

办学特色是一所高校在发展目标定位、人才培养机制、人才产出结果等层面有别于其他学校的比较优势。云南省高校具有天然的区位优势、一定的资源优势、民族文化优势和相对的竞争力，这是云南省在国际化竞争中能占有主动的基础。学科专业是高校的基本元素，优势特色学科、专业在国际化中对塑造大学品牌起着至关重要的作用，要建立引导高等学校加强各自不同的学科专业特色建设，避免高校因追求"大而全"，由单科性院校努力向多科性院校、向新型的综合性大学发展造成的原有的学科专业特色逐渐淡化的现象，扭转同质化发展趋势，形成有竞争力的办学特色。

特色骨干高职院校建设。高等职业教育是云南省高等教育系统中的重要组成部分，但有特色的高等职业教育发展不足。建设几所省级特色骨干高职、高专院校，遴选一定数量的特色骨干专业进行重点建设，要把云南省所拥有的丰富民族文化资源、绿色经济资源、水利水电资源、矿物矿产资源优势引入云南省高职教育特色发展中，加强面向东南亚的小语种、天然药材提炼与深加工、野生食用菌分拣加工、花卉栽培与产业化营销等特色职业人才培养，积极总结经验，使学校在办学模式、特色专业建设、人才培养、服务社会和校园文化建设等方面凸显特色和优势，体现职业教育的特色。在人才培养目标上与中等职业教育划分层次界限，以特色评估的形式推进高职高专院校特色发展。

加大专业结构调整力度。修订下发《云南省高等学校本科专业设置管理办法》，继续优化高校学科专业结构，加大对专业人才需求预测、预警系统建设力度，建立动态调整机制，提高专业对经济发展的适应性。继续开展专业综合改革试点，遴选省级综合改革试点专业，对人才培养模式、教师队伍、实践教学、课程教材、教学方式方法、教学管理等影响专业发展的关键环节进行综合改革。重点支持国家战略需求与经济发展紧缺专业，重点建设云南省"桥头堡"建设节能环保、新一代信息技术、生物、高端装备制造、新能源、新材料等战略性新兴产业相关专业，加大文化旅游产业相关专业的培养规模，适度扩大农林、水利、地矿等相关专业的规模，增强学科专业结构与产业结构的适应性。

四　完善内部治理 驱动创新发展

深化高等学校内部管理体制改革。通过内部管理体制改革，完善内部治理结构，健全依法治校、自主管理、自我约束的管理机制，增强高等学校内部发展、发挥高等教育功能实效的动力。高等学校通过制度设计，坚持和完善党委领导下的校长负责制，制定大学章程，处理好学术权力和行政权力的关系；建立和完善教授委员会，保障教授充分发挥其在学术领域的作用，推行民主管理；科学设置和管理每个岗位，改革分配制度，完善人才激励的有效机制；理顺内部管理的校、院、系三级管理关系，充分发挥广大师生员工的集体智慧和力量，共同推进高校科学发展。要打破封闭的办学体制，扩大社会合作，实行与地方和行业企业共建，形成面向社会、服务社会、吸纳社会主动参与的开放办学格局。只有通过内部治理，高等学校办学的管理水平才能够在实现自我提高的基础上具有参与国际竞争的基础和能力。

加强分类指导和政策扶持。政府和教育主管部门对高校的分类指导是实现高等教育办出特色、创新发展的重要方式。对各高校科学定位，把特色兴校作为发展的战略思路，推进学校发展与"区域经济社会发展的实际需要、国家高等教育和科学技术的发展趋势、学校的历史传统"的有机结合；在科学定位的基础上对不同类型、不同层次的高校进行分类指导，完善考核竞争机制，激发危机意识和发展动力；无论是对建设高水平大学而言，还是对扶持发展较弱高校而言，都给予适当的政策倾斜，落实高校办学自主权，推进高校自主发展。特别要针对民办高校的办学实际，完善体制机制，促进民办高校灵活管理体制和运行机制优势的充分发挥，引导民办高校面向高等教育的国际市场，加速国际化进程。

加大对高等教育财政的研究与投入。云南省高等教育的投入虽不断加大，但就高等教育规模扩大的速度和质量提升的难度而言，其总量仍显不足，多元化的投资体制尚未健全，许多高校的发展都面临资金紧缺的困局。要加强对类似呈贡大学城建设和运行所面临的经费短缺问题的研究，切实解决好高校的债务问题。目前，各高校办学成本的激增，学校债务负担沉重，导致许多高校呈贡校区教学、科研、后勤设施等配套经费短缺，配套基础设施跟不上学校快速发展的步伐，制约了呈贡校区各项工作的正常运行和整体功能的发挥。

产业化经营。着眼于东盟市场，引入市场机制，以市场配置资源，积极主动地开发利用国际高等教育的资金、师资等资源，实现高等教育资源的最优配置。

推进创新发展。对于今天的云南，加速知识创新和技术创新显得更为迫切，尤其是面对区域经济一体化与区域高等教育国际化，能否在激烈的国际竞争中占有一席之地，高校在专业设置和学科建设中要做到"有所为，有所不为"，注重突出重点，强调特色，突出亮点，树立学校、学科和专业品牌。坚持以协同创新的思维建设新的学科增长点，形成更强的学科实力，提高各高校参与世界竞争的实力。

五　建设制度环境 保障持续发展

改革高等教育管理体制，推进现代大学制度的建立，形成与国际接轨的大学管理体制。高等教育管理体制改革是推进高等教育发展的关键环节之一，建立现代大学制度，理顺政府与高校之间的关系是高等教育管理体制改革的目标。转变和规范政府行为，理顺政府对高校的管理，简政放权；改革财政投入机制，建立多元的高等教育投资体制；淡化大学的行政化色彩，建立教授委员会，规范行政权力与学术权力的运行，使大学回归学术追求与学术自由；推进高校全面实施以聘任制为主、进行绩效考核的内部人事管理制度改革。通过现代大学制度的建立，进一步明确政府部门对不同类型、不同层次高校管理所担负的职责和角色，加强分类指导，有效落实办学自主权，提升高校办学灵活性、积极性和创造性，形成与国际接轨的现代大学管理体制，为国际化的推进奠定基础。

完善地方性法规、制度、办法。2011 年，云南省通过制定《云南教育事业发展"十二五"规划》、《关于深化改革大力发展高等教育的决定》等政策，使省内高等教育明确了今后一个时期的发展目标和发展思路。在宏观政策的层面，在总结已经实施的《关于加快推进高等院校实施"走出去"战略，提高高等教育国际化水平的若干意见》、《云南省高校实施"走出去"战略"十一五"发展规则》的基础上，根据国务院《关于支持云南省加快建设面向西南开放重要桥头堡的意见》中对外开放的总体布局、产业布局、发展战略性新型产业的要求，制订《云南省桥头堡建设中的高等教育国际化发展的方案》，通过此方案的制订，落实"桥头堡"战略的高等教育国际化布局，推进各项工作的深入开展。在具体措施层面，要根据云南省高等教育的发展新实际，修订、完善针对吸引和管理来华留学生的《云南省接受外国学生管理暂行办法》、《云南省政府奖学金招收周边国家留学生管理办法》等政策性文件，还应制定云南省鼓励实现留学生双向交流的指导性办法，有效扩大留学生规模；完善云南省地方公派留学基金的配套管理办法，加强选派的学科、专业规划，改善重派出选拔、轻过程管理的做法，实施好国家公派、西部项目和地方公派项目，提高教师国际交流的实效。

完善高等学校国际化发展的评价指标体系。在已有的评价办法的基础上，完善客观的高校国际化的评价指标体系，引导高等学校树立自主开展国际化的理念，规划国际化发展战略，设置开展国际化办学所需的机构，改善国际化办学的师资队伍结构，提高学校课程设置的国际化水平，优化来华留学生结构，提高凭借自身实力来增加中外合作办学的项目，促进国际合作科研工作水平的提升，加速各高校提升在国际化竞争中学科、师资、课程体系、制度等核心要素的水平；探索建立国际化发展成效与财政投入挂钩的评价考核办法，引导高等学校对国际化的科学定位、分层建设、分类发展、自主发展。

完善中外合作办学的管理办法体系。完善中外合作办学的相关法律法规，解决好合作办学资格认定、学位或毕业证书互认等问题，并为其提供法律保障。

第 六 章
云南面向东盟高等教育国际化发展策略

云南面向东盟高等教育国际化发展对策，是在前述章节对云南面向东盟合作发展情况、高等教育合作交流现状、发展前景以及发展思路的研究基础上，提出的一个既层次分明又彼此有关联的体系。对策从宏观战略到微观主体几个方面，以云南省面向东盟高等教育国际化发展的战略目标为出发点，从现实和发展的角度进行分析研究，探索思路新颖、逻辑严谨、可操作性强的对策体系。

第一节　开展宏观战略设计

高等教育国际化是将原来隶属于本行政区域传播知识、生产知识的高校服务职能扩展到行政区以外的教育过程，在这个过程中，可以有效改善高等教育资源的配置，有利于高等学校扬长避短，共同发展。云南省作为中国面向西南开发的"桥头堡"，在推进面向东盟高等教育国际化发展中已具有发展国际化的主观愿望和一些必备的基础，也有良好的机遇、条件和有利因素，云南面向东盟高等教育国际化宏观战略规划设计的目的是面对庞大、复杂、涉及面广的国际化进行战略性研究，对宏观性、长远性的国际化发展进行布局，对其进行发展谋划性设计，在战略构架的指导下有序、有效、深入地开展各领域的国际化实践，促进国际化实践的协调发展，具有全局性的意义。

在前述分析研究的基础上，根据中国与东盟各个国家经济社会与高等教育的现实与未来发展前景，云南省面向东盟高等教育国际化发展战略包括层次化合作战略、大湄公河次区域一体化差异性发展战略、云南大学联盟、国际教育集团和高等教育规划布局等五个战略。

一　层次化合作战略

根据东盟各国的社会发展状况、经济发展水平、高等教育现状的分析，在本书中将东盟十国高等教育划分为三个层次：第一层次为高等教育发达国家，包括新加坡、泰国、马来西亚三国；第二层次为高等教育发展中国家，包括越南、菲律宾、文莱、印度尼西亚四国；第三层次高等教育欠发达国家，包括老挝、柬埔寨、缅甸三国等。根据三个层次的差异，采取层次合作战略。

（一）战略定位及目标

层次化合作主要是通过对东盟国家高等教育的发展现状进行三个层次的划分，根据各个层次的高等教育状况，制定不同的战略目标。与第一层次开展国际化的战略目标是学习、引进、借鉴这些国家的高等教育发展经验，加快云南高等教育国际化进程，进行国际汉语推广；与第二层次开展国际化的战略目标是建立互惠互利、合作共赢的模式，在学习中借鉴，在交流中融入国际化市场；与第三层次开展国际化的战略目标是建立云南与三个国家的高等教育战略伙伴关系，开展联合办学，有效输出高等教育资源。通过与三个层次国家的合作，促进云南省部分高校与"东盟大学联盟"实现深度合作与交流，促成云南部分高校创造条件加入"东盟大学联盟"。

（二）战略思路及重点

1. 与第一层次合作的战略思路及重点

进行国际化战略规划，加强与国际合作组织、与各发达国家政府、与知名企业和教育机构、与权威研究机构的合作。

进行高水平的联合科学研究。在传统优势学科"走出去"、拓展汉语需求的基础上，以发展新兴学科、交叉学科为增长点，努力发展特色学科；遴选合作对象和领域，精选可能实现双赢的项目。

在学科建设的基础上，不断引进符合全球化需要的专业、教学计划、课程设置、教学方法和模式，开设新型专业，建设有特色的专业群，避免与东盟国家的同质化竞争。

开展联合办学，加强英语教育，提高国内学生的英语水平；加强国际理解教育，注重跨文化交流；加强云南急需的物流、金融、教育推广人才的培养，加强小语种人才培养；开展国际汉语教育，招收留学生及派出学生到国外学习，形成国际化的双向流动。

引进国际化的管理思想，建立一支有国际背景、高水平、多元文化背景的学术骨干和管理骨干，按照国际上大学的通行管理模式进行管理，倡导具有国际化视野、实施本土化实践的国际化；开展中青年教师和管理人员的跨国培训，培养、建立国际化的师资队伍。

参加并支持"电子东盟"的建设，在远程教育、网络教育等领域拓展合作空间。

2. 与第二层次合作的战略思路及重点

开展中青年教师和管理人员的跨国培训，加强联系，促进理解；开展联合办学，进行多元化的办学实践，满足不同的需求目标；加强英语教育，提高国内学生的英语水平；开展国际汉语教育，形成国际化的双向流动；加强国际理解教育，注重跨文化交流，加强小语种人才培养；联合开展高水平的科学研究，遴选合作领域及对象，精选可能实现双赢的项目。

3. 与第三层次合作的战略思路及重点

建立更有效的沟通交流平台与对话机制，以项目的方式广泛开展合作，促进双方睦邻友好。

实施对外方管理、学科骨干的培养，开展双方中青年教师和管理人员的跨国培训，加强联系，促进理解。

建立海外分校，开展联合办学，实施以对方需求为导向的专业联合共建，培养这些国家需要的专业人才。

开展国际汉语教育，加强国际理解教育，注重跨文化交流，形成国际化的双向流动。加强小语种人才培养。

二 大湄公河次区域一体化差异性发展战略

（一）战略定位及目标

基于地缘的优势，在与大湄公河次区域（GMS）五国在政治、经济合作态势良好的背景下，云南在促进 GMS 高等教育一体化进程中，以尊重差异为前提，深化高等教育的合作，改善高等教育合作的自发性、局部性、短期性、非制度化等不良状况，逐步建立高等教育共同体，发展到制度合作的层面，形成有效的合作，推进 GMS 高等教育一体化进程。根据五国的高等教育的现实和特点，采取不同的措施，有针对性地推行差异化发展战略，逐步争取 GMS 教育市场的份额。

（二）战略思路及重点

1. 推进中国与大湄公河次区域（GMS）五国高等教育一体化进程。基于《中国—东盟全面经济合作框架协议服务贸易协议》中教育服务与高等教育开放的规定，在国际化实践中，通过协商，完善合作机制、建立制度框架、制定规范、达成协议或条约，推进云南代表中国与大湄公河次区域（GMS）五国高等教育的一体化进程。

2. 按照层次化合作战略，对云南与 GMS 五国每个国家进行高等教育合作与交流的战略设计。

3. 加强学科建设，提高国际化的核心竞争力。整合云南省高等教育的学科资源，做大做强优势学科，以传统优势学科为走出去的基础，发展新兴学科、交叉学科为增长点，构筑学科发展格局。

4. 细分 GMS 国家的高等教育需求，巩固汉语与中医等特色专业在合作办学中的优势；根据云南与 GMS 国家产业结构特征及发展趋势，建设有特色的专业群，开设资源型产业，诸如橡胶、矿产、生物资源等所需的新型专业，避免与东盟国家的同质化竞争。

5. 建立次区域联合科学研究与交流的平台，开展云南与周边国家在共同关注生物样性、生物制药、能源与材料、农业可持续发展等领域的研究。

6. 与泰国合作交流的重点：完善中国与泰国开展高等教育全面的战略伙伴关系建设；完善云南与泰国已经建立良好关系大学的合作机制；加强我国留学生在泰国就读最多的泰语、工商管理和英语三个专业办学的力度，提高云南高校这三个专业的办学水平；加强对汉语国际推广的特色项目培育；加强汉语教材和汉语网络教学系统的开发；注重孔子学院的管理与发展，汉语国际推广教师、志愿者的选派；开展高水平的联合科学研究；加大具有实质性而非访问性的合作项目的开展力度。

7. 与越南、老挝、缅甸、柬埔寨四国合作交流的重点：开展国际汉语教育，加强国际理解教育，注重跨文化交流，形成国际化的双向流动；实施对外方管理骨干、学科骨干的培养，开展双方中青年教师和管理人员的跨国培训；增加对汉语国际推广教师、志愿者的选派；实施以对方需求为导向的专业联合共建；开展联合办学，建立海外分校，培养这些国家需要的专业人才；加强小语种人才培养。

三　云南大学联盟

（一）战略定位及目标

基于云南在昆明9所高校已完成前期建设，以及入住呈贡大学城，使得在大学城高等教育资源集中，基本具备了发展大学联盟的基础。构建"云南大学联盟"，就是在条件不是很好的情况下，借鉴国际区域大学联盟的发展方式，依托政府为主导，教育主管部门统筹协调，拓展思路，整合云南主要的、有特色的高校资源，通过构建学术共同体和专业共同体，打造鲜明的办学特色，建设有实力的学科、专业并多出科研成果，构建面向东盟人才培养高地，提高高等教育的核心竞争力，加速国际化的发展。

（二）战略思路及重点

1. 制度、机制的建立。以政府为主导，由教育主管部门统筹协调，制定有关高校联盟的长远规则和短期计划，发挥政府的宏观调控功能，统筹决策，指导高校联盟的建设。通过制定政策、法规、联盟章程、发展规划、实施计划来从宏观上消除大学联盟的体制性障碍。

2. 设置管理监督机构。建立由包括由各校领导和专门机构负责人组成的董事会，设立相关职能部门负责人和专家、教授组成的合作规划委员会，设立相应机构，协调监督联盟的运营。

3. 建立完善契约、协议体系。大学联盟的高校都具有独立的法人地位，联盟体内通常意义上的组织机构和层级管理体系，建立完善的契约、协议运营机制，管理是基础。

4. 建立资源共建、共享体系。建立教师互聘制度，解决因扩招带来的人才、师资方面的压力，解除各校师资结构性短缺的问题，提高办学效益。建立教学资源及网络学习共享平台。

5. 建立质量保障体系。建立统一的学分转换互认制度，学分转换和互认是实现联盟内资源共享的前提和质量的保障。建立以省级各专业教学指导委员会为主导的专业建设与专业调整机制。完善教学过程、学习过程的质量监控，建立统一的质量保障标准。建立研究生联合培养机制。

6. 建立专业共同体。构建以相同或相近专业教师组成的专业共同体，在持续的专业合作发展过程中，发展其专业深度的学科知识和教学知识，创新发展，提升科研能力和教学水平。

四　国际教育集团

（一）战略定位及目标

基于云南在中国面向东盟、南亚对外开放与合作的战略地位，实施"桥头堡"建设的总体目标和布局，成立由政府主导、控股的"云南国际教育集团"，通过国际教育集团的建立，引入企业化的经营理念和思维，在高校推进大学联盟的进程中，对云南高等教育资源整体打包，集中优势，突出特色，以集团的方式开拓国际高等教育市场，以"集团＋学校"实施国际化项目，实质性地推进云南高等教育国际化。

（二）战略思路及重点

1. 创新发展理念。引入国际教育集团的经营理念，架构"云南国际教育集团"的组建，建立章程，明确集团与高等学校之间的权责，规范集团与高等学校的经营与运作模式。

2. 统筹高等教育国际化资源。梳理云南省高校的优质高等教育资源，建立分学科、分专业的资源整合模式和办法，改变资源分散、优势不突出、国际化竞争力不足的状况，形成云南省高等教育国际化的竞争优势，形成对外开放的窗口。

3. 建立高等教育综合人文交流平台。改变目前网站和信息交流平台单一形态和内容的状况，整合云南高等学校的优质教育资源和云南民族文化资源，建立集各高校基本情况介绍、对外交流与合作状况、整合后的优势特色学科及专业、民族文化荟萃、人文地理介绍、留学政策咨询、留学在线服务等功能的、多语种的高等教育综合人文交流平台，并以此作为面向东盟开展高等教育国际化的"一站式"服务平台，提高信息服务的权威性和高效性。

4. 开拓国际教育市场，推进高等教育合作。积极引进外资，建立高科技孵化器和孵化平台，把"云南大学联盟"建成面向东盟国家开放的国际教育基地和人力资源开发中心。积极开拓国际教育市场，建立与国际高等教育机构的合作，寻求合作对象、拓展合作领域，整合云南高等教育资源，实现与东盟高等教育的深度合作。

5. 推进"云南大学联盟"加入"东盟大学联盟"。加强与东盟大学各成员国间的高等教育合作与交流，提高云南在东盟各国高等教育竞争中的地位，推进"云南大学联盟"加入"东盟大学联盟"，推动云南高等教育的国际化进程。

五 高等教育规划布局

（一）规划高等教育发展规模

从本书第三章的指标体系来看，高等教育规模指标包括高等学校总数、高等教育经费投入总额、高等学校固定资产总值、高等学校毛入学率、每万人接受高等教育人数，四个指标都在稳步增长，如图 3-1、图 3-2、图 3-3、图 3-4 所示，但与全国相比，云南省高等教育规模与全国平均水平差距较大，以毛入学率为例，2011 年，全国高等教育毛入学率达到 26.9%，而云南省高等教育毛入学率为 23.0%，低于全国 3.9 个百分点（如表 6-1 所示）。

表 6-1　　　　全国和云南 2000—2011 年高等教育毛入学率比较　　　单位：名

年份	2000	2001	2002	2003	2004	2005	2006	2007	2008	2009	2010	2011
全国	11.0	13.0	15.0	17.0	19.0	21.0	22.0	23.0	23.3	24.2	26.5	26.9
云南	4.9	6.7	8.6	11.0	11.2	12.7	14.0	14.6	16.7	17.6	20.0	23.0

资料来源：相关年份全国教育事业发展统计公报、云南省统计公报。

高等教育毛入学率偏低，阻碍了云南高等教育的全面发展。因此，云南省必须抓住全国大部分地区进入高等教育大众化的有利机遇，在规模速度上，总体上与全国保持同步发展。经过多年的持续建设，办学条件有了较大改善，有了扩大规模的基础。《云南省教育事业发展"十二五"规划》也明确提出："'十二五'期间，提高高等教育大众化水平，毛入学率达到 30%。"《云南省中长期教育改革和发展规划纲要（2010—2020年)》指出："适度扩大高等教育规模，到 2020 年，全省教育整体水平达到全国平均水平，高等教育毛入学率达到 40% 以上；努力提高高等教育质量并积极推动高校办出特色。"

（二）改善高校布局和优化高等教育结构

改善布局。着眼区域发展，创办后发达地、州地方高校来改善云南高等学校的布局，逐步合理配置云南省内高等教育资源。增设后发达地、州地方分校，借鉴云南大学在丽江建立旅游文化学院的成功经验，鼓励在昆明的省内重点高校到边远地区去办分校。

158

优化层次结构。根据云南社会经济发展和产业结构调整对不同层次人才的需求，在层次结构目标上应"重点发展两头，适度发展中间"，要大力发展专科性质的高等职业教育，加快发展研究生教育，适度扩大本科生规模，民办高校以培养本科生、专科生为主，职业学院以培养特色专科人才为主，使高等教育层次结构更趋于科学与合理。

第二节　加强制度环境建设

高等教育属于服务业，高等教育国际化除遵循必要的服务业政策之外，还应该针对教育本身的独特性、国内教育界对教育贸易功能认识的局限性等问题，由政府主导、学校参与创造有利于高等教育国际化的政策、机制、财政支持等软环境。

一　完善地方性法规

高等教育国际化合作对象涉及不同主体，领域不同，且文化背景差异大，因此，制定和完善符合国际规则的地方性法规对规范和促进高等教育国际化具有重要作用和意义。围绕国务院《关于支持云南省加快建设面向西南开放重要桥头堡的意见》中对外开放的总体布局、产业布局、发展战略性新型产业的要求，按照制定《云南教育事业发展"十二五"规划》等精神，建立和完善国际化的相关政策、措施、规定，建立制度保障体系。

制订高等教育"桥头堡"建设方案。在总结已经实施的《关于加快推进高等院校实施"走出去"战略，提高高等教育国际化水平的若干意见》和《云南省高校实施"走出去"战略"十一五"发展规则》的几个意见、办法的基础上，根据制订《云南省高等教育"桥头堡"建设战略的方案》，通过此方案的制订，落实"桥头堡"战略的高等教育国际化宏观布局、目标、途径及任务等。

制定落实国家政策的办法。近年来，我国政府出台了一系列鼓励中国高等教育国际化的宏观政策，使中国高等教育国际化有了法制化的基础，这些政策涉及人员交流、合作办学、外语学习、学术交流等方面，尤其是国家不断加大对西部地区教育的政策倾斜力度，实施支持西部开展国际交流与合作的"三个走入"工程。制定相应的措施，全面落实各项国家政策，积极调动各高校开展国际化实践的积极性，实质性地推动西部高等教育国际合作与交流。

完善促进和扩大国际人员交流的制度体系。针对《云南省中长期教育改革和发展规划纲要（2010—2020 年）》中提出的对外合作原则，建立和完善面向东盟留学生的《云南省政府奖学金的实施办法》，鼓励招收周边国家学生，加强留学生的选拔，扩大来滇留学生规模，加强奖学金的管理，发挥政府奖学金的激励和导向作用。创新和完善《公派出国留学管理办法》，加强过程管理，提高目标管理的落实，提高公派留学效益。制定《选拔海外留学人员来滇工作办法》，制定完善的、有较大吸引力的政策措施吸引优秀留学人员来滇服务，构建海外人才库。

制定鼓励对民族文化资源进行保护性开发的措施。高等教育国际化，教育的特色和质量是主题，教育的学科专业是主角。强调国际化的具有特色的发展，不仅要把学科和专业建出水平，实现差异化，还应该把文化中的特色充分开发出来，通过文化吸引力的辅助，实现"文化搭台，教育文化共同唱戏"的局面。充分重视云南丰富的民族文化资源，出台鼓励对少数民族文化进行开发的措施，整合文化产业部门，搭建文化与教育互融的针对东盟各国的、多语种的交流与宣传平台，促进不同文化间的理解和认同，以少数民族文化的开发来促进高等教育国际化的发展。

二　建立现代大学制度

改革高等教育管理体制，推进现代大学制度的建立，形成与国际接轨的大学管理体制。高等教育管理体制改革是推进高等教育发展的关键环节之一，建立现代大学制度，理顺政府与高校之间的关系是高等教育管理体制改革的目标。转变和规范政府行为，理顺政府与高校的管理，简政放权；改革财政投入机制，建立多元的高等教育投资体制；淡化大学的行政化色彩，建立教授委员会，规范行政权力与学术权利的运行规则，使大学回归学术追求与学术自由；推进高校全面实施以聘任制为主、进行绩效考核的内部人事管理制度改革。通过现代大学制度的建立，进一步明确政府部门对不同类型、不同层次高校管理所担负的职责和角色，加强分类指导和支持，有效落实办学自主权，提升高校办学的灵活性、积极性和创造性，形成与国际接轨的现代大学管理体制，为国际化的推进奠定基础。

完善高等学校国际化发展的评价指标体系。在已有的评价办法的基础上，完善客观的高校国际化的评价指标体系，引导高等学校树立自主开展国际化的理念，规划国际化发展战略，设置开展国际化办学所需的机构，完善国际化办学的师资队伍，提高学校课程设置的国际化水平，优化来华留学生结构，开展靠自身实力进行中外合作办学的项目，促进国际合作科研工作水平的提升，加速提升各高校在国际化竞争中核心要素水平和实力；探索建立国际化发展成效与财政投入的挂钩的评价考核办法，引导高等学校实现对国际化的科学定位、分层建设、分类发展、自主发展。

三　创新合作办学制度

中外合作办学作为云南省目前开展高等教育国际化的重要的和发展潜力较大的形式，创新制度是促进云南—东盟高等教育合作办学发展的必由之路。

（一）探索建立特许学校

建立特许学校是中外合作办学多种形式中的一种，是跨国高等教育重要形式之一。我们要就目前我国两种主要的合作办学形式，独立设置、具有独立法人资格的中外合作办学机构和非独立设置、隶属高等学校的二级学院、一般合作办学项目的中外合作办学机构，探索建立基于第一种形式的独立设置、具有独立法人资格的特许学校，用新的理念和方式解决好目前中外合作办学中存在的主要问题。

特许学校就是要在政策上不同一般，灵活、宽松的机制环境，解决好通常合作办学项目在实施中合作方的身份和地位，在遵守我国相关办学政策的前提下拥有充分的办学的自主权，自主招收海内外学生，自主地按照国际惯例教学和管理，师资国际化，开设与市场发展紧密结合的最新课程，培养高层次国际化人才，向云南省高等教育体系输入优质的教育资源、理念和模式。在合作的项目上要选择推进云南与东盟合作急需的农林、矿冶、禁毒和反恐、文化开发与推广等专业，在专业设置方面最好能形成互补效应，在科学研究上能够促进知识和技术的转移；在师资队伍的组建上要以国外教师或有海外留学经历的教师组成的专职教师为主；在办学经费上要改变以财政投入、依靠学费运转为主，吸引国外和民间的资本的参与，扩大高等教育供给；要建立与国际接轨高起点的独特的办学理念，建立起完整的质量保障体系，改变合作办学项目和机构的生源相对较差的现象，维护好合作办学的声誉；根据学校的办学需求和实际，自主开展教学，进行管理。通过特许学校的建立，推进云南对外合作办学的创新发展。

（二）完善中外合作办学的组织形式

在合作办学中，专业设置、课程引进等国际化的外显性项目是相对容易实施的，但是借鉴什么样的制度才能保证大学国际化的目标和理念得以实现，在合作过程中对国外办学体制与机制、现代大学制度架构与设计的学习与借鉴更是国际化中的重要内容，要通过人员流动、项目的开展来提升理念、完善内部治理、提高学校的实力。总结云南农业大学、云南财经大学国际工商学院等合作办学的经验与教训，应进一步完善办学的组织形式。

管理体制的完善。探索建立董事会领导下的院长负责制、党务干部学校委派制。董事会由合作方和中方相关领导和人员组成，董事会主要负责学院章程修订、学院发展、规划的制定、终止，财政预算审核，重大设备和基础设施的投入和建设等；院长执行董事会的各项决议，负责学院的日常管理，组织实施各项教学等工作；探索董事会与学院党组织的关系，完善、明晰党的领导与院长独立主导学院实际运营的关系和权责，完善沟通机制，建立决策权与执行权分离的管理机制。

教学管理的改进。为确保合作办学过程既强调合作又兼顾国情，建立中方质量监控专家评议机构，对外方的学科、专业进行综合研究和分析，并就专业发展趋势和云南东盟的国际市场对人才的需求进行预测，对包括教学大纲、计划、课程、教材、智力、教学模式、管理模式等积极、有针对性地引进。

人力资源管理的改进。完善学院领导经董事会提名、学校党委任命的办法，教职员工的招聘、解聘、薪酬等人力资源的管理在董事会领导下由学院自主开展，引进竞争机制，实行人事代理制，规范用工制度，建立起新型的人力资源管理机制和模式。

（三）推进学历互认工作

据教育部公布，2011 年 11 月中国签署了《亚太地区承认高等教育资历公约》，中国推进了与亚洲国家学历、学位和文凭的相互承认，这对于促进高等教育国际化的发展、消除服务贸易中的技术壁垒、推动知识与人才交流的意义重大。2012 年来华留学生数同比增长 12.21%，亚洲来华留学生数增幅显著，同比增长 10.48%，在 2012 年来华留学生生源国家排序中，泰国、印度尼西亚和越南分别排在第 4 位、第 6 位和第 7 位[1]。按照目前中国与东盟的高等教育建立发展趋势，应加快推进学历互认工作，在与泰国和马来西亚签订了互认协议的基础上，中国与菲律宾的高等学历互认协议的前期已经完成，与文莱的高等学历互认协议也进入了磋商阶段。

对云南而言，国际化过程中的高等学历互认，具有与发达国家签订此协议的常规意义，更有与周边高等教育欠发达国家签订互认协议的战略意义，要实现高等教育向湄公河次区域国家的输出，实现教育服务、人员的跨国流动，推进高等教育一体化进程，就要在《亚太地区承认高等教育资历公约》的框架下，利用该公约的国际法规的权威作用，制定次区域内各个国家共同的学历、文凭和学位相互认可行动公约，为云南高等教育的国际化提供制度保障。

（四）建立学分互认，学位互授联授的合作办学机制

对已开展合作、有良好合作基础的学校，在推进合作办学的过程中，应建立通过互派学生、推进学生的国际交流，互派教师、促进教师的国际化；建立双方培养方案、课程计划的对接协调机制；建立实现双方教学管理、成绩对接的管理信息系统接口；努力推进办学的双方互动，达成双方教育质量的相互认可，推进学分互认。推进国家层面的磋商与沟通，完善相关制度和协议，实现对合作办学过程中学位的互授联授，促进合作办学的深入发展。

四 加大经费投入力度

（一）加大财政性教育投入

经济理论表明，教育有着很强的正外部性，因此在教育经费方面，政府的财政投入作为高等教育经费的主要来源，不允许加大投入。从世界各国的经验来看，国际通用的是把公共教育支出占国内生产总值的比例作为衡量一国政府对教育经费投入水平的主要指标。我国所采用的与该比例相对应的指标是财政性教育经费占国内生产总值的比例。2010 年通过的《国家中长期教育改革和发展规划纲要（2010—2020 年）》指出，截至 2012 年，国家财政性教育经费支出占国内生产总值比例要达到 4%。按照此要

---

[1] 《教育部新闻发布》（http://www.moe.gov.cn/publicfiles/business/htmlfiles/moe/s7135/201302/147997.html）。

求，云南应加大财政性教育支出。

生均预算内公用经费是反映行政区域之间政府财政教育投入差异最敏感、最直接、最关键的经费指标。对云南省高校生均预算内公用经费分析，近十年中有起伏，其中 2005 年降到最低点，该年数据显示不足 2000元，生均教育经费指标落后，政府财政教育投入比例严重偏低是我省教育经费结构和投资水平的基本事实。2006 年后止跌回升，截至 2010 年超过9000 元，生均预算内公用经费拨款总体呈上升趋势，最近几年有了较大幅度的增长，特别是 2011 年生均经费预算拨款标准达到 10000 元/生/年，这是云南省不断提高对教育的重视，加大财政投入的结果。虽然总体经费不断增加，但扣除整体物价上涨等宏观经济的因素，云南省对高等教育的投入力度比起国内发达地区还是有较大的差距。因此，对高等教育整体投入的程度直接影响到高等教育国际化的经费支持，应建立起按照云南省财政收入增长的速度与教育经费投入比例的调整机制。

（二）解决高等学校债务问题

云南省在近十年推进高等教育大众化的进程中，部分高校完成了改建、扩建工程，有 9 所高校实现了整体搬迁、入住大学城，办学条件得到了巨大改善，实现了跨越式发展；同时，在基础条件较为薄弱的情况下，通过本科教学评估、地方性重点大学建设、中西部高等学校基础能力提升工程等，在加强教学、科研条件建设，提高学校条件保障方面也有了较大改善。云南省各高校在全面推进发展的同时也面临着沉重的债务负担，据统计，截至 2010 年，云南省本科院校的贷款余额达 90 余亿元，资产负债率较高，并且很多学校已经到了还贷的高峰期，资金负担已经严重影响到学校正常的发展。

要解决好债务问题，云南高校除了挖掘内部潜力、提高资金的利用率、勤俭办学，以及在政府的支持下通过资产置换，用好国家化债奖励补助机制政策外，更重要的是要通过地方政府每年安排专项预算资金逐年偿还高校的贷款本金，还要以财政贴息、补息的特殊方式，逐年减少高校债务，同时对今后高校的固定资产投资及建设项目建立由政府财政投入的机制，避免高校因必要的建设产生新的债务积累；要建立政策和措施，鼓励社会捐赠来支持办校、办学，探索多渠道筹措资金的方式，解决好高等学校的资金负担，集中精力抓紧提升学校的实力。

第三节　提高高校竞争实力

作为特定区域之间的高等教育国际化，高等学校是实施的主体，如何在中国—东盟一体化进程中和高等教育的合作与交流中占据有利地位，提高国际化的水平，高校自身能力的提高是核心，也是其本质所在。

一　建设高水平大学

区域高等教育的发展，必须建设一定数量的高水平大学实现示范和引领作用，以促进整体高等教育的实力提升，这是国际高等教育发展的重要经验。"中西部高校基础能力建设工程"（西部"211"工程）是我国继实施"985"和"211"重点大学建设工程之后的又一重大举措，是中西部高等教育振兴计划的一部分，目的是重点建设一批有特色、有实力的省部共建或省属重点大学，是提高西部高等学校能力的工程。

中西部高等教育振兴计划是全面提升中西部高等学校实力的工程，云南省入选中西部高校基础能力建设工程的四所学校分别是云南大学、昆明理工大学、云南师范大学、昆明医科大学，四所学校中，云南大学同时也是"211"重点建设大学，云南如何抓住四所学校入选西部"211"工程的契机，在进行基础能力建设的同时做好顶层设计，全面规划，提高建设质量，提升学校的整体实力和水平，必须要对此进行设计。

明确定位。四所高等学校要明确发展定位和目标，发展定位和目的确定，既要考虑学校自身的传统和优势的延续，更应该具有面向云南与东盟这个大市场，服务云南地方经济与社会发展的责任意识。云南大学发展思路和主题为"努力建设区域性高水平研究型综合大学"；昆明理工大学发展思路和主题为"提高质量，科学发展全面建设特色鲜明高水平大学"；云南师范大学发展思路和主题为"综合集成，特色内涵兴校，加快建设区域特色鲜明的高水平大学"；昆明医科大学发展思路和主题为"努力建设高水平医科大学"[①]。这些发展方向和思路，为高校发展目标的设定、发展原则的明确、发展措施的强化、考核体系的完善等提供了有利的理论支撑和方向引导。

---

① 云南省 2012 年高等学校书记校（院）长座谈会交流材料。

学科建设。发展好目前已有较好基础和优势、特色的学科，抓好交叉学科、地方特色学科的培育建设。

平台建设。抓好国家重点平台和基地的培育，抓好教育部工程中心和重点实验室的建设，改善基础教学实验条件。

师资队伍。抓好云南省高端人才的引进，教育部创新团队的培育和建设，抓好学术、技术带头人的培养，着力提高专任教师的学历层次，加大国家公派和地方公派留学人员的派出力度，建立和完善以绩效考核为主的激励机制。

教学质量。强化教学的基础性地位，抓好国家级实验示范中心等检查、考核等建设工作，抓好国家级教学名师的培养力度，在现有课程门类的基础上，加大国际级精品课程的建设力度，加强课程的综合改革；深化人才培养模式的改革，以强化教学实践环节为切入点，加大实训基地建设，提高学生的实习、实践效果，加强就业、创业教育，提高学生就业能力和就业率。

二　实施沿边高校建设

云南地处中国西南部，是中国通向南亚、东南亚的出口，其西部同缅甸接壤，南边与老挝、越南毗连，有 4060 公里国境线，有 20 多条出境公路，与泰国、柬埔寨、孟加拉、印度等国距离较近，有 13 个民族与境外同源同根民族跨境而居。云南有 8 个边境地州，26 个边境县。云南"桥头堡"发展战略中实施的沿边开放高地建设，需要智力、人才的支撑，特殊的地理环境，使得云南与周边各国的教育交流呈现多层次、立体化、全方位的格局。

云南省 8 个边培地、州中有 7 个州、市有高等学校，沿边的 7 所高校分别是红河学院、保山学院、文山学院、普洱学院、德宏师范高等专科学校、临沧师范高等专科学校、西双版纳职业技术学院，沿边高等学校在多年的办学中为社会发展提供智力支持、培养科技人才、稳定边疆等各方面作出了很大贡献，各校的特色学科建设、专业建设也取得了一些成就。红河学院在生物资源、天然药物开发与利用等领域取得了长足的进步和丰硕成果；"红河州越南研究中心"开展滇越合作研究，中心是红河州人民政府对越南开展国际合作的智囊机构；"国际哈尼/阿卡研究中心"的哈尼族研究在国际上享有盛誉。西双版纳职业技术学院依托云南省"实用技能国际人才培养基地"，开展的面向本地区社会发展的人才，开设应用泰国语等有特色的专业，建立了"校内、校外、跨国"三结合的完备的实习、实训体系，被列为云南省实施"走出去"战略试点高校；普洱学院在版画艺术、民族文化、普洱茶文化研究等领域有明显的特色和优势。沿边高校经过多年的建设虽然具有一定的规模和基础，但是总体在学科实力、人才培养的质量、师资队伍、基础设施、学校规模等方面存在明显不足。主要表现在服务本地区，特别是面向相邻国家利用接壤的区位优势开展国际化的合作与交流的能力不足，阻碍了学校的发展。

开展沿边高校建设，可以从以下几个方面入手：

基础设施和条件建设。加大财政投入，建立鼓励社会资本参与高校建设的机制，加强沿边高校的基础设施和条件建设。

发展思路和目标的定位。突出和强化服务本地区社会发展和经济发展的主导产业和特色，同时开展面向相邻国家开展国际交流与合作的需要进行目标定位。

特色发展。通过差异化发展，做强学科专业特色，建出学校特色。围绕产业发展，红河学院在生物资源、天然药物开发与利用、民族文化研究等领域加快发展；文山学院在生物资源开发、"三七"研究方面做出特色；普洱学院继续强化版画艺术、民族文化、普洱茶文化的研究与开发；西双版纳职业技术学院在实用技能国际人才培养方面做大做强；保山学院、临沧师范高等专科学校、德宏师范高等专科学校立足民族教师教育，拓展特色专业发展；同时在有基础和条件的学校开设相邻国家语种教育，建立国内与国外一体的实习、实践基地。

学科专业的省内联合共建。7 所沿边高校都是由师范院校发展起来的，教师教育和师范类学科和专业的建设，要依托云南师范大学 2013 年在省教育厅指导下成立的"教师教育联盟"开展合作共建；生物资源开发、特色农产品的研究与开发要依托云南大学、云南农业大学、云南省农科院等进行联合共建，形成各校特色发展格局；民族文化研究可以依托云南民族大学、省级民族文化机构进行合作；农林经济专业建设依托云南农业大学和西南林业大学实施。

对口帮扶建设学科和师资队伍。利用其他发达省区市对口扶贫的机遇与条件加强学科建设和师资队伍建设。利用上海对口帮扶云南省，国家部委机构与发达省市对口帮扶云南省边远地州的机遇，创造条件，在学科建设和师资队伍的建设上取得突破。

三 建设特色优势学科

重点学科在增强自主创新能力、发展战略性新兴产业、引领学科发展中发挥着支撑作用。云南省重点学科经过从"七五"期间开始近30年的建设，科研条件得到了明显改善，学术水平提高显著，教学能力、培养高层次人才和承担地区重大任务的能力得到加强，具有较强的骨干和示范作用。目前有国家重点（培育）学科6个，有6个省级重点建设学科获得一级学科博士学位授予权，提升了高等教育质量，为加强高校内涵建设奠定了基础和条件。

从国际高等教育发展的历史和经验看，著名大学的学科也不是均衡发展的，它们都是在某些学科领域处于世界的领先地位，引领学科的发展，因此而产生广泛的社会影响，并由此提升和确立了学校的国际地位和知名度，在国际竞争中处于优势地位，在国际交流与合作中处于主导地位。因此，加强特色、优势、重点学科建设是高校国际化能力提升的核心。

（一）特色、优势、重点学科的遴选

从高等教育的发展规律的角度看，国际合作与交流的产生源于优质教育质量的需求，国际化首先是在那些基础条件尤其是师资、教学和科研条件具有相对优势的学科形成。目前云南只有云南大学的"民族学"、"生态学"和昆明理工大学的"有色金属冶金"三个优势、特色学科成为国家重点建设学科，在近期颁布的云南省"十二五"优势、特色重点学科（群）建设方案中，建设6个学科群、41个优势特色重点学科，5个优势特色重点培育学科，这些学科群及学科的建设，将会较大提升云南省高等教育整体实力。但从国际化的角度审视，具有国际地位的、有相对竞争优势的、有特色的、能服务地方经济发展学科的遴选和培育，是云南高等教育国际化必不可少的战略步骤，具有全局意义。

学科群的遴选。目前已有生物多样性可持续利用、中国西南民族及其与东南亚的族群关系研究、冶金与材料、临床医学、农业生物多样性利用与保护五个学科群。

学科的遴选。目前已有民族学；应用经济学；医学类包括中药学、中西医结合、公共卫生与预防医学；生物科学类包括生物学、生态学、园艺学；工程类包括机械工程、地质资源与地质工程、环境科学与工程、电气工程、农业工程、控制科学与工程、环境科学与工程体育学；语言文学类包括中国语言文学、外国语言文学；音乐与舞蹈学；法学；禁毒学等。

应建设、发展的特色学科。民族文化产业开发，电力、烟草加工，轻工等，这些专业是云南优势产业领域急需的，云南高校在这些产业的学科建设和科研方面在国内也有相应的优势。

（二）学科内涵建设对策

凝练方向，发展特色。紧密结合建设创新型国家的要求，创立凝练的学科方向，体现各领域的前沿性，通过学科的交叉与融合，开拓新的学科方向，凸显特色，形成优势。

创新建设机制，培育高水平成果。以项目为纽带，打破校与校、行政与教学科研、院系之间的壁垒，组建学科基础相关、内在联系紧密、学科资源共享、学科相互支持、具有特色和竞争优势的学科建设协同体，建设科学研究、人才培养和基地建设联动发展机制，培育高水平的科研成果。

以项目汇聚人才，建设创新团队。结合国家和云南省实施的"千人计划"、"高层人才引进计划"引进人才和培养项目，加大投入，改革机制，吸引和汇聚优秀人才，培育以创新为特征的优秀团队。

以机制创新为主导，促进协同建设。针对学科建设铺开面广、特色不足、整体实力不强的现实，建立起以机制创新为先导、以建设成果共享为模式的格局，实现建设力量、科研队伍、学科资源、建设经费等的整合，协同控制学科建设；并且要以重点突破的战略为准则进行重点投入，实现特色、优势、重点学科的优先发展，形成示范效应。

借助外部力量，实现联合共建。根据遴选出的特色优势学科，寻求与省外、国外高水平大学的合作，采取联合共建的形式，力争实现学科建设的快速发展。

推进国际化的广度和深度，提高国际影响力。建立以提高学科实力为目标的对外合作与交流导向，通过共同申报和承担国际科研项目合作、建立联合研究机构、举办或参加学术会议等方式，建立学科发展的协作机制和协同平台，提升合作交流的层次和水平，提高重点学科的国际影响力和知名度。

四　提高传播知识能力

高等学校人才培养目标的实现，依赖于师资队伍的学术水平、教学能力，更有赖于培养模式和课程体系的科学性。在国际化的背景下，要通过创新学术发展制度来加强高素质师资队伍的建设，要靠创新人才培养模式、提升课程设置水平来提高人才培养的质量。

（一）建设高素质教师队伍

高素质师资队伍是提高教学质量，扩大学校影响力的核心要素，建设高素质的师资队伍是提高学校自身能力的首要因素。

营造崇尚学术的大学制度环境。学术水平是一个大学发展的核心竞争力，树立崇尚学术的理念，建立尊重学术的大学管理制度和营造促进学术发展的人文氛围，回归学术本位是大学发展的合理逻辑；高等学校在制度设计中，要克服行政主导、忽略学术的倾向，改变对人才评价的行政化色彩和学术官僚化的倾向。

建立科学合理的职称晋升制度。在高等学校职能不断拓展、学校规模越来越大、管理的难度加大的情况下，建立科学、合理、公正的学术评价体系、职称晋升的约束和激励机制，解决好教学与科研的矛盾，化解教学与学术的对峙与冲突，提高教师的学术素质，鼓励学术骨干，调动工作积极性，潜心抓好教学，发挥智慧潜能，促进学术创新，保证学校学术发展、教师成长。

建立完善的薪酬体系。薪酬体系的完善是高等学校人事制度改革的核心内容之一，由于它既承载着通过以绩效为核心的薪酬管理调动教师积极性的使命，又要在有限的经费盘子中体现、保障各类人员提高福利待遇，关系到每位教师的基本生活，因而成为改革的重中之重。在薪酬体系的完善中要充分体现以教学、科研为核心的管理理念，建立起全面、客观的分类规划、分类评价教师工作实绩的评价体系，既注重对科研成果量的衡量和质的追求，注重教师在教书育人方面的付出，同时也要充分考虑和重视教师劳动的精神性，粗分线条，淡化身份差异，强调岗位履职，有利于充分发挥教师的不同能力。

做足"西南联大"的文章，促进国内高校支持师资培养。要充分利用北大、清华、南开、复旦等国内著名高等院校与云南的高等教育之间的特殊关系，签订开展全面合作的战略协议，完善教师培养、在职提高的相关制度；建立引进离退休教授的办法，鼓励这批学者来云南指导开展学科建设，指导青年教师的学术研究、提高课堂教学质量。

170

完善人才流动机制，加大师资的国际化程度。完善面向国内外公开招聘具有国际水平和较高学术造诣的学者的办法，以全职身份引进的方式面向海外招聘，或以柔性兼职引进、聘请国外学者，通过海外师资的引进，实现国际师资的有效引入和利用。面向海内外招聘具有海外留学和教学科研经历的或重点大学硕士、博士，提高教师的科研素质和学术水平，关注教师的学缘、优化师资队伍结构。选送教师到国外大学进行学术访问或攻读学位是师资国际化最有效的途径，扩大国家公派和地方公派的规模，加大投入建立派遣教师赴外接受培训的机制，鼓励教师到高等教育发达国家学习、培训和开展科研合作，提高教师的学术水平，开拓他们的视野。

（二）创新人才培养模式

培养面向东南亚的国际化人才，通过对人才培养目标的确定、培养措施和途径的系统设计与实施，创新人才培养模式。人才培养模式的创新应从以下三个方面进行。

1. 因势利导进行人才培养模式创新设计。培养模式的设计要立足云南省高等教育国际化发展的现实，利用云南与东南亚在政治、经济、文化等方面具有多重交互关系的特殊区位优势，集合云南—东南亚优质教育资源互补、学习成本相当、消费水平差距不大的多元特点，因势利导地进行国际化人才培养模式的顶层设计。在专业选择上应考虑市场的需求，尽量保证学习环境在国内与国外的顺畅衔接，完善国内课程学习与国外实践学习的统筹，做到专业知识提升与实践能力培养并重，探索建立管理机制协调、教学资源共享、师资队伍互补、课程内容接轨的国际化人才培养模式。

2. 整合、集成国际、国内优质教学资源。教学资源是最为重要的条件建设，优质教育资源是人才培养的质量保证。为保证教育教学资源的优化配置，体现面向东盟国际化人才培养的目标，整合、集成资源的过程中应体现三个结合：理论学习与实践训练的结合；国内学习与国外学习的结合；能力培养与国际就业的结合，使资源集成的效用最大化。课程体系的构建与课程的设置要充分体现国际化，在专业基础课程、专业主干课程、专业实践课程体系上进行模块化设置，实现无缝对接。师资队伍的组建要充分考虑国内与国外、学历与职称、国际交流背景等因素，体现专业化与国际化的统一。建立国内、国外的专业性应用型实践平台，集成建设国际型实践性教学资源。

3. 针对特点构建有效的管理机制。针对培养目标和培养过程的特点进行管理机制的创新是人才培养模式改革的机制保障。培养面向东南亚国际化人才的目标和过程特点突出，与常规管理差异较大，管理机制的有效性建立在以下几个方面：通过建立规章制度规范教学计划、课程设置、实习实践、学生事务管理等。建立决策、管理运行主体明确、权责清晰、服务到位的机制，保障有效实施。针对学生学习方式、时段、国别等特征，建立和完善不同类别的质量保障体系，探索符合实际、具有操作性的学生思想政治教育、学生事务管理、安全管理等方面的新思路，保障学生既有专业素养和能力，又有国际化学习经历带来的国际视野，提高人才培养质量。

（三）改革人才培养方案

人才培养方案是高等学校实施人才培养的指导性文件，是对专业人才培养规格、人才培养目标的具体化和实践化。人才培养方案的国际化水平是检验一所大学国际化水平和程度的重要依据和标准。

确立融入国际视野的培养目标。培养目标的确定，应立足于云南省与东盟的社会发展对培养不同层次、规格、类型的高级专门人才的客观要求，对不同专业的人才培养目标进行恰当的定位，立足云南省的客观需求，面向东盟广阔的人才市场的定位是进行国际化人才培养的关键。

改革课程体系设置。课程体系的设置是人才培养方案的核心，课程设置是否体现了该专业的培养规格，是否体现其国际取向是课程体系设置改革的两个方面。经济合作与发展组织（OECD）的研究报告认为，国际课程是指课程在内容上具有国际取向，其目标是培养学生能够在国际背景中从业，融入社会，课程设计不仅要面向国内学生，同时也要面向国际学生。

课程国际化改革主要有两种途径：在专业规格、专业能力培养的课程中增加国际性内容。每个学科专业都有其领域和范畴，该专业领域中新观点、新思想、研究模式的出现，新技术、新方法的应用都是专业教育中必须包括的内容，在课程体系中就要增加国际性的知识和观点，加大比较文化和跨文化的比重，及时将国际先进的文化和科学技术的新成果加入课程之中，紧跟国际科技文化发展的趋势和前沿，从专业规格、专业能力上培养学生的自信心，提高学生参与国际竞争的能力。在课程建设上，改变仅仅注重学生对学科知识体系的掌握，改善因只授予学生清晰、明确的学科知识而导致学生缺乏自主探索和尝试创新的精神的状况，在实际的教学中更多地引入国家级精品课程，注重培养学生的探索精神和创新能力。

在通识课、选修课中加大国际理解教育的分量。通俗地说，国际理解就是以宽容、尊重的态度开展国际性的沟通、协商和协作。国际理解教育的目的是增进国家和地区、不同文化背景的人们之间的相互了解和宽容，加强合作，共同认识和面对社会问题，促使每个人进一步认识自己、了解他人，将事实上的相互依存变成有意识的协作发展。在通识课、选修课中增加国际理解教育的内容，培养学生的国际意识，是高等教育国际化过程中的重要一环。实现国际理解教育的目标：一是加强外语教学，提升学生的外语应用能力，主要包括外语听说能力、交流沟通能力；二是增加东盟国家文化、经济与政治，以及国际问题研究等课程。

加大双语课程的开设门类。引进外文原版教材，使学生在掌握学科知识与技能的同时，能使用外语进行思维和进行学术活动的能力，培养和发展学生跨文化交流能力，促进学生外语综合运用能力的可持续发展，增强他们的国际竞争力和发展力。

五　建设硬件保障条件

（一）加强生活配套设施的建设

开展国际交流与合作，促进来华留学生数量的增长，国际化的内涵建设是核心，但创造符合国际水准的条件保障也是必不可少的。留学教育发达的国家或高校，都非常重视条件保障建设，如日本把留学生宿舍的建设标准写入发展留学生的行动纲要，就是大力发展留学生教育的条件保障。云南省省属几所重点大学通过大学城建设，基础设施条件有了较大的改善，但在规划中都没有建设针对留学生的公寓、洗衣房、餐厅、国际邮政电话服务的配套设施，少数院校有独立的外国留学生公寓，但也条件一般，规模较小；沿边几所高校由于投入不足，没有专门的留学生宿舍，教室老旧、短缺，活动场所少，配套设施严重不足。因此，要加大投入，建设符合国际基本标准、有一定规模的留学生公寓是发展留学生教育的基础条件，积极改善办学条件，完善配套生活设施，提供生活便利条件，以吸引更多外国学生到云南省高校学习，促进留学生教育的规模化发展。

（二）完善信息服务

信息服务是一所现代大学管理水平最重要的展示平台。校园网的建

173

设是高校基础建设的重要组成部分，云南省高校目前都建立了校园网，为学校区域内教学、管理、办公提供资源共享、信息交流等服务，只是很多高校的信息服务平台建设严重滞后。目前的学校网站主要建有学校介绍、机构设置、教育教学、科学研究、招生就业、校务管理、校园生活、公共服务等栏目，还建立了专题、重要工作的主题网站链接，提供相关的信息查询服务、各部门管理信息系统入口登录等，有的学校建设了网络课程资源中心、选课系统、成绩查询服务系统等面向学生的教学信息服务，提供了数字化图书资源管理和面向教师、研究生开展研究的专题数据库。云南省创新性地启动了"双云工程"建设，由云南省教育厅牵头，依托部分高校，启动基于云模式的云南高校联盟教学资源及网络学习中心建设（简称"双云工程"），旨在以"通用网络教学平台"为基础，建立省级教学资源及网络学习中心，通过采用先进的信息技术和创新的设计模式，实现教学资源协同组织和动态发展，以及教学质量管理、资源继承共享模式，为全省高校提供全方位的网络教学服务，为云南高校资源联盟、政策联盟、管理联盟提供技术支撑。① 云南高校的教育信息化建设逐步由硬件的物态建设向提供有效的信息服务发展。在面向国际交流与合作的信息化服务建设中，目前只有少数的高校建立了外语版的宣传主页，多数高校还没有外语版的宣传平台，像云南师范大学，尽管建立了中文、英语、韩语、泰语、越语版的网站，也只是提供了非常有限的信息。

建立面向东盟的教育信息服务平台，主要包括以下方面。建立东盟国家主要语种的平台，只有建立多语种的平台，才能够使平台有较大的受众面，平台的主要服务对象是东盟的青少年，根据东盟国家的语言教育的情况，建立信息服务平台要本着以中英文为主，以东盟成员各个国家语言为辅的建设策略。信息服务内容的建设，要尽可能覆盖留学生关心、关注的内容，建立中国历史文化精粹介绍以及云南人文地理、云南高等教育发展情况介绍等栏目，重点推出吸引留学生制度与办法、学科建设成效与特点、专业建设的成就、人才培养方案介绍、留学生管理、留学生校园生活展示等内容，还要建立在线服务，及时反馈国外学生及家长关注的信息。通过信息服务平台的建设，利用网络的优势加大宣传力度，充分地展示学

---

① 云南省教育厅教育科学研究院（http://jky.ynjy.cn/Index.html）。

校对外办学的基础与实力。总之，吸引留学生的关注，是扩大留学生规模的基础性工程。

六 建立质量保障体系

质量保障体系的含义及构成，经过多年的实践，学界的观点基本一致，其中"挪威教育质量保障署"的观点最具代表性。其认为高等学校的质量保障是一个持续而系统的过程，是依据既定目标及标准对学校培养的人才、开展的教育教学活动与服务所进行的全面监控与检查，其目标是提高人才培养质量，其重点是发现教育过程中存在的缺陷与不足。[①]

借鉴欧洲大学的做法，内部质量保障体系的构建，主要包括三个方面的内容。

建立校内常设质量保障机构，赋予该机构不同于常规的教学管理部门的功能与职责，负责设计、组织和实施学校所有与质量保障相关的活动，通过专业的内部机构持续进行质量保障的检查与评估，实施独立监测和评价学校的教学质量的措施。

制定和实施与培养目标相匹配的专业标准，使质量监控和质量评价有据可依，建立科学的评价体系，评价标准是为全面考察大学内部质量保障体系的建设和运行情况而设。专业标准和评价体系的制定，要囊括教学组织和实施的所有环节和过程，包括人才培养方案的修订和完善、课程体系建设、课程教学大纲的制定、教学资源建设、网络课程开设；课堂教学组织与实施、实践性教学开展、学生科学研究训练的实施；教学过程管理、学籍管理、教学档案管理等。

采取系统程序进行质量评价，通过诸如专业监控与年度报告，周期性学校检查，专业与教学的学生评价，同行教师的教学观摩等方式[②]。在评价过程中，建立完善的信息反馈渠道，及时收集和征求与教学过程相关人员的意见和建议，是质量监控中重要的形式和途径。一是组建由教学督导和评估专家组成的专家教学监控体系；二是通过建立学生教学信息员听取学生意见；三是通过教师座谈会听取意见和建议；四是建立招生

---

① *Norwegian Agency for Quality Assurance in Education*（http：//www. enqa. en/files/workshop_material/Norway2. pdf）.

② 蔡敏：《欧洲大学内部质量保障体系的构建及评价》，《比较教育研究》2012 年第 1 期。

175

与就业部门的信息沟通机制，及时将招生中的专业报考情况与专业的建设和调整结合，进行社会用人单位对毕业生质量的反馈与人才培养过程的调适。

第四节　提升外向型发展水平

一　创新国际化人才培养

随着云南与东盟国家交流与合作的深入，合作的领域快速扩大，交往的层次不断提高，对人才的需求从单一的语言人才向复合型人才的转变，即不仅要具有东盟对象国语言的能力，还要具有不同领域的专业能力；同时，按照学科专业培养的人才由于不具备东盟国家语言的能力，面向东盟、特别是面向周边国家就业语言能力不足，不能够顺利走出国门就业。云南民族大学、云南师范大学、云南大学等高校在非通用语种人才培养方面经过多年的积累，已经开设了东盟多个国家的语言教育，培养了一批东盟国家语言的高级人才。但是，云南省在面向东盟的国际化人才培养中，没能解决好专业培养与语言学习的结合问题，使大学毕业生面向东盟国际就业市场的竞争力不强。

因此，整合云南高校东盟国家语言教育资源的优势，在各高校专业教育的基础上，更新人才培养模式，培养既有学科专业能力，又具有东盟国家语言能力的"专业＋东南亚语言"复合型人才。

"'语言类专业（东南亚语言方向）'本科专业双学位"教育是构建多层面、复合型、开放式的开拓性的"双专业"模式改革，有利于改变目前学科专业教育模式中学生外语只具备英语能力，不具备东南亚一种或多种语言能力，面向东盟就业存在语言瓶颈问题，使学生同时进行学科学位和语言类专业学位的学习，实现专业能力和东南亚语言"双专业"水平的提高，增加学生面向东盟的竞争力，拓展就业渠道，提高对外开放水平。

（一）招生对象及学制

语言类专业（东南亚语言方向）本科专业双学位教育的招生对象，是面向全省高校在校的、已经考取在读的除东南亚语言以外的、有意面向东盟国家就业、开展与东盟国家交流、学有余力的高校其他专业本科生，从一年级下学期学生中招收。基本学制为三年，实行弹性学分制，允许学生在2—5年内完成学习。

（二）培养目标

在主修第一学位的基础上，培养学生具有牢固的语言文学理论基础，基本掌握一种东南亚语言的听、说、读、写、译等方面的语言技能，学习语言对象国相关领域的基本知识，提升语言素养，培养具有学科专业能力和东南亚语言应用能力、适应面广、水平较高的复合型人才。

（三）组织管理

语言类专业（东南亚语言方向）本科专业双学位教育可由云南省民族大学为主体学校组织实施，该校开设有泰语、柬埔寨语、缅甸语、老挝语、马来西亚语、越南语、印度尼西亚和印地语八个本科专业，是云南省中国—东盟语言文化人才培养基地，"东南亚语种群"为教育部特色专业，该校具有东南亚语言教育的丰富经验和实力。云南民族大学应成立相关管理机构或依托实体学院开展教学和管理，实施过程中可以整合云南师范大学和云南大学等其他高校的相关师资共同实施。

（四）培养模式

培养模式为：通识教育＋学科专业教育（主修学位）＋语言类专业教育（辅修学位），通识教育及学科专业教育（主修学位）在主修专业所属学校完成，不重复修读，云南民族大学负责语言类专业双学位教育（辅修学位），开设多个语种，由学生选择一个语种进行学习，云南民族大学承认云南省各本科高校相同或相近的课程学分，凡按程序进入双学位学习的学生，在其主修专业已修读合格的重复或相近的课程由本人申请，所在学校教务处出具证明，经云南民族大学审批通过后可以免修。

按主修专业培养计划完成课程学习并取得相应学分，经所在学校审核批准授予主修专业学士学位。按语言类专业（东南亚语言方向）本科辅修专业双学位教育培养计划完成课程学习并取得相应学分，经云南民族大学审核批准授予辅修专业学士学位。

（五）实施方式

语言类专业（东南亚语言方向）本科专业双学位教育课程方案可参考本科专业培养方案制定。在各个学校开设语言类专业（东南亚语言方向）本科辅修专业双学位教育从大一下学期起开设，与学生主修的学科专业学习同时进行。符合申请条件的学生个人，自愿提出申请，外校学生提交所属学校教务处审核批准，本校学生提交所在学院的审核批准，再交由云南民族大学逐级审批，批准后即可录取进入语言类专业（东南亚语言方向）本科辅修专业双学位学习，双学位教育学籍管理在云南民族大学教务处，招生后重新编班进行日常管理，其他管理仍然在学生主修专业所属学校进行。

学生利用课余时间、节假日、假期攻读双学位，教学点设在云南民族大学，外校学生如有一定规模、条件许可，可由云南民族大学送教上门或整合该校语言教师合作教学。

（六）组织保障

语言类专业（东南亚语言方向）本科专业双学位教育的实施面向云南全省，由云南省教育厅批准实施，统筹、协调各高校，对学分互认、学位授予等问题磋商达成共识，形成合作协议，保障顺利实施。

二　扩大学生的国际交流

合作办学是高等教育国际化的重要形式，是国际交流与合作深入发展的重要表现。基于云南省目前的高等教育状况，针对东盟国家高等教育的三个层次，开展不同形式的合作办学，是实现优质教育资源共享的最佳途径，也是实现教育向大湄公河次区域地区有效输出的战略选择。

（一）办学形式多样化

从目前到云南来求学的外国留学生来看，学历生的比例不高，比重较大的是短期生，短期生主要进行的是语言学习。在短期生规模扩大方面可以通过开发少数民族文化交流班、夏令营、语言班等形式建立云南高校与东盟高校的"校校"合作交流学习项目，形成固定、长期的协作。总结云南高校与东盟国家开展的"1＋3"和"2＋2"以及"3＋1"等学历模式教育，在此基础上积极开发研究生层次的工商管理硕士项目和高级管理人员工商管理硕士项目，实现办学层次上的突破与发展。

（二）人才培养多样化

人才培养的多样化是合作办学能够扩大规模、深入发展的关键。鉴于目前留学生学习汉语较多的情况，应整合云南对外汉语的教育教学资源，调整对外汉语专业在高校中重复设置的情况，建立以师范院校和综合大学为主体的对外汉语教学格局，尽量做到短期语言培训和学历教育相结合，并加大对外汉语研究生层次的培养。

在多样化的人才培养方面，各高校应突出自身的学科专业优势。根据各个学校的特色，在整合校际资源的前提下，突出云南大学的综合性优势和生物学、民族学优势，云南农业大学的农科优势，昆明理工大学工科专业院校优势和矿冶等学科优势，以及云南财经大学的财经类学科的特色，建立学分互认制度，扩大专业和课程的可选性与可组合性，提供多层次、多形式的学习模式，联合对外开展人才培养，培养不同国家需要的应用型人才。

（三）创造条件推动出国留学

根据云南"桥头堡"建设中急需的人才结构，定期发布指导性的人才需求计划，明确留学生奖学金的资助重点，加大对留学基金的宣传力度，鼓励更多人员申报；完善和优化到东盟国家留学人员的选拔方案，确保选拔质量；同时也要加强对留学人员在国外学习期间的管理，提高学习的成效，加强对回国人员的跟踪管理，为奖学金的管理政策的调整提供客观依据，提高留学基金的效益。鼓励和支持国内学生自费到东盟国家留学，保障出国渠道的畅通，加大对自费留学中介服务机构的监管力度，规范市场行为；按照国家的相关规定严格执行准入制度，加强对国外学校的认证，及时公布认证情况，引导学生到新加坡、马来西亚和泰国等国的著名大学学习，培养"桥头堡"建设中急需的、熟悉东盟国家情况、能熟练应用东盟国家语言的高素质的外语、科技、文化及经贸等人才。

（四）扩大来滇留学生规模

实施扩大来滇留学生计划。美国是国际上向外国留学生提供奖学金数量和资助经费最多的国家，同时也是通过招收外国留学生获得最高的经济效益和综合效益的国家。借鉴国际上发达国家的经验，云南省应在整合高等教育优质教育资源、推进多形式的办学的基础上，采取积极的针对东盟国家的奖学金政策，增加奖学金数量，扩大奖学金资助领域，设立多种类型的奖学金，在现有的政府奖学金的基础上，引导企业和高校自主设立奖学金，稳步扩大来滇留学生规模。

加大宣传和招生的力度。云南省应建立由教育主管部定期组织高校到东盟国家的主要城市举办教育展览，通过展览让东盟国家增进对云南省及云南省高等教育的了解，也可以通过委托我国驻当地使（领）馆进行云南省开展留学生教育的咨询服务，还要建立完善的多语种宣传平台，通过积极主动的对外宣传，提高国际认可度，努力扩大招生规模。

建立完善的服务体系。高等学校在积极完善校内为留学生提供优质的软硬件服务的基础上，政府和相关部门也应该积极建立和完善地方性的服务留学生的政策，实行宽松的工作政策，简化留学手续，建立健全对留学生的社会服务保障体系，解决留学生的后顾之忧。

三 促进师资的国际化

师资国际化是高等教育国际化中的重要内容，也是高等教育对外开放水平的体现。云南高校师资的国际化，除了与欧美发达国家的交流与合作，还应寻求与东盟国家的合作，促进与它们的交流与合作，实现能提高师资队伍水平的有效的国际人才流动。

（一）完善人才流动机制，吸引国际化师资

完善面向国内外公开招聘具有国际水平、有较高学术造诣的学者的办法，深入了解东盟主要发达国家的高等教育中的优势学科，推进以全职身份引进方式面向几个发达国家招聘，或以柔性引进方式聘请其学者到云南兼职，通过对东盟教育发达国家海外师资的引进，实现国际师资的有效输入。面向海内外招聘具有海外留学和教学科研经历的或重点大学硕士、博士，提高教师的整体素养和学术水平。云南高校还要建立完善的机制，创造条件，吸引海外华人来滇工作。在全球化的背景下，通过引进东盟发达国家的师资来提高学校学术水平和声誉，是推进高度教育国际化的重要途径。

（二）本土师资的国际化培养

针对云南与东盟国家的全面合作的现实，充分分析云南省与东盟发达国家高等教育的互补性，完善面向东盟选派公派教师出国的机制和办法，确定重点选派的领域，加强在面向东盟的各方面研究、国际政治与经济研究、语言研究、信息技术、工程技术等互补性领域选送教师到著名大学进行学术访问或攻读学位，扩大国家公派和地方公派的规模，提高教师的素质、水平，使其具备国际化视野。

（三）加强学术交流与合作

建立多元合作关系。云南省高校应利用云南省与东盟各国经贸往来的优势，借助政府和行业的平台，寻找知名度、学术实力相当、有良好合作意愿的高等院校建立校际合作，利用互补优势，促进双方在采矿技术、冶炼技术、信息技术、农业合作与研究、农产品种植、边境贸易、边境管理与社会治理等方面的合作研究，尝试建立科学研究的国际协同机制，建立教师和研究人员的互访制度，合作开展科技攻关，通过以项目方式为主的科学研究，促进科技交流，提高学校的科技创新水平和科技竞争力，提升本土教师的国际科技合作能力。鼓励和支持教师积极参与东盟国家的国际学术活动，了解国际研究的动向和进展，建立良好的学术联系，以开展更广泛的合作。

四　开展汉语国际推广

由于与中国日益密切的经济文化交往的需要，东盟各国汉语国际教育的快速发展和学习汉语人数的急剧增加，对汉语教师有巨大的需求。目前我国培养的汉语国际教育人才在层次上、数量上远远不能满足周边国家学习汉语的需求。云南省所处的地理位置以及与这些国家长期的友好往来，使云南省具有面向东南亚开展汉语国际推广的独特区域优势。

经国家汉办批准，"面向西南周边国家本土化汉语国际教育基地"在云南师范大学建立。基地的建立，充分发挥了云南地缘和民族语言文化相通的优势，在大规模、超常规培养面向西南周边国家的汉语国际人才方面构建了一个有效的工作平台，并能够有效地快速提升云南省汉语国际推广的水平和实力，提升云南省在国家面向西南周边国家的汉语国际推广战略中的作用，努力推进和实施汉语国际推广的战略目标，服务国家面向西南开放的"桥头堡"建设，增强我国在东南亚、南亚国家的教育和文化影响力。

（一）云南师范大学对外汉语教育优势

云南师范大学是接收中国政府奖学金留学生的大学、是中国对外汉语教学骨干院校、中国支持周边国家汉语教学的重点大学、中国负责国际汉语教师中国志愿者培训和选拔的大学。多年来，云南师范大学在汉语国际教育，尤其是汉语类师资培养方面一直在云南省高校中处于领先地位。云南师范大学建设中国"面向西南周边国家本土化汉语国际教育基地"有四个明显优势：一是综合优势，即办学特色优势、汉语国际教育方面的学科优势、师资队伍优势、国际化办学优势；二是地域优势，即地理优势、人文优势、成本优势、生源优势；三是汉语国际教育师资培养经验优势，即对外汉语本科专业培养经验优势、汉语国际教育专业硕士培养经验优势；四是汉语国际教育本土汉语师资培养经验优势。

（二）基地的建设目标

以国家关于"汉语国际推广"的战略决策为指导，贯彻落实云南省面向周边国家的"走出去"发展战略，依托云南师范大学，整合各类资源，建设全方位、多层次、高水平的中国"面向西南周边国家本土化汉语国际教育基地"。具体而言，在充分发挥云南师范大学教师教育学科特色、汉语类师资培养以及整合现有的东南亚、南亚国家的海外办学资源的基础上，实施本土化汉语国际教育发展计划，拓展面向西南的非通用语教育计划，将基地建设成为中国面向西南周边国家开放的汉语国际教育基地，加快推进孔子学院（课堂）建设，推进汉语教育进入周边国家正规教育体系。

（三）提高本土汉语师资培养成效的对策

实施面向西南周边国家的本土汉语国际教育师资培养。主要采取在本土师资所在国开展培训和在基地集中培训两种方式，另外还有对已经从事汉语教学的海外教师进行汉语知识、教学方法和技能的培训，并对"汉语热"升温的国家和地区进行定向研究，用"请进来"和"走出去"两种方式对这些国家和地区选派的汉语精英教师团队进行特定的强化培训。

建设面向西南周边国家本土化汉语国际教育教学案例库。教学案例库的建设主要选取东南亚、南亚国家为对象国，按照汉语国际教育的教学需求，结合对象国的文化和语言教育的特点建立教学案例库，凸显案例的针对性、实效性，并借助网络平台开设"汉语国际教育案例动态分析专家论坛"，让汉语国际教育方面的专家、学者和教师充分参与讨论。

研发面向西南周边国家本土化汉语师资培养教材。立足于本地区的实际，研发本土化汉语师资语言要素教学培训、本土化汉语教师教育、本土汉语师资培养辅助和本土汉语教师学历教育等系列教材。

建设面向西南周边国家汉语国际教育网络平台。逐步建立面向泰国、越南、老挝、缅甸等国的多语种本土汉语教师网上交流系统，充分发挥网络技术的优势，为这些地区的教师提供最及时的服务与帮助。

（四）开展汉语国际推广

通过面向西南周边国家本土化汉语国际教育基地的建设，实施面向西南周边国家本土化汉语国际师资的培养，改变汉语国际推广仅只依靠我国自身师资和力量的现实，本土汉语师资的培养，从根本上改变了汉语推广的被动局面，用送学上门来加速学习汉语为对象国的主动、自主开展汉语教育的进程。同时加强对孔子学院（课堂）的建设，通过多种形式的工作，逐渐使汉语教育融入周边国家正规教育体系。

第 七 章
总结与展望

　　我国高等教育的国际化随着国家经济增长、国力提升和高等教育的发展将得到不断重视和深入发展，国际高等教育发展的规律和经验表明，国际化是建设高等教育强国的客观需求和必由之路，加强对省域的高等教育国际化的战略研究，是顺应国家高等教育发展战略的转变，加强对外开放能力和水平的建设，促进省域高等教育实力提升、协调发展的有效途径。云南省面向东盟的高等教育国际化已经起步，面对现实，把握发展机遇，走出一条经济、社会和高等教育等多方面欠发达地区的国际化之路是本书的主题。

第一节　研究总结

1. 阐述中国—东盟自由贸易区建设与高等教育互动

　　本书的主题是云南省面向东盟的高等教育国际化的研究，要将发展问题梳理清楚，就必须基于目前云南省所处的政治、经济环境，特别是中国—东盟自由贸易区建成启动的现实。对自由贸易区的建设历程的了解是把握中国与东盟关系发展的基本前提，对自由贸易区的发展分析是为了能够全面了解和掌握中国与东盟的未来合作与发展走向。对自贸区合作框架和机制分析，对合作的重点领域与内容、方式与途径的把握是全面理解自由贸易区建设的关键，是中国与东盟开展教育合作的基础。高等教育属于意识形态领域，是上层建筑的范畴。在剖析云南—东盟高等教育合作交流现状这个主题之前，对云南与东盟经济与贸易的发展情况进行探讨就显得尤为必要。对经贸合作现状的分析，可以有效地把握在中国—东盟自由贸易区的背景之下云南与东盟的经济与贸易为高等教育的合作与发展奠定的经济基础和条件。

2. 分析云南与东盟高等教育进行国际化的基础

如何制定出有借鉴意义、切实可行的云南面向东盟高等教育国际化发展战略？分析当前云南—东盟高等教育合作交流的现状，这是我们寻求解决渠道的切入点，这也是本书的难点。系统获取东盟高等教育发展和高等教育国际合作交流现状的资料，尤其是各国主要高等学校的相关政策与规划等，在时间、路径和现实性上存在较大的困难。因此本书从中国高等教育国际化的发展趋势与动向出发分析云南进行国际化的国内背景，从现状梳理云南省高等教育进行国际化的基础和条件，从东盟高等教育现状的分析找到合作的基点，从双方高等教育国际合作的现实寻求未来的发展领域与空间。

3. 论述云南面向东盟的高等教育国际化的机遇与挑战

机遇与挑战的论述是在对云南与东盟国家的经贸合作情况以及高等教育合作交流现状全面剖析之后，对影响云南面向东盟的高等教育国际化发展的整体战略制定进行优势和劣势的分析。本书从云南—东盟高等教育国际化发展的比较优势、内部优势和外部优势着手，对云南省自身所拥有的教育资源优势、地缘优势、后发优势、政策优势以及自贸区建立带来的先机等论述了机遇；对国际化这把"双刃剑"在给云南高等教育发展带来机遇的同时所带来的竞争、自身发展及合作面临的严峻挑战。国际化的发展取向，必须符合双方高等教育国际化发展的现实与趋势，本书辩证地看待机遇与挑战，力求为云南—东盟高等教育国际化的进一步发展找到可操作性与可行性的思路。客观、全面而深入地研究这些现实问题，才可能正确地选择云南面向东盟高等教育国际化发展的路径，这是本书研究的重点。

4. 选择云南面向东盟高等教育国际化的发展路径

在分析云南与东盟高等教育合作交流现状和论述面临的机遇与挑战的基础上，对国际化发展的整体战略中的重要问题进行路径设计是本书的难点。发展路径的设计主要有四个核心要素：理念、规则、机制与实践。其中要素之一，理念是先导，即力求创新，如何着力解决高等教育合作和国际化发展的理念问题是首先要研究的内容；要素之二是发展规则的制定，从云南与东盟开展高等教育国际化的实际出发，制定指导和规范的原则；

185

要素之三是合作机制的完善，这是双方进行国际化发展的制度基础；要素之四是国际化实践水平的提升，这是国际化的发展目标和价值追求，在努力发扬云南高等教育个性与特色的同时，积极实现与东盟国家高等教育的融合，创造共性，实现云南人才培养质量、学术水平、管理与服务水平的国际化。思路决定出路，发展路径就是战略思想，是实现战略目标的指南针，是高等教育国际化的灵魂。也只有选择了科学、正确的发展路径，制定符合实际情况的目标和政策，才能引导云南—东盟高等教育国际化健康、有序、稳步地向前发展。

5. 探讨云南—东盟高等教育国际化发展对策

在对前述四个问题分析的基础上，本书提出了一个既分层次又相互联系的对策体系，这是对实现云南—东盟高等教育国际化发展目标需采取的措施与手段而做出的战略规划。五个宏观战略构架，从构建区域高等教育一体化的远景战略目标出发，提出了层次合作、差异化发展的对策，对提高云南高等教育的实力与国际竞争力给出了调整规划布局、建立大学联盟、组建国际教育集团三个层面的架构与对策，从大到小，有各自不同的战略目标、内涵和重点，以此为框架，将云南—东盟高等教育国际化战略呈现得更为立体。在宏观架构的基础上，从建设制度环境、提高高校竞争实力和外向型发展水平三个层面提出了具体的对策和措施。

第二节　研究展望

1. 研究不足

本书针对特定区域高等教育国际化的发展战略问题，主要从云南省与东盟的经贸发展与高等教育互动的角度出发来审视国际化发展的战略，对区域内政治、文化、民族等相互关系的分析不够，对东盟国家高等教育国际化的整体把握不够全面，对构建区域高等教育共同体的远景目标支撑不足。

2. 研究展望

开展云南高等教育与东盟进行国际化的研究是一个持续的过程，是随着社会背景、经济状况的变化不断丰富和完善的过程，未来将从以下几个方面进行更深入的研究。

高等教育国际化实践中的理论研究。开展理论研究，用理论来指导国际化实践，探索和构建区域高等教育国际化的理论，讨论具有深远意义和影响的根本性问题，使政策、措施落到实处保证高等学校的国际化实践效益的提高。

东盟国家高等教育及国际化的深入研究。对东盟国家，特别是对云南周边国家高等教育及其国际化的深入研究是准确把握其国际化、差异化发展的基础，是对构建区域高等教育共同体的基础性研究，以区域高等教育共同体的构建作为推进国际化的有效途径和手段。

将面向东盟的高等教育国际化的基础研究从经贸领域与高等教育的互动扩大到政治、文化、民族等领域和层次，尽量做到更具体、深入，使国际化的研究更为全面和立体。

结 束 语

　　本书是对高等教育区域性国际化问题的研究，也是面向东盟的云南高等教育国际化发展战略的大胆探索，希望本书的见解，能为云南省面向东盟深入开展高等教育国际化的实践和创新提供启示和参考。作为系统论述云南省面向东盟的高等教育国际化发展战略问题的专著，所能参考的文献毕竟有限；也由于作者时间、精力和知识等方面的限制，书中疏漏、偏颇之处在所难免，恳请有关专家学者及读者给予批评指正。同时我也希望本书的出版能给开展高等教育国际化研究的同人以抛砖引玉的作用。在研究和出版过程中，我得到了张应强、伊继东和李炳青老师的悉心指导，武友德、王源昌、段崇宇、蔡文华、徐旻和张仁等同事和朋友也给了我很多帮助；本书的出版，得到了云南省教育厅相关处室、中国社会科学出版社和云南师范大学的大力支持，在此一并表示最真挚的谢意。

徐天伟

2014 年 12 月于昆明

参考文献

著作类

[1] 陈学飞：《高等教育国际化：跨世纪的大趋势》，福建教育出版社 2005 年版。

[2] 陈学飞：《关于高等教育国际化的若干基本问题》，北京大学出版社 2007 年版。

[3] 陈学飞：《大学国际化理论与实践》，北京大学出版社 2007 年版。

[4] 成文章、唐滢等：《云南省高等教育国际化战略研究》，科学出版社 2008 年版。

[5] 刘寒雁、罗华玲等：《教育战略新视角：云南省与 GMS 五国高等教育国际竞争力比较研究》，云南人民出版社 2010 年版。

[6] 潘懋元：《东南亚教育》，江苏教育出版社 1988 年版。

[7] 冯增俊、卢晓中：《战后东盟教育研究》，江西教育出版社 1996 年版。

[8] 张建新：《东南亚高等教育》，云南人民出版社 2008 年版。

[9] 张宝昆、伊继东等：《东盟高等教育多样化研究》，云南人民出版社 2010 年版。

[10] 席酉民等：《中国大学国际化发展特色与策略研究》，中国人民大学出版社 2010 年版。

[11] 许宁宁：《中国—东盟自由贸易区》，红旗出版社 2003 年版。

[12] 武友德、王源昌：《国家战略与中国特色城镇化》，科学出版社 2011 年版。

[13] 张应强：《文化视野中的高等教育》，南京师范大学出版社 1999 年版。

[14] 菲利普·G. 阿特巴赫：《高等教育变革的国际趋势》，北京大学出版社 2009 年版。

［15］ 伊继东：《云南省高等教育年度发展研究（2011）》，云南教育出版社 2012 年版。

［16］ 吴坚：《当代高等教育国际化发展》，人民出版社 2009 年版。

［17］ 李文：《东南亚政治变革与社会转型》，中国社会科学出版社 2006 年版。

［18］《邓小平文选》第三卷，人民出版社 1993 年版。

期刊论文类

［1］ 林元旦：《经济全球化与国际级与国际化》，《广西社会科学》2005 年第 1 期。

［2］ 刘稚：《全球化区域化下的云南—东盟高等教育合作论略》，《学术探索》2009 年第 6 期。

［3］ 王海燕：《高等教育国际化的理念与实践——论美日欧盟诸国及中国的高等教育国际化》，《北京大学学报》（哲学社会科学版）2001 年第 1 期。

［4］ 舒志定：《高等教育国际化的内涵、特征与启示》，《外国教育资料》1998 年第 4 期。

［5］ 魏腊云：《对全球化背景下高等教育国际化的哲学反思》，《理工高教研究》2002 年第 3 期。

［6］ 汪培栋、李锐：《浅谈日本大学讲座制中的"学阀"意识》，《日本研究》1992 年第 3 期。

［7］ 张芹：《高等教育国际化的内涵、标准与实施对策》，《继续教育研究》2005 年第 1 期。

［8］ 菲利普·G. 阿特巴赫、简·莱特等·《高等教育国际化的前景展望：动因与现实》，《高等教育研究》2006 年第 1 期。

［9］ 王英杰、高益民：《高等教育的国际化》，《清华大学教育研究》2000 年第 2 期。

［10］ 杨德广：《经济全球化与教育国际化》，《高教探索》2001 年第 4 期。

［11］ 陈学飞：《高等教育国际化——从历史到理论到策略》，《上海高教研究》1997 年第 11 期。

［12］ 王英杰、高益民：《高等教育的国际化——21 世纪中国高等教育发展的重要课题》，《清华大学教育研究》2000 年第 2 期。

［13］王一兵：《高等教育国际化——背景、趋势与战略选择》，《教育发展研究》1999年第2期。

［14］黄福涛：《"全球化"时代的高等教育国际化——历史与比较的视角》，《北京大学教育评论》2003年第2期。

［15］陈学飞：《高等教育国际化——从历史到理论到策略》，《上海高教研究》1997年第11期。

［16］赵丽：《高等教育国际化的概念框架探讨》，《教育发展研究》2005年第7期。

［17］宋扬：《浅谈高等教育国际化的形式》，《辽宁教育行政学院学报》2009年第7期。

［18］赵俊峰：《跨境教育——高等教育国际化的重要途径》，《外国教育研究》2009年第1期。

［19］李岩松：《高等教育国际合作的新趋势——大学国际联盟的产生及其影响》，《北京大学学报》（哲学社会科学版）2009年第3期。

［20］王留栓：《欧盟国家的高等教育国际化——从大力发展留学生教育谈起》，《外国教育研究》2000年第2期。

［21］吴结、刘光华：《日本高等教育国际化实践探析》，《南方冶金学院学报》2001年第5期。

［22］黄建如、黄敏：《海峡两岸高校合作办学的新途径——马来西亚国际合作办学模式的借鉴意义》，《台湾研究集刊》2010年第3期。

［23］刘稚：《中国—东盟高等教育合作的现状与前景》，《思想战线》2010年第4期。

［24］彭志武：《重点大学向高水平大学迈进的策略》，《现代教育科学》2003年第3期。

［25］周萍、陈明选、杨启光：《区域高等教育国际化发展的特点和问题分析》，《江苏高教》2007年第5期。

［26］刘永武：《国际化战略：新一轮首都高等教育发展的战略选择》，《北京教育（高教版）》2009年第3期。

［27］王娟、黄阳坚：《广西开展国际高等教育服务贸易的现状、特征及对策——分析来自东盟市场的调查》，《广西大学学报》（哲学社会科学版）2009年第4期。

［28］蒋文、蓝晓霞、龙启平：《加强广西—东盟高等教育交流与合作的

战略思考》，《广西经济管理干部学院学报》2008 年第 1 期。

［29］黄敏：《浅议广西与东盟国家高等教育的交流及发展对策》，《广西警官高等专科学校学报》2009 年第 2 期。

［30］蔡建章：《广西高等教育应向国际化方向发展》，《广西职业技术学院学报》2009 年第 2 期。

［31］陈丹妮：《东盟自由贸易区与云南高等教育价值最大化》，《学术探索》2003 年第 6 期。

［32］罗明东、杨颖：《中国—东盟自由贸易区建设与云南高等教育改革开放》，《学术探索》2004 年第 1 期。

［33］丹增：《抢抓机遇 务求实效 开创云南高校实施"走出去"战略工作新局面——在云南省高校实施"走出去"战略工作会议上的讲话》，《云南教育·视界》2006 年第 7 期。

［34］郭华、郭云飘、余崇良：《论云南与东盟国家高等教育的交流与合作》，《红河学院学报》2006 年第 3 期。

［35］冯用军：《云南面向东盟高等教育国际化战略的前期研究》，《东南亚纵横》2008 年第 3 期。

［36］刘稚：《全球化区域化下的云南—东盟高等教育合作论略》，《学术探索》2009 年第 3 期。

［37］陈丹：《云南省高等教育在中国—东盟自由贸易区构建中的战略选择》，《云南教育》2003 年第 6 期。

［38］李怀宇：《云南—东盟高等教育国际化的战略思考》，《东南亚纵横》2004 年第 8 期。

［39］丹增：《抢抓机遇 务求实效 开创云南高校实施"走出去"战略工作新局面——在云南省高校实施"走出去"战略工作会议上的讲话》，《云南教育·视界》2006 年第 7 期。

［40］伊继东、程斌、冯用军：《云南—东盟高等教育国际化发展路径探究》，《高等工程教育研究》2007 年第 3 期。

［41］伊继东：《面向东南亚培养具有国际视野的创新型人才》，《中国高教研究》2009 年第 6 期。

［42］伊继东、刘六生、冯用军：《面向东南亚国际人才一体化培养模式研究》，《教育科学》2009 年第 1 期。

［43］冯用军：《云南面向东盟高等教育国际化战略的前期研究》，《东南

亚纵横》2008 年第 3 期。

[44] 刘稚：《全球化区域化下的云南—东盟高等教育合作论略》，《学术探索》2009 年第 3 期。

[45] 李慧勤、李宏茜、王云等：《云南省与东南亚高等教育交流与合作研究》，《教育研究》2010 年第 2 期。

[46] 黄建如：《20 世纪东南亚高等教育回顾》，《高等教育研究》2000 年第 3 期。

[47] 黄建如：《适时调整高等教育结构以应社会发展之需——东南亚高等教育经验》，《外国教育研究》2002 年第 7 期。

[48] 黄建如：《东南亚国家推进高等教育大众化的策略简析》，《大学教育科学》2003 年第 1 期。

[49] 张随刚：《东南亚国家私立高等教育政策比较》，《黄河科技大学学报》2002 年第 2 期。

[50] 黄斗、张晓鹏、邓芳娇等：《东南亚各国高等教育改革与发展分析》，《东南亚纵横》2008 年第 9 期。

[51] 杨勇：《东南亚高等教育质量研究及其发展动态——东南亚高等教育研究协会（SEAAIR）第三届年会综述》，《云南电大学报》2004 年第 1 期。

[52] 党乐群：《东南亚教育：起飞的准备》，《云南教育学院学报》1995 年第 3 期。

[53] 徐雯、冯增俊：《世纪之交越南高等教育的改革与发展》，《外国教育研究》2002 年第 4 期。

[54] 冯增俊：《老挝高等教育的世纪走向》，《比较教育研究》2002 年第 12 期。

[55] 冯增俊：《柬埔寨高等教育的世纪走向》，《外国教育研究》2003 年第 1 期。

[56] 杨移贻、刘毅：《印支三国高等教育发展与改革述评》，《比较教育研究》2000 年第 1 期。

[57] 刘钦有：《缅甸教育评论》，《比较教育研究》2000 年第 1 期。

[58] 刘绍怀：《缅甸高等教育见闻与思考》，《云南财贸学院学报》2003 年第 2 期。

[59] 张建新：《均势与和谐：新加坡的小国大外交——读〈李光耀时代

的新加坡外交研究〉》，《东南亚纵横》2008 年第 9 期。

[60] 张建新：《21 世纪初东盟高等教育的挑战与展望》，《黄河科技大学学报》2009 年第 1 期。

[61] 张建新：《均势与和谐：新加坡的小国大外交——读〈李光耀时代的新加坡外交研究〉》，《东南亚纵横》2008 年第 9 期。

[62] 张建新：《东盟大学联盟质量保障的经验》，《学园》2008 年第 4 期。

[63] 张建新：《东南亚开放远程学习》，《学园》2009 年第 6 期。

[64] 杨祥章：《大湄公河次区域合作与泛北部湾经济合作比较研究》，《东南亚纵横》2010 年第 3 期。

[65] 王娟：《云南与周边国家战略矿产资源互补性研究》，硕士毕业学位论文，云南财经大学，2008 年。

[66] 商务部亚洲司：《加强互利合作　实现共同繁荣——中国参与大湄公河次区域合作概述》，《中国经贸》2008 年第 6 期。

[67] 朱东辉：《高等教育国际竞争力指标体系的建立及提升问题初探》，《统计与信息论坛》2005 年第 6 期。

[68] 覃玉荣：《东盟高等教育一体化的发展历程》，《东南亚纵横》2009 年第 4 期。

[69] 董红：《全球化背景下的泰国高等教育改革特点初探》，《成都大学学报》2009 年第 1 期。

[70] 崔丽萍、谢能重：《泰国高等教育国际化的内容及特点初探》，《广西教育》2010 年第 2 期。

[71] 杨珂、李燕：《云南在中国—东盟自由贸易区发展中的地位探析——兼与广西的对比》，《中国商贸》2012 年第 17 期。

[72] 陆利香：《"南—南"型高等教育合作的形式、绩效与方向——以中国—东盟高等教育合作为例》，《商业时代》2011 年第 25 期。

[73] 宋振华、赵光洲：《云南高校与东盟科技合作的重点领域选择》，《云南民族大学学报》（哲学社会科学版）2012 年第 1 期。

[74] 王秀红、李传永：《东盟的地理位置、环境及地缘力量构成》，《东南亚纵横》2003 年第 1 期。

[75] 王秀红、李传永：《东盟的地理位置、环境及地缘力量构成》，《东南亚纵横》2003 年第 1 期。

[76] 竹子俊、李玉红：《面向南亚、东南亚 云南打造经济"桥头堡"》，

《中国对外贸易》2012年第7期。

[77] 蔡敏：《欧洲大学内部质量保障体系的构建及评价》，《比较教育研究》2012年第1期。

论文

[1] 杨尊伟：《澳大利亚高等教育国际化探析》，硕士学位论文，东北师范大学，2004年。

[2] 邓桦：《20世纪90年代以来的英国高等教育国际化研究》，硕士学位论文，云南师范大学，2006年。

[3] 赵伟：《美国区域创新体系研究》，硕士学位论文，大连理工大学，2006年。

[4] 蒋竞莹：《上海高等教育国际化对策研究》，硕士学位论文，华东师范大学，2005年。

[5] 姜燕媛：《上海地区中外合作办学体制模式研究》，硕士学位论文，上海交通大学，2010年。

[6] 冼稚：《江苏高等教育国际化的环境分析与发展对策》，硕士学位论文，苏州大学，2006年。

[7] 罗淑云：《广西高等教育国际化及对策研究》，硕士学位论文，华中农业大学，2006年。

[8] 覃玉荣：《东盟一体化进程中认同建构与高等教育政策演进研究》，博士学位论文，华东师范大学，2009年。

[9] 段从宇：《生态学视域下的云南来华留学生教育优化发展研究》，硕士学位论文，云南师范大学，2010年，第46页。

其他类

[1] 《中国教育报》2008年12月25日。

[2] 《国家汉办暨孔子学院总部2010年度报告》，第12页。

[3] 《国家汉办暨孔子学院总部2010年度报告》，第40页。

[4] 据教育部的统计，截至2003年9月底，中国共有中外合作办学机构712家，比1995年增加了10倍多。

[5] 《中国教育与人力资源问题报告》，教育部，2003年。

[6] 资料来源：世界银行WDI数据库。

［7］《周济会见六国教育部长并同老挝签署教育合作协议》，《中国教育报》2005 年 10 月 16 日第 1 版。

［8］《云南与东盟十大新闻》，《云南日报》，2006 年 1 月 2 日在"中国·云南—东盟"专版。

［9］《中共云南省委、云南省人民政府关于加快推进高等院校实施"走出去"战略，提高高等教育国际化水平的若干意见》，《云南政报》2006 年 7 月 8 日。

［10］国务院：《关于支持云南省加快建设面向西南开放重要桥头堡的意见》，国发〔2011〕11 号，2011 年。

［11］李纪恒：《2012 年政府工作报告》，2012 年。

［12］数据来源：云南省教育厅对外合作与交流处"云南省 2009—2011 年汉语国际推广有关交流项目数据统计"，2011 年。

［13］杨璐：《"寒冬"里绽放神话　昆明新知书城开到柬埔寨》，《昆明日报》2011 年 11 月 21 日。

［14］国务院：《2004—2010 年西部地区教育事业发展规划》，2004 年 9 月 23 日。

［15］云南省教育厅统计资料。

［16］云南省 2012 年高等学校书记校（院）长座谈会交流材料。

外文类

［1］Hans De Wit, *Strategies for Internationalisation of Higher Education*（A comparative study of Australia, Europe and the United States of America）, Luna Negra, Amsterdam, 1995.

［2］Hilary Callan, "Internationlization in Europe", *The Globalization of Higher Education*, edited by Peter Scott, Buckingham：OUP and SRHE.

［3］J. Knight, *Internationalization of Higher Education in Asia Pacific Countries*, 1996.

［4］OECD, *Internationalization and Trade in Higher Education：Opportunities and Challenges*, Paris：OECD, 2006.

［5］C. Klasek, *In Bridges to the Futures：Strategies for Internationalizing Higher Education*, Carbondale：2005.

［6］J. Knight, "*Updated Internationalization Dennition*", *International Higher*

Education, 2004.

[7] Kokuritsu Kyōiku Kenkyūjo, *Mutual Recognition of Qualifications*: *Practices, Challenges and Prospects in University Mobility*, National Institute for Educational Policy Research, 2001.

[8] NIER/UNESCO – APEID, "Mutual Recognition of Qualifications: Practices, Challenges and Prospects in University Mobility", *National Institute for Educational Policy Research*, 2001.